IRMÃOS KOCH, *THINK TANKS* E COLETIVOS JUVENIS

A atuação da rede libertariana sobre a educação

Carolina Rieger Massetti Schiavon

IRMÃOS KOCH, *THINK TANKS* E COLETIVOS JUVENIS

A atuação da rede libertariana sobre a educação

70

IRMÃOS KOCH, *THINK TANKS* E COLETIVOS JUVENIS
A ATUAÇÃO DA REDE LIBERTARIANA SOBRE A EDUCAÇÃO

AUTORA: Carolina Rieger Massetti Schiavon

DIRETOR ALMEDINA BRASIL: Rodrigo Mentz
EDITOR DE CIÊNCIAS SOCIAIS E HUMANAS: Marco Pace
ASSISTENTES EDITORIAIS: Isabela Leite e Larissa Nogueira

REVISÃO: André P. Souza
DIAGRAMAÇÃO: Almedina
DESIGN DE CAPA: Roberta Bassanetto

ISBN: 9786586618303
Abril, 2021

Dados Internacionais de Catalogação na Publicação (CIP)
(Câmara Brasileira do Livro, SP, Brasil)

Schiavon, Carolina Rieger Massetti Irmãos Koch, *think tanks*
e coletivos juvenis: a atuação da rede libertariana sobre a educação /
Carolina Rieger Massetti Schiavon. – 1. ed.
São Paulo: Edições 70, 2021.

Bibliografia
ISBN 978-65-86618-30-3

1. Ativismo 2. Ciências políticas 3. Educação de jovens – Formação
4. Empreendedores 5. Empreendedorismo 6. Irmãos Koch – História
7. Jovens – Atividades políticas 8. Libertarianismo
9. Pensamento 10. Professores – Formação I. Título.

21-55693 CDD-323.4409

Índices para catálogo sistemático:

1. Liberdade: Ciência política: História 323.4409

Maria Alice Ferreira – Bibliotecária - CRB-8/7964

Este livro segue as regras do novo Acordo Ortográfico da Língua Portuguesa (1990).

EDITORA: Almedina Brasil
Rua José Maria Lisboa, 860, Conj. 131 e 132, Jardim Paulista | 01423-001 São Paulo | Brasil
editora@almedina.com.br
www.almedina.com.br

"Eu leio muitas coisas com as quais não concordo.
Eu preciso entender o ponto de vista deles."

Charles G. Koch

AGRADECIMENTOS

Agradeço à Prof.ª Dr.ª Katya Mitsuko Zuquim Braghini, minha orientadora, por compartilhar sua inteligência, erudição e pela perspicácia ao entender o que vinha me afligindo, de modo a dar forma a esta pesquisa.

Agradeço à Prof.ª Dr.ª Alda Junqueira Marin, pelo rigor e riqueza das aulas que me proporcionaram uma sólida formação desde o ingresso no programa. Ao Prof.º Dr.º Jefferson Rodrigues Barbosa, pela leitura cuidadosa e sua imprescindível contribuição, desde a qualificação, para a continuidade deste pesquisa.

Agradeço ao Prof. Dr.º Carlos Antonio Giovinazzo Jr., pela sagacidade e precisão na orientação do anteprojeto, quando as coisas ainda nem tinham tomado forma, mas vinham em uma sucessão de pensamentos, incômodos e perguntas.

À Betinha Adania, pelos sorrisos e pelo profissionalismo associado à amizade. Quantas vezes foi solução diante do desespero!

Agradeço a todos do EHPS, que receberam com tanto carinho, não apenas a mim, mas minha família também.

Ao meu marido, Ricardo Rieger, a quem os meus longos períodos de distância, imersa na pesquisa, tanto afetaram... Que nos acompanhou durante as aulas, para que eu pudesse amamentar nosso Vladimir.

Agradeço ao Vladimir, meu sempre companheiro, que ingressou na PUC, junto comigo, aos sete meses de idade, aprendeu a engatinhar, a andar e a falar pelos corredores do programa, esteve presente nas lutas, durante o difícil ano de 2019. Quantas vezes foram os seus beijos que me tranquilizaram, filho!

Agradeço ao meu filho Yohan, meu primogênito, que sempre me faz sentir capaz.

Agradeço à minha mãe, minhas irmãs e sobrinhas.

Às companheiras e companheiros de luta.

Encerro esta etapa, exausta, mas já saudosa.

PREFÁCIO

Carolina Rieger é bacharel em Filosofia pela Universidade de São Paulo. Chegou a um Programa de Pós-Graduação em Educação com uma inquietação bastante tensa e recente: o que seria a pós-verdade?

O seu próprio livro discute isso mostrando que as ideias circulantes de "pós-verdade" surgem como derivativo da apropriação de traços de uma agenda "pós-moderna". Diante da história, se colocam em um tempo posterior à modernidade e, segundo consta, são mais progressistas, passam a ideia de superação de um tempo e, por conseguinte, de suas representações. A sua primeira e grande imagem é a negação dos ideais Iluministas e a qualquer modelo social amparado por grandes categorias de análise, tais como "classe", "civilização", "estado". Partem à defesa de um mundo vivido, dia após dia, apelando à experiência imediata dos sujeitos, indivíduos que devem ser exaltados isoladamente, já que as grandes categorias analíticas, inventadas, jogam sobre a coletividade as promessas de um mundo melhor que, segundo essa visão, nunca chega.

Restou aos sujeitos a sua individualidade, seus próprios corpos, e sua linguagem. No início do século XXI nos vemos diante da popularização da pós-verdade, um substantivo que ganhou muita relevância política, e que nos apresenta uma realidade pouco interessada em fatos objetivos, apegado às emoções, celebrando as crenças pessoais, preso em uma espécie de fanatismo comunicacional, em que o mais importante não é testar a veracidade das informações, atestá-la ou contestá-la: a verdade neste presente momento teria importância secundária. Isso é a "pós-verdade".

Agora imaginem, apenas imaginem, se essa ideia se transforma em uma arma intelectual para fins políticos?

Mas, Carolina, tendo constatado a estreita relação da expressão "pós-verdade" e o seu produto de comunicação mais famoso, as *fake news*, com o golpe que destituiu a Presidenta Dilma Rousseff em 2016, vindo principalmente da boca e dos atos de jovens ativistas de direita, alguns com atitudes francamente reacionárias, passou a outra inquietação: de onde surgiu essa juventude com tanta ânsia de moralização e por quais canais ela falava? À época, tudo parecia muito confuso. A explicação de que esse grupo de jovens seria apenas mais um dos grupos constituidores daquele movimento obscuro, as tais "Jornadas de Junho", composto por defensores e negacionistas da Ditadura Militar; membros de classe média insatisfeitos com o valor do dólar; halterofilistas anticorrupção; e donzelas bebendo champagne na rua, não parecia aceitável. Principalmente porque essa tal juventude alimentava o movimento em prol do golpe de maneira acentuada e progressiva, com um acúmulo de desinformações que ecoava por novas mídias (sites, blogs, vídeos, memes etc.).

Foi desse segundo incômodo que surgiu a possibilidade de estudar não as ideias que circulavam sobre a dita pós-verdade, mas, ao contrário, rastrear os agentes que a produziam, pois o fenômeno social interessante que acontecia sob nossos olhos naquele momento era a rápida circulação de mentiras colidindo com informações verdadeiras, não se importando se a mentira fosse convocada como o cerne do senso comum. Vamos lembrar que o senso comum é "comum", não simplesmente porque seja "banal", mas porque é um conhecimento compartilhado entre os sujeitos da relação social. O senso comum é um conhecimento que depende de uma interação, portanto, é interessante pensar tanto nos significados produzidos e compartilhados no momento de sua confecção, quanto no método de produção desses significados: quem os produz, motivados pelo quê?

Se a proposta originalmente era uma pergunta para a Filosofia, se voltou à História. Foi assim o encontro entre a autora e a história dos Irmãos Koch e suas relações com a educação e a juventude.

* * *

O livro *Democracy in Chains: The Deep History of the Radical Right's Stealth Plan for America* da historiadora Nancy MacLean conta a história de um amplo relacionamento entre o economista James McGill Buchanan e o bilionário estadunidense Charles Koch. A autora nos diz que a Universidade George Mason, em Virgínia, local onde Buchanan trabalhava, recebeu vultosas somas de dinheiro para o desenvolvimento de uma ideia que, ao final, foi entendida como um projeto de supressão da democracia em favor dos milionários. E não se trata de teoria da conspiração, muito embora seus criadores não se incomodem que ela seja circulada dessa forma. Este livro mostra o relacionamento de magnatas com intelectuais promovendo uma redefinição política nos Estados Unidos, e que ela pudesse dar total liberdade aos proprietários de fazerem uso de sua propriedade, sem que haja qualquer limitação da parte de qualquer instituição.

Esse talvez seja o núcleo da doutrina do "libertarianismo". A história sobre a supremacia do indivíduo, o único que, por si mesmo, poderia criar impedimentos para o seu próprio sucesso. Segundo essa teoria, conhecida por "teoria da escolha pública", as pessoas muito ricas são a prova cabal da preeminência da vontade, ou seja, ter *o desejo de desejar* ganhar maiores bônus por seus méritos. Por essa linha de pensamento, o estado de bem estar-social é uma espécie de assalto às conquistas individuais, e associações como sindicatos, clubes de concernidos, são a maior representação do fracasso alheio agindo de maneira discriminatória para com aqueles que obtiveram sucesso.

Não se trata de uma conspiração, porque é fato histórico, principalmente quando sabemos o envolvimento direto de Buchanan, amparado por ideias de Friedrich Hayek e Ludwig von Mises, com o Gal. Augusto Pinochet. Essa relação resultou na já conhecida arrancada neoliberal que fez do Chile um laboratório de privatizações, atestando que esse governo ditatorial abriu caminho para facilitar ações programáticas, tais como austeridade econômica, desregulamentação trabalhista, punição aos movimentos sociais etc. No ano de 2020 o que vimos no Chile foi um levante generalizado, de todo um país, contra esse mesmo plano iniciado nos anos 1970 na América Latina, para depois se fazer sentir na Inglaterra (Margaret Tatcher) e Estados Unidos (Ronald Reagan).

Longe de parecer uma continuidade do Liberalismo, as vestes novas desse Neoliberalismo, e essa vertente libertariana, não tem por prerrogativa seguir o contrato social estabelecido entre a sociedade e o Estado. Neste caso, trata-se de ação conservadora não apenas contrariada, mas desresponsabilizada, com o seu oposto social, a quem normalmente chamamos de povo.

Pensemos o Brasil. É possível definir o neoconservadorismo brasileiro como um movimento político e social que estabeleceu acima de tudo o ideário privatista, ao defender o predomínio do poder privado tanto corporativo, quanto familiar, na ordem social. Detecta-se claramente a ideia de estado punitivo, principalmente no plano da moralidade e, ao mesmo tempo, o desmonte do estado de bem estar social, alterando-o à meritocracia individualista, pilar da tal racionalidade neoliberal (Lacerda, 2017)[1]. O que se observa é um complexo relacionamento de agentes que pautam uma agenda tanto neoliberal quanto de evangelismo da direita cristã, cujos vasos comunicantes, já consolidados, em uma ofensiva de caráter transnacional, se estabeleceram como a nova direita no Brasil.

Essa fusão de interesses, algumas vezes desconexos, enxerga no ensino público, por um lado, um ambiente de teses para processos de privatização dos mais variados tipos e, por outro, um ambiente que, por sua atual configuração, deve ser "destruído" pois segue pautas voltadas à diversidade social. E "destruído" parece ser boa palavra, diante do bordão de Jair Bolsonaro: "vamos acabar com tudo isso aí". Independentemente do ponto, a democracia não necessariamente é um elemento fundante.

Por um lado, a escola passa a ser espaço de livre mercado e *accontability*, dando ênfase às ideias de empreendedorismo e competição; traçado por um movimento mundial de reforma educacional transformando-a em instituição rentável, pelas designações de instituições já conhecidas, e outras, nem tanto, tais como: a Organização Mundial do Comércio (OMC), Organização para Cooperação e Desenvolvimento Econômico (OCDE), Banco Mundial, consultorias financeiras, empresas de novas tecnologias de informação e comunicação, fundações diversas, *lobbies* empresariais, *think tanks* intelectuais e operativas, e diferentes aparelhos que pregam a dita doutrina do libertarianismo atrelada à educação. Todas enxergam a escola pública não apenas como veículo de ganhos, mas a entendem como tecnologia fundante da subjetividade neoliberal.

Já o movimento da direita cristã, em um esforço político de restabelecer um controle religioso e parental na formação dos indivíduos, posicionados como sujeitos proeminentes da ação partidária nas casas

---

[1] LACERDA, Marina Basso. *O novo conservadorismo brasileiro: de Reagan a Bolsonaro.* Porto Alegre: Zouk, 2019.

legislativas, parte em defesa da família patriarcal e o criacionismo. Tomou a educação como campo de batalha, em contrariedade às pautas de gênero, orientação sexual, racial, no plano das políticas públicas, da cultura escolar, da composição de materiais didáticos. Interferiram no Plano Nacional da Educação, no Estatuto da Família opuseram-se ao "Programa Escola sem Homofobia", impulsionaram a "Escola sem Partido" e são favoráveis ao *homeschooling*. Vemos a ação pró-família, principalmente pela mão de evangélicos, como reação direta aos movimentos feministas e LGBT+.

Há vários trabalhos interessantes que procuram nos explicar o atual momento político no Brasil e posicionam o significado da educação neste contexto. Aqui, destaco dois. O primeiro, é o trabalho de Lacerda (2019), que mostra o eixo privatizador da linguagem neoconservadora, tendo por hipótese a existência de uma capilaridade entre os movimentos neoconservadores do Brasil e dos Estados Unidos, fomentados a partir dos anos 1990 e que, intrinsecamente, tem a escola como objeto primordial de disputa. Também é importante a pesquisa de Duarte (2019) para o projeto global *Democracy Undone: The Authoritarian's Playbook*, do *The GroundTruth Project*, porque nos apresenta Olavo de Carvalho, não apenas como mentor intelectual do governo Bolsonaro, mas como articulador de uma ampla rede de militantes da "guerra cultural" que tem por cerne a "destruição" ao que chamam de "comuno-esquerdismo", representado pelas universidades, pela produção científica, o ensino público, os movimentos sociais de base. Esse grupo segue a doutrina do "tradicionalismo" segundo o filósofo italiano Julius Evola, e defendem um sistema de castas sociais com predominância de homens brancos; visam a ocupação de novos espaços de difusão cultural e celebram o reacionarismo. Tem por mote político o delírio, constituem tradições por *fake news* e são revisionistas históricos.

E agora, de maneira afiada, soma-se ao debate este livro. Ele mostra a difusão de um ideário neoliberal, cristão e racista, atuando sobre os encaminhamentos políticos de países latino-americanos, por meio da ação de variados *think tanks* difusores do ideal libertariano, com o tal ideal da superioridade do indivíduo sobre o coletivo.

Segundo o livro, os irmãos Charles e David Koch como sóciosgeraram uma fortuna individual, acumulada para cada um, em 42,9 bilhões de dólares. Fazem parte de uma aristocracia bilionária e orgulhosa por manterem o "sonho americano". Nasceram milionários, filhos de Fred Chase Koch (1900-1967), ultradireitista, empresário do petróleo, que em 1958 fundou a *John Birch Society*, entidade composta por milionários e intelectuais anticomunistas com planos à educação, buscando o desenvolvimento do indivíduo responsável, cristão e autônomo. Para alguns estudiosos, o grupo era uma organização racista, que se opunha aos movimentos pelos direitos civis com vertentes francamente paranoicas.

A documentação levantada permite percorrer desde esta célula parental até o presente momento, mostrando as relações sociais firmadas entre as inúmeras instituições fundadas pelos Irmãos Koch e os grupos que atuaram no golpe parlamentar acontecido no Brasil.

De acordo com a pesquisa, há uma rede multidimensional de instituições e grupos políticos que difundem o ideário "libertariano" pelo mundo, mas principalmente pela América Latina, e que atua diretamente na formação de uma elite política juvenil. Atualmente, grande parte dos financiamentos é distribuído por duas grandes instituições, a mega *think tank* chamada *Atlas Network* e a organização estudantil denominada *Students for Liberty*, com a missão de "educar, desenvolver e empoderar a próxima geração de líderes da liberdade", num modelo único de educação.

Mas, a teia formativa dos Koch não se resume a essas instituições. Eles financiam pesquisas em diferentes áreas do conhecimento, mantém pesquisadores sob sua égide, pagam pela circulação de nomes e amplificação de citações acadêmicas, financiam universidades parceiras, possuem laboratórios de inovações sociais etc. Partiram à "guerra cultural" para fomentar a desconfiança quanto ao funcionamento do Estado, gerar suspeitas quanto as instituições públicas, e agir pela educação passou a ser um dos principais caminhos do programa. Por isso, os jovens são vistos como novas lideranças empreendedoras, perfeitos na operação de modificações estruturais na sociedade. Não se trata de formar "um homem novo", mas modelar crianças novas.

O livro é a história escalonar de uma família, conta sobre o aumento de seu patrimônio financeiro, a difusão ideológica de suas ideias, concentrando esforços no sentido de moldar a mentalidade social. O livro mapeia a ação dessa rede de instituições e grupos políticos e a incorporação de discursos empresariais, moralizadores e privatistas na rede de ensino, inclusive apontando para o caráter segregador axiomático na gênese das escolas *charters* e do sistema de *vouchers*, conjuntos aplicados no Chile, com resultados de evidentes fracassos, e que são fruto do relacionamento do grupo de Buchanan com os magnatas. Esses novos tipos de escolas visavam frustrar as tentativas de superação da segregação racial no sistema escolar público do sul dos EUA. Cabe ler o livro para saber mais informações sobre essa história.

Para fazer esse trabalho a autora procurou e analisou uma documentação bastante variada, fazendo o percurso pelas redes de interesse por seus sites oficiais e, a partir deles, ampliou o circuito de relação dos grupos diretamente ligados aos Koch ou financiados por eles. Foram, portanto, analisados, os conteúdos dos sites, pesquisas e conteúdos acadêmicos, acervos digitalizados, livros, propagandas, fotografias, filmes e conteúdos de revistas e reportagens que os tinham como foco. Mesmo as redes sociais, páginas de Facebook, foram vasculhadas. Trata-se, então, de uma análise contemporânea, pela chave histórica.

Não é de se estranhar, ao final, que a pesquisa aponte a ação do Movimento Brasil Livre (MBL) como expoente na produção de pós-verdade do tipo "libertariana", muito embora não seja o único grupo juvenil brasileiro desta categoria. Durante o processo de golpe de estado, replicaram de maneira extasiada as pautas neoliberais difundidas pelas redes dos Koch. No campo educativo, procuram desmontar o ideário de formação de cidadãos da escola republicana, no esforço de alterar sua função social. No campo político, são porta vozes do neoliberalismo individualista, empreendedor, pelo mote "ser empresa de si mesmo". No plano econômico, lutam pelas alterações das leis de seguridade social e trabalhistas. O livro mostra, ao final, que um dos grandes remates da ideologia dos Koch é financiar, direta ou indiretamente, os movimentos juvenis para interferirem no campo social de seus países. A pesquisa de Carolina mostra outros exemplos.

O livro é recomendado a qualquer pessoa interessada na história recente de nosso país. Serve aos defensores da democracia, querendo conhecimento sobre o engendramento dos grupos conservadores na reordenação de seu poder diante do Estado. Diz respeito aos educadores, pois dá subsídios para compreender a interferência de grupos de interesses bilionários, na tentativa de tornar a escola pública um espaço empresarial. É interessante aos latino-americanistas pela visão das amplas redes de domínio capitalista e cristão estadunidense, que revigorou a velha política do "destino manifesto" sobre este vasto território. Formativo aos jovens, para que eles saibam que se pode passar vergonha em qualquer idade da vida.

Segundo o livro, a democracia é dispensável. O libertarianismo quer poupar o capitalismo da democracia.

São Paulo, 25 de novembro de 2020

Profa. Dra. KATYA BRAGHINI

SUMÁRIO

INTRODUÇÃO

Em uma tarde em que eu cursava a licenciatura em filosofia, na faculdade de educação da Universidade de São Paulo (USP), a leitura da aula levara ao debate sobre o processo de impeachment da presidenta reeleita pelo voto popular, Dilma Rousseff, processo que ainda estava em curso e cujo desfecho era incerto.

Enquanto, na sala de aula, o debate oscilava entre o termo impeachment ou golpe, um dos colegas, também bacharelado em Filosofia, argumentou que "os fatos não importam", visto estarmos vivendo a época da "pós-verdade". Eu desconhecia esta expressão que me pareceu indicar que chegamos a um ponto do tempo de ruptura, pois ao que parece não seria mais possível à razão humana acessar a verdade. A realidade tornara-se, de acordo com o sentido dessa expressão, secundária na ponderação das ações, alterando nosso modo de valoração dos fatos. Considerando-se que a Filosofia perfaz sua trajetória investigando a relação entre verdade e conhecimento, o surgimento da justificativa de "pós-verdade", justamente ali, para embasar a consumação de um processo de impedimento de uma presidenta reeleita democraticamente, sinalizou alterações drásticas na concepção de verdade, do fazer político e da democracia.

Em um primeiro momento, o interesse para esse trabalho recaiu sobre o que seria esse fenômeno da pós-verdade. Assim, ao ingressar no Programa de Mestrado em Educação: História, Política, Sociedade (EHPS) da Pontifícia Universidade Católica de São Paulo (PUC-SP), em diálogos com a minha orientadora, professora Katya Braghini, fixamo-nos no entendimento da ideia de pós-verdade, não pela via de teorização do entendimento, mas compreendendo a sua fabricação pela ação de agentes identificados como produtores de discursos que determinam práticas que passam a ser entendidas como a dita "pós-verdade".

Trata-se, portanto, de pesquisa histórica que visa a localização e análise de discursos e práticas de sujeitos e instituições que difundem ideias fundantes de significados de sociedade, enquanto atuam para organizá-la a partir de seus próprios entendimentos e interesses. Ainda assim, o trabalho é aberto com uma breve discussão sobre o que seria a "pós-verdade", visando, posteriormente, o esclarecimento do foco de investigação.

Na construção do processo que culminou com destituição de Dilma Rousseff, os meios de comunicação elaboraram um discurso que deslegitimou, paulatinamente, o governo, como concluiu Floriani[2] em sua análise do discurso da *Folha de S. Paulo,* associada às pesquisas realizadas pelo *Datafolha.* Segundo o autor, o jornal impresso realiza uma agenda do que será veiculado em suas páginas e atribui importâncias distintas, que determinam o espaço reservado, sua frequência, a escolha do conteúdo, ao tematizar o assunto, enquanto a televisão reordena tal agenda. Frigotto[3] diz que "*esse processo encontrou gênese e sustentação numa aliança entre poderes da classe dominante, que se organizou no cerne da sociedade civil elaborando uma versão da realidade pela mediação da mídia monopolista empresarial*".

No dia 10 de abril de 2016 a "Folha Ilustríssima" publicou o resultado de uma enquete feita com 31 intelectuais escolhidos pelo jornal, em que questionava se eles eram favoráveis ou avessos à deposição da presidenta. O resultado foi de vinte intelectuais que se posicionaram contrários à deposição, oito que se posicionaram favoráveis à deposição e três indecisos. Entretanto, um dos intelectuais que votou a favor da deposição de Dilma, foi o ex-presidente do Brasil, Fernando Henrique Cardoso, parlamentar da mesma legenda de Aécio Neves, a quem Dilma derrotara no segundo turno da reeleição, o que levou muitos leitores a desconsiderarem sua opinião. Contrariada, de acordo com Genaro e Gabioneta, em matéria de 25 de abril de 2016 no site "Outras Palavras"[4], a Folha dispensou a versão impressa da enquete e desdenhou quando disse "*É previsível que entre a intelligentsia as visões contrárias ao impedimento prevaleçam*".

---

[2] (FLORIANI, 2017).

[3] (FRIGOTTO, 2017).

[4] (GENARO GABIONETA, 2016).

Alguns dias antes, os principais meios de comunicação da mídia hegemônica – Folha de São Paulo, O Estado de São Paulo, O Globo e Correio Braziliense – publicaram o manifesto "*Impeachment* Já!", encabeçado pela Federação das Indústrias do Estado de São Paulo (FIESP).

Por ocasião da enquete, Roberto Schwarz criticou o papel que a grande mídia empresarial vinha desempenhando como militante política. A seguir, sua resposta à enquete: "Vou responder indiretamente. A Folha e "O Estado de S. Paulo" acabam de publicar um manifesto assinado por talvez 500 associações empresariais, exigindo o impeachment já e afirmando que "chega de pagar o pato". O anúncio ocupa um bloco de 14 meias páginas dos dois jornais, o que deve ter custado um bom dinheiro. A motivação é econômico-política, e não jurídica. A forma é publicitária. O tom é de quem manda. De outro lado, está na internet um manifesto das "Periferias Contra o Golpe", assinado por cerca de 400 associações culturais. Digamos que se trata de uma fração esclarecida e auto-organizada do povão. Sem defender as políticas do governo, o documento se contrapõe à casa-grande e exige respeito ao resultado das urnas. A redação é viva e substanciosa. A nota é muito popular-brasileira, atravessada pela mestiçagem e pelo clima da grande periferia urbana. Para dar uma ideia da diversidade, o manifesto é assinado por coletivos pela moradia, centros de educação popular, núcleos de teatro, cinema, poesia e dança, um blog antimachista, mulheres do hip-hop, uma assessoria jurídica universitária popular, tudo em espírito libertário".[5]

Ainda de acordo com Genaro e Gabioneta[6], a mídia produz a naturalização pela produção da identificação de sua perspectiva com a do povo, sendo mantida por interesses de grupos privados. Ela seleciona o que será dito e o que será esquecido. Como salientou Greenwald, em entrevista concedida a Miguel do Rosário[7] em 08 de junho de 2016, para a revista Carta Capital, tendo como base um trecho de áudio do delator de Romero Jucá em que ele diz que "o que é ruim, a gente esconde", o jornal televisivo recorta imagens e áudios e monta a sua história. Foi o que fez o Jornal Nacional com os áudios de Jucá, tais áudios se tornaram notícias breves, de importância secundária na ordem do dia, seguidos

---

[5] (LINS, 2016).

[6] (GENARO e GABIONETA, 2016).

[7] (ROSÁRIO, 2016).

por notícias várias, outras, de variadas durações, até passar a ser uma lembrança distante que não suscita emoções.

A espetacularização do rito do processo de impeachment, de acordo com os professores Prandi e Carneiro[8], a votação na câmara de deputados veiculada em rede nacional, teve como justificativas à admissibilidade ou não de sua consecução, fatores ligados a juízos de valor sobre o governo, sobre ser um ato pela democracia, pela legalidade ou pela tradição – entendendo tradição como modelo que articula a vida social como um todo, ligado à ideia de estabilidade social, de não mudança, enfatizado, geralmente, pela religião.

Tais motivos, embora declarados durante o rito televisionado, serviram mais ao aprazimento dos espectadores do que propriamente às crenças dos deputados, que a partir da aprovação de continuidade do processo seguiram seus intercâmbios de cargos e alianças, e pouco argumentaram acerca dos crimes a ela imputados como motivo para a elaboração do pedido de impedimento, subsumindo os valores republicanos em questão, ainda segundo a pesquisa dos professores Prandi e Carneiro.

O modo como foi veiculado possibilitou que testemunhássemos a votação ao vivo, em rede nacional, no dia 17 de abril de 2016, ação ainda possível porque a gravação está disponível na plataforma YouTube[9]. Os argumentos que embasaram a decisão favorável à consecução do processo foram variados, trago alguns: O deputado Marcelo Álvaro Antônio, do Partido da República (PR), de Minas Gerais, fez a seguinte proferição "Só corrigir aqui uma situação: queria mandar um abraço, eu não mencionei meu filho, Paulo Henrique. Paulo Henrique é para você meu filho! Um beijo!". Houve citações atribuídas ao comprazimento da própria comunidade religiosa, como no caso do deputado Josué Bengston, do Partido Trabalhista Brasileiro (PTB), da Paraíba, que assentiu ao processo "*Pela família quadrangular evangélica brasileira*", teve voto favorável "*Pela paz em Jerusalém*", para combater o "comunismo" e enaltecer a ditadura, embora proferido num local destinado à democracia. O então deputado federal, Jair Messias Bolsonaro, do Partido Social Cristão (PSC), do Rio de Janeiro, dedicou seu voto favorável ao

---

[8] (PRANDI e CARNEIRO, 2018 apud PRANDI, 2008 e WEBER, 1991, 2018, p. 13).

[9] (VOTAÇÃO NA CÂMARA, 2016, Online).

Coronel Carlos Alberto Brilhante Ustra, ex- chefe do Destacamento de Operações de Informação – Centro de Operações de Defesa Interna DOI-CODI do 2º Exército (de 1970 a 1974), que comandava sessões de tortura no período em que a presidenta Dilma esteve presa e foi torturada. A seguir, a fala de Bolsonaro, atual presidente da República: *"Nesse dia de glória para o povo tem um homem que entrará para a história. Parabéns pelo presidente Eduardo Cunha. Perderam em 1964 e agora em 2016. Pela família e inocência das crianças que o PT nunca respeitou, contra o comunismo, o Foro de São Paulo, pela memória do coronel Carlos Alberto Brilhante Ustra, o pavor de Dilma Rousseff, pelo exército de Caxias, pelas nossas forças armadas, por um Brasil acima de tudo e por Deus acima de todos, o meu voto é sim"*.[10]

O mesmo padrão aparece nos argumentos dos intelectuais favoráveis à deposição da presidenta, por ocasião da enquete elaborada pela Folha Ilustríssima antes da abertura do processo. Ainda com Genaro e Gabioneta[11], também entre eles, houve o predomínio de motivos éticos e morais e o esvaziamento do aspecto constitucional. O fato é que a deposição se realizou com homenagem a torturadores e aos regimes regimes ditatoriais numa câmara eleita em regime democrático. Quanto à legalidade do processo, isso foi secundário, antes as referências a motivos afetivos, o que ampliou a dimensão do termo pós-verdade, cujas implicações teóricas e práticas precisam ser examinadas à luz da sua historicidade.

Desde esse episódio passei a me intrigar com o termo, fato que me impulsionou a ampliar os estudos sobre ele. Fábio, em matéria publicada no Nexo Jornal[12], refere que, de acordo com o Oxford Dictionaries, o termo foi usado com o sentido atual, pela primeira vez em 1992, pelo dramaturgo sérvio-americano Steve Tesich.

Carreiro[13] comenta, no *Jornal Opção,* que Steve Tesich publicou na revista americana *The Nation, "A Government of Lies"*, referindo ao espírito do estadunidense que chegou a "*um estado de aversão à verdade no período pós-Watergate, escândalo que culminou na renúncia do então presidente Richard Nixon*", segundo o autor, "*De maneira fundamental*

---

[10] Trecho da votação com a fala de Jair Messias Bolsonaro. https://www.youtube.com/watch?v=xiAZn7bUC8A.

[11] (GENARO e GABIONETA, 2016).

[12] (CABETTE, 2016).

[13] (CARREIRO, 2017).

nós, como povo livre, decidimos espontaneamente que queríamos viver em uma espécie de mundo da pós-verdade". Em *Art of the lie*[14], artigo publicado em 10 de setembro de 2016, pelo The Economist *"pós-verdade é mais que uma invenção das elites [...] O termo identifica o que é novo: que a verdade não é falsificada ou contestada, mas seria de importância secundária"*.

Em 2016, "pós-verdade" foi eleita a expressão do ano porque seu uso cresceu em mais de 2.000%, ainda de acordo com o *Oxford Dictionaries*, e dois fatores foram determinantes para isso, de acordo com Fábio[15]: a eleição de Donald Trump e o plebiscito do *Brexit*.

Em conformidade com Wolfgang Streeck[16], em artigo de dezembro de 2017, publicado na *Revista Piauí*, o neoliberalismo econômico se espraia desde os anos de 1970 sob o signo de *There Is No Alternative* (TINA), sob a justificativa de que o capital precisa, necessariamente, avançar, pelas leis da natureza e pelo bem comum, e para isso todos os entraves a ele precisam ser desfeitos, os estados nacionais devem ser substituídos por uma governança global. Klees e Edward Jr.[17], em 2015, apontam que, no início de 1980, o Banco Mundial (BM) e o Fundo Monetário Internacional (FMI), passaram repetir o credo da necessária "restrição orçamentária", como uma "repentina descoberta", o que se tornou a "pedra angular do neoliberalismo". Entretanto, a inauguração da era da pós-verdade na política se fez necessária porque, segundo os estudiosos do termo, a globalização neoliberal não foi capaz de cumprir a promessa de bem-estar para todos, portanto, a necessidade de reorganização das ideias, na busca do apagamento de promessas não cumpridas, mas acima de tudo, pela reorganização do quadro social a partir da falta de honestidade de suas postulações.

No caso do Brasil, Ivana Bentes[18], em seu artigo "A memética da pós-verdade", diz que a eleição presidencial de 2014 recrudesceu a produção da "pós-verdade", que é uma espécie de "fundamentalismo comunicacional que prescinde da argumentação", pois encontra sua fonte em crenças, emoções e expectativas. Imagens que circulam como capas,

---

14 (THE ECONOMIST, 2016).
15 (FÁBIO, 2016).
16 (STREECK, 2017).
17 (KLEES E EDWARD JR., 2015, p.13).
18 (BENTES, 2016).

memes, símbolos, portanto, somada aos demais meios de comunicação de massa, a internet é uma ferramenta que potencializa a produção da verossimilhança, da evidência, ou seja, da "pós-verdade".

A Universidade de Oxford definiu como *"um substantivo que se relaciona ou denota circunstâncias nas quais fatos objetivos têm menos influência em moldar a opinião pública do que apelos à emoção e a crenças pessoais"*. Se a base do sistema democrático é a opinião pública e essa passa a ser moldada por apelo às emoções e crenças a despeito da realidade, verdade e democracia estão abaladas. Nesse sentido, *"as pessoas passaram a usá-la como se fosse uma grande sacada da pós-modernidade"*[19], ou *"mais um dos seus sintomas"*, nas palavras de Quadros[20].

De fato, o termo remete à agenda pós-moderna, cujo estudo de Moraes[21] aponta para seu caráter de "renovado conservadorismo". De acordo com a autora, trata-se de um programa, uma agenda, porque abarca inúmeros intelectuais de diversas áreas do conhecimento, que se debruçam em múltiplas questões, desde as estéticas e culturais, até as filosóficas e político-sociais. Alguns falam sobre uma condição pós-moderna, outros sobre o pós-moderno na arte, na cultura, na filosofia, na política, na história, de modo que não há uma teoria unívoca.

Mas o fio de Ariadne para sair do labirinto do termo e mapear o programa pós-moderno é o prefixo pós, que pode ser alcunha para designar algo "melhor", funcionando muitas vezes como meio para caricaturar, para posicionar algo que está além, no tempo e no espaço, perfazendo, de variadas formas, a crítica, por vezes a refutação, da modernidade, ao colocar sob suspeita o projeto iluminista de esclarecimento como caminho para elaborar normas e cumprir a promessa de progresso e bem-estar universal, *"acusa de arrogância as grandes narrativas e sua pretensão à unidade onisciente"*[22].

---

19 (CARTA CAPITAL, 2017).

20 "Conforme Villas-Bôas (2017) demonstra, o uso do termo pós-verdade (post-truth) obteve um crescimento exponencial de 2000% durante o ano de 2016, o que levou o Dicionário Oxford a defini-lo como o termo mais influente do ano em várias partes do mundo, acreditando-se ainda que tal palavra ou conceito viesse a exprimir categoricamente mais um dos sintomas do chamado pós-moderno" (QUADROS, 2018, P.209).

21 (MORAES, 2004).

22 (MORAES, 1996, p. 47).

Há pertinência na crítica ao projeto iluminista, tendo em vista uma parte dos resultados do "empreendimento da modernidade" que não distribuiu a riqueza, não emancipou a humanidade e avança sobre as populações e o meio-ambiente de modo predatório, mas Moraes ainda escreve que é de *"inegável caráter idealista, pois, o complexo de forças históricas que determinam o desenvolvimento social é omitido e na balança só figuram ideias difusas da Ilustração"*[23], ignorando os agentes implicados, as relações de força e poder, a dimensão da prática entre os detentores da produção econômica, seu modo de representação e permanência no jogo político.

Ou seja, produz consequências políticas, pois entramos *"[...] num gueto de alteridade opaca, da especificidade de um ou outro jogo de linguagem. Por conseguinte, ele priva de poderes essas vozes (de mulheres, de minorias étnicas e raciais, de povos colonizados, de desempregados, de jovens, etc.) num mundo de relações de poder assimétricas"*[24]. Privando minorias e acentuando o isolamento individual, produz a atomização social, minando o agir coletivo porque nos atira num mundo que, declararam, não pode mais ser conhecido e as relações de poder são desconsideradas.

Outro desdobramento da agenda pós-moderna é o "pós-estruturalismo" que *"institui jogos de linguagem sem sujeitos e os textos passam a compor um processo contínuo de combinação e recombinação, em intersecção, deslocando a relação sujeito-objeto, para o interior do jogo intertextual"*, deste modo, *"dá-se um salto da realidade para a linguagem, chegando ao extremo do propor uma anterioridade da linguagem e inferir a sociedade como constructos da linguagem a que pertencemos"*, é movimento da "virada linguística".

Contingente e arbitrária, num mundo incognoscível, a linguagem passa a ser recurso útil para lidar com o cotidiano, instrumento do neopragmatismo, cujo expoente, para Moraes, é Rorty[25]. Outro desdobramento é a legitimação da elite, a quem as condições sociais, anteriormente estabelecidas, favorecem na disputa pelo domínio da narrativa, portanto, delineia-se seu caráter neoconservador.

---

[23] (MORAES, 1996, p. 47).

[24] (HARVEY apud MORAES, 1996, p. 48).

[25] (MORAES, 1996, p. 51).

Se a linguagem não é mais representacional, mas instrumento para fins práticos, a cultura nada mais seria, segundo esse movimento, que um conjunto consensual de hábitos, e a linguagem, traço caracteristicamente humano, torna-se instrumento que serve para persuadir em consonância com interesses pragmáticos e criar consenso passa a ser a máxima realização cultural.

Moraes[26] reflete que para Rorty, as democracias liberais seriam o ápice da realização cultural por garantirem a tolerância e livre circulação de ideias, além do processo de globalização ser a manifestação do diálogo com as variadas culturas, desconsiderando as relações de poder implicadas no processo de globalização que passa a ser tomado como processo harmônico entre as variadas culturas. Ainda segundo a mesma pesquisadora, no campo da educação, no bojo do discurso pelo desenvolvimento de competências estariam imiscuídos três preceitos: naturalização do capital pelo entendimento de que as estruturas sociais existentes são imutáveis; o segundo é o atomismo social, ou seja, sociedade civil é vista como uma agregação de indivíduos; e a abstração dos valores como entidades descoladas da *práxis*[27].

Pode-se fazer o movimento da afirmação do mundo absolutamente insondável no qual criamos narrativas para a "negação do real" e a "supervalorização da emoção dos indivíduos", pois, "*Verdade, conhecimento, racionalidade, assevera Rorty, são apenas elogios para as crenças socialmente justificadas*"[28], contudo, "A teoria tem consequências"[29].

A negação da realidade e da historicidade da sociedade decorrente do naturalismo, minam as possibilidades de transformação dela, o que é um contradiscurso que ataca a educação, principalmente no sentido de escolarização pública já que, historicamente, na modernidade, ela é concebida para a organização de grandes coletivos.

Se no campo da teorização do entendimento o pós-moderno conduz à paralisia da *práxis*, a difusão do ideário designado por neoliberal, como

---

[26] (MORAES, 2004, p. 349).

[27] (MORAES, 2009, p. 590).

[28] (MORAES, 2004, p. 347).

[29] "Em 1979, o historiador marxista inglês E. P. Thompson, em um debate em Oxford, afirmou com grande paixão e em defesa de seu livro A miséria da teoria: um planetário de erros (1978): "a teoria tem consequências!". A frase foi retomada anos mais tarde pelo filósofo gaulês Christopher Norris (1996, p. IX), que detalhou as consequências negativas e positivas da teoria[...]" (MORAES, 2009, p. 586/587).

é nomeada a nova razão de mundo por Dardot e Laval (2016), ou ultraliberal, como se autonomeiam muitos dos militantes desse movimento aqui no Brasil ao traduzir o termo *libertarians*, oriundo dos Estados Unidos, parece ser o conjunto de esforços para moldar o senso-comum da época. Libertarianismo, libertarismo ou ultraliberalismo, são os termos para denominar esse conjunto de ideias que trata da defesa radical do individualismo e da propriedade privada, de modo que identifica o conceito de liberdade com a liberdade individual e a liberdade de uso da propriedade privada, essa que estaria constantemente ameaçada pelo Estado por meio de leis e tributação[30]. De modo geral, pregam o estado mínimo, a privatização das estatais e dos serviços públicos, identificam o imposto como roubo, especialmente o imposto sobre renda e riqueza, e são contrários aos gastos públicos em políticas de inclusão social e garantia de direitos. "Libertarianos" é o modo de denominar os adeptos dessa agenda de liberalismo extremo, enquanto os mais extremistas se definem como "anarcocapitalistas" ou "autarquistas", ampara-se na tal falência iluminista para celebrar a existência única e última do indivíduo que encontra vazão para seu "egoísmo natural" no comércio capitalista, recusando qualquer tentativa de transformação social sob a pecha de "comunismo", "totalitarismo", "populismo".

Em 2019, Gloria Álvarez, cuja atuação será analisada no terceiro capítulo, que tem por objeto a rede de atuação libertariana na América Latina, declarou ter como propósito o combate ao "populismo" na América Latina. Em 2018 seu campo de atuação era, principalmente, "através" da internet, como noticiado em matéria escrita por Moura em 26 de abril de 2018, no site Gazeta do Povo[31], enquanto dedicava a maior parte de seu tempo como *digital influencer*. Mas em 2019 ela se tornou presidenciável na Guatemala, expandindo suas possibilidades de campo de atuação como ativista pelo estado mínimo, paradoxalmente, pleiteando a um cargo na esfera pública.

---

[30] O presente estudo opta por traduzir o termo como "libertarianismo" para evitar possíveis equívocos que possam advir da confusão entre o termo "libertarismo" e as vertentes anarquistas ligadas aos movimentos de esquerda ou de crítica ao "capitalismo", até mesmo porque os adeptos mais radicais do "libertarianismo" se dizem "anarcocapitalistas", vertente que prega a privatização de todos os serviços, até mesmo da segurança pública, e fazem a defesa implacável do capitalismo.

[31] (MOURA, 2018).

Álvarez representa a ação de intelectuais orgânicos que agem na sociedade difundindo o ultraliberalismo, tendo, inclusive, militado pela consumação do *impeachment* da presidenta Dilma em protesto na Avenida Paulista.

Esses intelectuais atuam na mídia tradicional, em cargos eletivos, *think tanks,* na internet, nas redes sociais, na produção de livros panfletários, como *digital influencers* nas redes sociais, tais como: *YouTube, Facebook, Instagram* e até mesmo os *blogs,* com o propósito de criar consenso sobre os perigos da interferência do estado e a necessária privatização de todos os serviços públicos, sobre uma suposta urgência em promover a desregulamentação pelo desmonte das leis ambientais, das leis que regem as relações de trabalho, a seguridade social, diluindo os movimentos coletivos, infundindo e difundindo a ideia do sujeito-empresa que está em concorrência constante, num mundo que é um aglomerado de indivíduos que devem empreender, de modo a minar as possibilidades de surgimento de coletividades. Como disse Margaret Thatcher para o jornalista Ronald Butt do *Sunday Times,* quando concedeu uma entrevista exatamente dois anos após ascender ao poder na Inglaterra, *"a economia é o método, o objetivo é mudar a alma e o coração".* (Margaret Thatcher, *Sunday Times,* 3 de maio de 1981)[32].

No contexto do golpe parlamentar, levado a cabo por manifestações de rua em algumas das principais capitais, e apresentadas pelas mídias como expressão da vontade popular, vimos diferentes usos de veículos de informação no planejamento do *impeachment* e, simultaneamente, o reforço de um discurso que parece fazer dois movimentos que caminham paralelos. O primeiro, que diz respeito aos supostos processos de ideologização e doutrinação da parte da escola, principalmente levando em conta os professores da área de humanidades, centralizado na prática do professor de história. O que se prega é uma "Escola sem Partido", que também é objeto de análise. O segundo prega o desmantelamento do sistema público de ensino, em benefício de uma gama de discursos empresariais, privatistas e meritocráticos. No caso, esse movimento conjunto diz respeito à história atual da escola pública, cujo funcionamento tem sido alvo de disputas em que há muito movimento social amparado pelos elementos característicos da pós-verdade: uso

[32] (BUTT, 1981).

indistinto das mídias para a fabricação de (in)verdades; supervalorização do indivíduo, naturalização dos processos empresariais e de interesses privatistas e meritocracia em livre concorrência. Entender esse processo de construção de discursos que mostram um caminho empresarial e pouco crítico da escola pública como um processo "viável", "inevitável", e "contemporâneo", passou a ser o foco do interesse para uma pesquisa.

Ambos os movimentos focalizam diretamente o cerne do sistema educativo que está em crise, e se a crise da verdade é anúncio de crise da democracia, a crise da escola também é a crise da democracia, concordando com Giroux, em entrevista concedida a Menárguez para a Revista El Pais[33], em 14 de maio de 2019. Tratam-se de facetas de um objeto total porque, em outras palavras, *"com o neoliberalismo, o que está em jogo é a forma de nossa existência, isto é, a forma como somos levados a nos comportar, a nos relacionar com os outros e com nós mesmos"*[34], *"pois ele é o conjunto de discursos, práticas e dispositivos que determinam um novo modo de governo dos homens segundo o princípio universal da concorrência"*[35].

---

[33] (GIROUX e MENÁRGUEZ, 2019).
[34] (DARDOT e LAVAL, 2016, p. 16).
[35] (DARDOT e LAVAL, 2016, p. 17).

JORNADAS DE JUNHO

Com a iminência do aumento no preço da passagem do transporte público, em 13 de junho de 2013, o Movimento Passe Livre (MPL) realizou um ato que foi violentamente repreendido pela polícia militar[36], o episódio deflagrou uma onda de manifestações em algumas capitais do Brasil. Esse fenômeno, que teve como epicentro a cidade de São Paulo de onde irradiou, ficou conhecido como Jornadas de Junho.

O MPL tem atuação política pelas demandas populares e "*que tem como uma das suas causas a adoção da tarifa zero no transporte público do país... tinham como objetivo protestar contra o aumento das tarifas no transporte público no município de São Paulo, que iam passar de três reais para três reais e vinte centavos...o uso da internet foi marcante*"[37].

Os atos, reprimidos no início, rapidamente experimentaram uma reviravolta na reação diante deles, e Martins[38] diz que "*a partir de 15 de junho, este movimento sofreu uma interferência que pode paralisá-lo ou inverter seu sentido. A mídia e os partidos à direita do PT, que até então o demonizavam e reprimiam, fizeram um grande giro tático. Passaram a turbiná-lo, ao mesmo tempo em que tentam capturá-lo. Procuram esvaziar a reivindicação de direitos e igualdade (ou seja, seu caráter "perigoso" de crítica social) e suscitar, em seu lugar, a luta genérica "contra a corrupção". Ao fazê-lo tentam, ao mesmo tempo, voltar o movimento contra os governos de esquerda. Tirá-los do poder, seja de que modo for, é algo que, nos últimos dez anos, nunca saiu da agenda da direita.*"

O artigo de Martins foi publicado em 25 de junho de 2013, durante o processo, enquanto a situação se desenrolava. A situação viu surgir grupos multifacetados e pautas de amplo espectro político que

---

36 (UOL, 2013).

37 (SANTO, DINIZ, RIBEIRO, 2016, p. 141).

38 (OUTRAS PALAVRAS, 2013).

começaram a pulular entre os manifestantes. Contudo, o que era a luta por gratuidade no transporte público, passou a ser ensejo para mobilizar uma desconfiança generalizada contra o estado, de modo geral, e contra o governo federal ocupado, naquela ocasião, por Dilma Rousseff do Partido dos Trabalhadores (PT). O PT estava em seu terceiro mandato consecutivo, e uma série de programas sociais vinham sendo realizados.

A medida que as pautas se tornavam difusas, atores políticos, individuais e coletivos, começaram a ganhar proeminência, situação facilitada pela expansão dos usos das redes sociais como meio para o ciberativismo. Por meio das redes, também foi possível realizar a organização de protestos.

Baggio (2016) diz que houve a "*emergência desavergonhada de uma direita reacionária e extremista, com viés fascista... efeito da reação aos 13 anos de governo...O uso da internet e das redes digitais também contribuiu enormemente para o fortalecimento desses radicalismos, que se organizam e se expressam pelas redes*".

Conforme as pautas ganhavam tons antipetistas e de direita, o MPL anunciou sua saída das manifestações no dia 21 de junho[39], a repressão policial, ostensiva no início, foi sendo mitigada, até que a corporação passou a fazer a escolta das manifestações e a mídia hegemônica passou a ser porta voz dos clamores das ruas. Alguns grupos começaram a ganhar projeção naquele momento, um deles foi o Movimento Brasil Livre (MBL), um agrupamento criado para possibilitar a participação de seus membros, como agrupamento de pessoa física, nas manifestações, embora seus membros já integrassem o Estudantes pela Liberdade, uma sucursal do *Students for Liberty*. Ferreira[40], em 2017, "*como uma marca criada pelo grupo Estudantes pela Liberdade (Students for Liberty, no*

---

[39] Sobre as declarações do MPL para sair das manifestações: "Um dos membros do Passe Livre que participa na manhã desta sexta-feira de um debate sobre o rumo das manifestações no Instituto de Estudos Avançados (IEA) da Universidade de São Paulo (USP), Jorge, acrescentou que os atos agora tem caráter de direita: 'Eu raquiei o IEA no primeiro dia e a direita raqueou o movimento. Saiu do controle, saiu de qualquer possibilidade de controle. Desde o dia seguinte ao protesto com maior violência policial já senti a diferença. A gente foi apoiado pela direita, pela mídia e eu parei de ir para a rua. E agora a gente tem que controlar o monstro que a gente pôs na rua'" Disponíve l em: <https://ultimosegundo.ig.com.br/brasil/2013-06-21/mpl-encerra-protestos-reforca-origem-de-esquerda-e- diz- que-nao-e-antipartidario.html> Acesso em 18 de dezembro de 2020.

[40] (FERREIRA, 2017, p. 6).

inglês) para que os associados à organização estadunidense pudessem participar das manifestações, uma vez que a entidade estrangeira não permitia que seus membros pudessem desenvolver atividades políticas".

O *Students for Liberty* (estudado no capítulo 4) é uma organização fundada nos Estados Unidos e mantida por doações provenientes de *think tanks*, fundos e fundações que, por sua vez, são mantidos pelas maiores fortunas mundiais. Como o SFL recebe doações de instituições estadunidenses que não podem desenvolver atividades políticas, por terem o status de organizações filantrópicas, a alternativa foi criar uma marca para unificar pautas sem, no entanto, apresentar-se como grupo de uma rede, deste modo foi criado o MBL.

A escolha do nome é um ardil, porque possibilita confundir e associar ao MPL, que tem, historicamente, pautas alinhadas à esquerda, enquanto o MBL, assim como o SFL e o EPL, são grupos que se orientam pela defesa da sociedade de mercado e o modo de produção capitalista. O principal doador do SFL é a *Atlas Network*, uma *metathink tank*. Segundo o site da *Atlas Network*, em matéria de 1 de abril de 2015[41], Kim Kataguiri, militante do MBL e atualmente deputado estadual em São Paulo, dada a projeção decorrente do seu envolvimento nas manifestações, era a "estrela libertária" do momento. Segundo o conteúdo, o jovem trabalha com o '*partner*' da *Atlas Network*, no *Students for Liberty Brazil*, ou Estudantes Pela Liberdade (EPL) e que, como muitos membros do EPL e MBL, passou pelos programas de treinamento da *Atlas Leadership Academy* e é um dos jovens que estão aplicando o ideal libertário no local onde esses membros treinados vivem (apud BAGGIO, 2016, p.11)[42].

E o que vem a ser a *Atlas Network*, o Estudantes Pela Liberdade, os *think tanks*?

Think tank é uma expressão que passou a ser usada na década de 1960 nos EUA. Os primeiros *think tanks* foram criados pelos estadunidenses na primeira metade do século XX e são organizações civis privadas que recebem subsídios de pessoas físicas e/ou jurídicas, e que reuniam,

---

[41] Disponível em <https://www.atlasnetwork.org/news/article/students-for-liberty--plays-strong-role-in- free-brazil-movement> Acesso em 13 de setembro de 2019.

[42] A matéria da Atlas Network que relaciona o Students for Liberty com a atuação do Movimento Brasil Livre pelo impeachment da presidenta Dilma Rousseff está disponível no seguinte link: <https://www.atlasnetwork.org/news/article/students-for-liberty-plays--strong-role-in-free-brazil- movement> Acesso em 14 de fevereiro de 2020.

num primeiro momento, técnicos e especialistas, geralmente do âmbito acadêmico, que buscavam um modo de atuação mais autônomo concernente às políticas públicas, diziam-se mais "neutras", "científicas", "desinteressadas"[43]. Porém, a partir da década de 1970, no encalço da *Heritage Foundation,* fundada em 1973, temos o marco do surgimento de um novo tipo de organização. Desde então, os *think tanks* passaram a atuar de modo ativista com a missão de reformular o estado e remodelar a opinião pública, para promover políticas públicas conservadoras baseadas na defesa da livre-empresa, do estado mínimo, da liberdade individual, dos valores tradicionais americanos e da importância de uma forte defesa nacional. Estão entre seus recursos as estratégias de marketing para influenciar políticos em exercício, acadêmicos e mídia. São também conhecidos como "*advocacy's think tanks, haja vista que sua atuação especializada se destaca, sobretudo, pela defesa ativa de certas bandeiras políticas e sociais, e pela produção de lobbies em torno de suas pautas*"[44].

Alguns anos após a fundação dos primeiros *think tanks* ativistas, no decurso de 1970, políticas econômicas neoliberais começaram a ser aplicadas, sob o governo de *Jimmy Carter, Ronald Reagan e Margaret Thatcher.* Nas palavras de Rocha "*A coincidência temporal no que tange à aplicação de políticas de inspiração neoliberal nos Estados Unidos e na Inglaterra nos anos 1980 não foi fortuita, mas sim fruto de intercâmbios entre intelectuais e ativistas dos dois países que ocorreram principalmente ao longo da década de 1970 e que foram desencadeados com a publicação da obra seminal de Friedrich August Von Hayek, em 1944, 'O caminho da servidão'*".[45]

Thatcher frequentava as reuniões do *Institute of Economic Affairs* (IEA), abordado no tópico 3.4, criado por Antony Fisher, empresário que aderiu e propagou as concepções dos economistas, Friedrich Hayek e Milton Friedman, por meio da criação de *Think Tanks.* Baggio nos conta que Fisher idealizou e fundou a *Atlas Economic Research Foundation,* com o nome fantasia *Atlas Network,* sediada em Washington D. C. em 1981, mesmo ano em que Ronald Reagan pôs em prática a desregulamentação da economia, reduziu o orçamento de programas sociais,

---

[43] (ROCHA, 2017, p. 97).
[44] (FERREIRA, 2018, p. 26).
[45] (ROCHA, 2017, p. 99).

passou a defender o livre mercado, enfim, colocou em prática o ideário neoliberal[46].

Em 1987, a *Atlas* se fundiu com o *Institute for Humane Studies* (IHS), fundado por F.A. Harper, membro da *Sociedade Mont Pelerin*, com a finalidade de "*abarrotar o mundo com think tanks que defendam o livre mercado*"[47]. Rocha ainda nos diz que "*Estes think tanks integravam uma rede complexa de atores e entidades diversos unidos em prol da diminuição da intervenção estatal na economia, entre os quais figuravam inclusive instituições universitárias e um partido político, o Libertarian Party, fundado em 1971 [...] Da década de 1970 em diante tais organizações passaram a contar com orçamentos milionários oriundos de doações realizadas por empresários mediadas por fundos "filantrópicos". Um dos casos mais emblemáticos neste sentido é o dos bilionários do ramo de petróleo, David e Charles G. Koch, conhecidos como irmãos Koch, cuja atuação junto às principais organizações pró-mercado de seu país e na política do Partido Republicano é pública e notória*"[48].

Baggio[49] ainda reitera que os irmãos Koch estão entre os bilionários e principais doadores da *Atlas Network*, que além de prover fundos para a Atlas, concede bolsas para lideranças cursarem o *Charles G. Koch Summer Fellow*. A *Atlas Network* é uma *metathink tank*, pois atua na assessoria e financiamento para criações de *think tanks* ao redor do mundo.

No caso de Fábio Ostermamm, coordenador do MBL, os Koch aparecem novamente como figuras idealizadoras que amparam uma gama de entidades juvenis e estudantis em prol do tal "sentido libertário" empresarial, conforme estudado no capítulo 4.

Como se pode observar, há uma ramificação de fundações e institutos atuantes em nome de interesses empresariais e planos que fundamentem um compromisso bilionário entre empresas brasileiras, o poder público, as próprias instituições subsidiárias brasileiras e grupos juvenis organizados para tanto. Destaca-se a posição dos dois irmãos, os bilionários Koch.

---

46 (BAGGIO, 2016, p. 2).

47 (COCKETT, 1995 apud ROCHA, 2017, p. 101).

48 (DORHETY, 2007 apud ROCHA, 2017, p. 102).

49 (BAGGIO, 2016, p. 2).

Dentre as ações dos Koch para influenciar decisões políticas está o financiamento de múltiplos *think tanks*, entre eles, o *Cato Institute*, a *Heritage Foundation*, a *Atlas Network*, o financiamento de "movimentos de militância" como *Tea Party*, que tem vinculação com o Americans For Prosperity (abordado em 4.3), de cadeiras em prestigiosas academias e treinamento de lideranças.

Em documentário[50] as articulações dos Koch se dão em diversas frentes, desde modos de burlar ou derrubar leis ambientais, combater a lei de salário mínimo, a previdência social, e avançar para o desmantelamento do sistema público de ensino através da influência nas eleições escolares no Condado de Wave, Carolina do Norte, e atuar indiretamente, para reinstaurar a segregação racial na escola e no ônibus escolar, de maneira indireta por meio do que chamam de escola de bairro. Segue breve apresentação dos Koch que permite compreender sua esfera de influência multidimensional.

Os Koch, por meio de doações bilionárias, discursam em interesse próprio mediante diferentes organizações que são apresentadas como representantes de demandas da sociedade civil.

Em 23 de março de 2015, tendo em vista a guinada libertariana no Brasil e suas conexões estrangeiras, a revista Carta Capital publicou um artigo sobre os irmãos, segue a breve apresentação:

"Os irmãos Charles e David Koch são sócios e possuem, segundo a Forbes, 42,9 bilhões de dólares cada um e estão em sexto e sétimo lugar em sua última lista de bilionários. Há ainda Bill Koch, o caçula, brigado com os irmãos e com um império independente de "apenas" 2,8 bilhões (o número 603 da Forbes), mas também financiador ativo de políticos conservadores; e o primogênito Frederick Koch, mais interessado em coleções de arte, teatro e cinema do que nos negócios da família. São todos filhos de Fred Chase Koch (1900-1967), empresário do petróleo, admirador de Benito Mussolini e um dos fundadores em 1958 da ultradireitista John Birch Society, cuja sede foi estabelecida ao lado do túmulo do paranoico senador anticomunista Joseph McCarthy e foi notória pelo combate à lei dos direitos civis promovida pelo presidente Lyndon Johnson nos anos 1960.

---

[50] (KOCH BROTHERS EXPOSED, 2012).

É cada vez mais notório o apoio de irmãos Koch a campanhas e institutos conservadores e libertarians por meio de várias organizações por eles financiadas, incluindo Americans for Prosperity e o Cato Institute. Em fevereiro, documentos obtidos pelo Greenpeace através do Freedom of Information Act revelaram que a Charles G. Koch Charitable Foundation, organização para financiar programas de ensino e pesquisa, fez doações para Wei-Hock Soon do Harvard- Smithsonian Center for Astrophysics, um dos raros cientistas a insistir em que a mudança climática é um fenômeno natural, não causada por atividades humanas. Outro tema caro aos Koch é o do armamentismo. Doam milhões à National Rifle Association (NRA) e outros lobbies que combatem restrições à posse e porte de armas nos EUA, que retribuem fazendo campanha a políticos conservadores do agrado dos irmãos (Carta Capital, 23 de março de 2015)".[51]

As relações sociais presentes nos documentos estudados para esta pesquisa permitem percorrer redes sociais entre membros que atuaram no golpe parlamentar e os *think tanks* financiados pelos Koch, além da consonância de um projeto econômico que se difunde de modo endógeno, na formação de lideranças jovens, que voltam para seus países de origem com a missão de propagar o ideário libertariano de maneira global e alterar os processos políticos, a maneira de medidas orientadas por ideólogos, predominantemente da área econômica, como Ludwig Von Mises, Friedrich Hayek, Milton Fiedmam, James McGill Buchanam, todos eles membros da Mont Pelerin Society (estudada em 3.1).

O ativismo político e o expansionismo estão na gênese do ideário libertariano que irradia promovendo intenso intercâmbio e se ocupando da educação de uma certa juventude que é treinada para propagar a missão. Treinam uma juventude libertariana que, por sua vez, passa a militar pela alteração estrutural da educação em seus países, defendo a implementação de medidas concretas para impulsionar a desregulamentação e abrir mercado, como o *voucher* educacional, a legalização e expansão do *homeschooling*, além da militarização das escolas em que a iniciativa privada não queira atuar.

Produzem movimentos que incentivam a desconfiança com relação aos professores críticos ou que problematizam o projeto econômico-educacional de avanço global, por exemplo, por meio do Escola sem

---

[51] (CARTA CAPITAL, 2015).

Partido (EsP), chegando a estimular a cultura da delação e a criminalização dos professores. Embora autodeclarado apartidário, o EsP está em consonância com uma posição política, a do neoliberalismo, e se tornou proposta aprovada no primeiro congresso do MBL em 2015. Todas as propostas aprovadas estão disponíveis no site do MBL[52], objeto de estudo em 4.4.

Portanto, torna-se interessante compreender como funciona essa rede multidirecional de investimentos estrangeiros de caráter empresarial interessado na atuação política da juventude com focos ligados aos interesses privatistas e que pressionam pela alteração de muitos aspectos do funcionamento social, mas que tem especial interesse nos processos educativos, principalmente no funcionamento dos sistemas públicos de ensino.

A pesquisa investiga a ação dessa rede de instituições e grupos políticos no processo de organização da educação brasileira, mais especificamente na atuação de grupos juvenis que passam a trabalhar pela modificação das bases de ensino (organização pública do ensino, conteúdo, formação de professores, atuação de estudantes e jovens) e a incorporação de discursos empresariais, moralizadores e privatistas na rede pública de ensino.

Pergunta-se: Como acontece a relação dos Irmãos Koch com a educação em geral e o ensino público em particular? Outras perguntas acompanham a pergunta principal. Quais são os principais pontos de interesse em reorganizar os sistemas educacionais de países como o Brasil? Qual é a atuação da rede financiada pelos irmãos Koch a partir de *think tanks* neoliberais? Quais são as instituições e sujeitos de composição dessa rede na América Latina? Como acontece a relação entre os financiamentos estrangeiros e a América Latina e o Brasil? Como acontece a relação entre os financiamentos estrangeiros, centralizado na atuação dos irmãos Koch, no cenário de atuação política de movimentos juvenis brasileiros?

A capilaridade da proliferação de *think tanks* neoliberais, ultraliberais ou libertarianos, nas palavras de Baggio[53], ao redor do globo, financiada

---

[52] O site está disponível no seguinte endereço: <https://mbl.org.br/propostas/> e as propostas podem ser acessadas diretamente, no seguinte endereço: <https://mbl.org.br/wp-content/uploads/2017/05/propostas-mbl.pdf> Acesso em 13 de fev. de 2021.

[53] (BAGGIO, 2016, p. 1).

pela iniciativa privada, vem legitimando e criando de consenso sobre o neoliberalismo econômico como a última realização humana, treinando missionários para replicar, em seus países de origem, os treinamentos recebidos, e fundar *think tanks* espelhados na matriz, a *Atlas Network*, cumprindo aquilo a que se propôs quando foi criada por Fisher.

A hipótese é que existe um projeto com treinamento de *think tanks* especificamente à formação de jovens que passam a espelhar as ideias de privatização de maneira a produzir discursos ora manipulados, ora falsos, ora místicos, em prol do capital. Como referência sobre o estudo histórico de questões contemporâneas, o texto acompanha a noção de experiência em Thompson, que vê a vida vivida como passível de interrogações surgidas da observação dos fenômenos sociais enquanto eles acontecem. Nas palavras de Thompson *"A experiência não espera discretamente, fora de seus gabinetes, o momento em que o discurso da demonstração convocará a sua presença. A experiência entra sem bater à porta e anuncia mortes, crises de subsistência, guerra de trincheira, desemprego, inflação, genocídio. Pessoas estão famintas, seus sobreviventes têm novos modos de pensar em relação ao mercado. Pessoas são presas: na prisão pensam de modo diverso sobre as leis. Frente a essas experiências gerais velhos sistemas conceptuais podem desmoronar e novas problemáticas podem insistir em impor sua presença"*[54].

Como a consideração supracitada de Thompson, cumpre pensar na importância de compreender a experiência dos sujeitos na história e de como eles se posicionam, de maneira a pensar o "mercado" estando nas relações sociais, de modo que novos conceitos são inventados na disputa cultural para alterar a sociedade.

A realidade se impõe, mas podemos afirmar que o golpe parlamentar não é súbito. Tomando emprestado o título de Ingmar Bergman, há "o ovo da serpente", e para agir na realidade é preciso tentar compreender as forças atuantes que estão em disputa, é preciso tentar compreender quais interesses motivam os discursos e propostas para a educação, para tentar aclarar nosso próprio tempo.

O método deriva do próprio objeto da pesquisa. A aproximação do objeto tendo como porta de entrada o site do Projeto Escola sem Partido, depara-se com a disponibilização de anteprojetos prontos para serem

---

[54] (THOMPSON, 1981, p. 17).

apresentados em âmbito municipal, estadual, federal, e modelos de decreto municipal e estadual. Na esfera federal foi apresentado o PL 7180/2014, arquivado em 2018, e o PL 867/2015. Já o PL 1411/2015, tipifica como crime o "suposto assédio ideológico", prevendo até a detenção de professores[55]. Em 2019, foi apresentado o PL 246/2019, que visa permitir que estudantes gravem as aulas e proibir atividades políticas pelo grêmio estudantil[56].

Além disso, a mesma busca pelo EsP, leva ao MBL, que no primeiro congresso aprovou a implementação do EsP. Embora se afirme neutro e contrário à educação "ideologizante praticada pelos anos de governo petista", conforme reiteradas afirmações feitas tanto por Miguel Nagib, criador do EsP, quanto pelo MBL, numa rápida busca encontramos a colaboração de Nagib com o Instituto Millenium, *think tank* libertário de perfil ativista e um dos primeiros parceiros da *Atlas Network* na América Latina.

Por outro caminho vamos do EsP para o MBL, movimento que conduz ao Estudantes pela Liberdade (EPL). O EPL, por seu turno, conduz ao *Students for Liberty*, site em que encontram-se programas de treinamentos, diversos cursos concebidos para os locais geográficos a que se destinam, programas de formação para líderes no *"Brazil"*, América Latina, América do Norte, enfim, um projeto global, cuja proposta de treinamento ilustra o intuito desses *think tanks*.

O SFL leva ao site da *Atlas Network* que, por ser matricial, faz link com diversos *think tanks* brasileiros (Instituto Liberal, Instituto Millenium, Mackenzie Center For Economic Freedom, Livres, Líderes do Amanhã, Estudantes pela Liberdade e etc.) e mundiais, assim como nos leva ao site da Georgetown University, a Washington D.C., a Universidade Francisco Marroquín, dentre outras.

A Universidade Francisco Marroquín (UFM), fundada por Manuel Ayau, primeiro Latino Americano a presidir a Sociedade Mont Pelerin, foi onde se formou Gloria Álvarez, libertariana que veio ao Brasil com financiamento da Atlas chilena, outra sucursal que é receptáculo de grandes investimentos feitos pelos irmãos Koch, discursar a favor do

[55] (PRAGMATISMO POLÍTICO, 2018).

[56] (TAVARES, 2019).

"impeachment" da presidenta Dilma Rousseff na Avenida Paulista no palanque do "Vem pra Rua".

Portanto, o trabalho resulta de uma pesquisa meticulosa pelo conteúdo dos sites desses *think tanks* que são coligados por ideias libertarianas e, ao mesmo tempo, financiados ou coligados ao grupo dos Koch. Foi feita pesquisa nos cursos e treinamentos, procedimentos de ingresso e ideário. Visto que tais *think tanks* são constituídos por pessoas, a pesquisa também teve como fonte as redes sociais, busca por matérias, biografias, bibliografias para mapear suas ações e propostas.

Ademais, a obra Dark Money, livro-reportagem da jornalista Jane Mayer, e sua versão em espanhol, Diñero Oscuro, é fonte documental porque é o resultado de sua pesquisa feita para rastrear o dinheiro destinado à filantropia, por meio da criação de fundações e financiamento de *think tanks*; configuram fontes secundárias os documentários que abordam os agentes e organizações e aqueles produzidos pelas próprias organizações para difundir seu ideário pela divulgação do material elaborado por seus intelectuais orgânicos.

Democracy in Chains, da historiadora Nancy MacLean, também é fonte documental porque é a narrativa resultante da sua pesquisa quando encontrou pilhas de documentos na antiga casa do economista libertário James McGill Buchanan, na George Mason University, que a autora visitou por ocasião de sua morte no ano de 2013. Empilhadas na suíte do economista estavam cartas confidenciais do período de 1997 e 1998, sobre investimentos milionários de Charles Koch para o Centro de Estudo da Escolha Pública, estabelecido em 1956 na Universidade da Virgínia e, posteriormente, transferido para a George Mason. Tais documentos registram o financiamento do departamento da Universidade, um dos centros de difusão do libertarianismo, relação que não configura uma atuação isolada, mas representa o modo de atuação da rede dos "libertarians" em que os Koch injetam altas quantias, objeto que aprofundado nesta pesquisa.

Trata-se, portanto, de uma pesquisa realizada em duas etapas simultâneas. Uma delas é a pesquisa documental online de fontes primárias exclusivamente digitais, fontes primárias digitalizadas, e fontes secundárias exclusivamente digitais e digitalizadas, considerando o inter-relacionamento dos documentos e as transações de que resultaram como um indicador de confiabilidade. Em "*Pesquisando na internet: uma análise sobre metodologias utilizadas em dissertações do PPGCI-UFPB"*[57], ressalta que o arquivo virtual existente na internet é caracterizado pela não-linearidade, é meio de comunicação e autoapresentação de indivíduos e organizações, e dispõe de grande volume de material que perfaz conexão entre si ou entre sites. Como serão estudados os sites das próprias organizações, trata-se de analisar o material de autoapresentação para difusão do seu ideário, de modo que há coerência discursiva e regularidade na rede de instituições.

Considerando que a difusão da internet em escala global criou um novo espaço de sociabilidade, que constitui um novo objeto de estudo cujas pesquisas são recentes, a acepção dessa espacialidade ainda não chegou a um termo consensual. Ciberespaço é um modo de se referir ao objeto, e compreende a infraestrutura material, o conteúdo e as pessoas que a alimentam e mantêm, portanto, o ciberespaço não se restringe ao espaço virtual. Ao citar Lèvy, Almeida traz a seguinte definição [...] o novo meio de comunicação que surge da interconexão mundial dos computadores. O termo especifica não apenas a infraestrutura material da comunicação digital, mas também o universo oceânico de informações que ela abriga, assim como os seres humanos que navegam e alimentam esse universo[58].

A não-linearidade é a condição desse tipo de comunicação. Em seu estudo da hiperculturalidade, Han retoma a definição de hipertexto feita por Ted Nelson, que abrange o modo de organização da informação em blocos interligados por hiperlinks e a ação do sujeito que ali navega, reconhecendo certa similaridade entre o ciberespaço e a realidade off-line[59]. No entanto, para Han, mais que ciberespaço, ocorre o que ele designa por hiperculturalidade, pois o uso de redes sociais em escala global possibilita o deslocamento das culturas de seu território, para criar as mais multiformes conexões, num entrecruzamento de tempos e espaços, que configuram o que ele chama de hiper-realidade[60]. Entretanto, não cabe aqui a discussão sobre tais conceitos, mas apenas indicar que, além da imensidão do arquivo virtual disponível, os usos da internet

---

57 (CAMBOIM, BEZERRA, GUIMARÃES, 2015, p. 126, 127).
58 (LÈVY *apud* ALMEIDA, 2011, p. 12).
59 (NELSON apud HAN, 2018, p. 20).
60 (HAN, 2018).

são, cada vez mais, fontes e objetos de estudo porque, a medida que ganham novos usos, alimentam o arquivo virtual, concomitantemente.

A conexão é em rede e essas redes são alimentadas pelos sujeitos que escrevem para as organizações ou cujos escritos passam a integrar o tecido das organizações. Muitos desses sujeitos mantém perfis em redes sociais, o que torna esses perfis fontes documentais por conservarem os registros das interações, possibilitando o estudo dessas redes "publicizadas".

A análise de redes sociais feita no terceiro e quarto capítulos, parte de atores específicos pela sua centralidade, o que converge para os propósitos da formação de líderes que recebem a missão de difundir o ideário dos *"libertarians"*, atuando como centro propagador de ideias e agregador de membros para a expansão das redes. Portanto, a internet tem dois eixos de estudo, um como arquivo documental e outro como meio de atuação política para a difusão do ideário do libertarianismo por meio do ciberativismo.

ANÁLISE DO IDEÁRIO DO LIBERTARIANISMO

Mas que ideário é esse? A respeito "*da ideologia que domina nossas vidas, Monbiot*[61] *disse que "não tem, para a maioria de nós, um nome"*. A primeira tentativa deliberada de defender o capitalismo do que Mises e Hayek entendiam como avanço do "coletivismo", entendendo que "coletivismo" é a maneira como designam, de modo geral, qualquer organização social em que o estado intervenha na economia, foi em 1938 (tópico 3.8).

"*Ludwig von Mises e Friedrich Hayek, ambos exilados da Áustria*" (ficaram conhecidos como neoaustríacos) "*viam a social democracia, exemplificada pelo New Deal de Franklin Roosevelt e pelo gradual desenvolvimento do estado de bem-estar social britânico, como manifestações de um coletivismo que ocupavam o mesmo espectro que o nazismo e o comunismo*"[62].

Naquela ocasião, termos como neocapitalismo, liberalismo clássico e neoliberalismo foram usados para autoreferir os esforços teóricos e ações em defesa do livre mercado. Não havia unicidade entre os teóricos e "*os liberais costumam enfatizar as ligeiras diferenças entre as teorias deles*", mas eles têm muito em comum e há, acima de tudo, um consenso sobre a defesa do capitalismo livre de interferências que visem distribuir a riqueza.

Os esforços vão se organizando, articulando e criando estratégias que entretecem uma rede de empresários e intelectuais orgânicos de modo

[61] Artigo publicado pelo Improptu.Sul21 por Augusto Maurer, em 17 de outubro de 2017, sob o título A ascensão do neoliberalismo foi a causa principal da pobreza extrema? Disponível no seguinte endereço: <http://impromptu.sul21.com.br/tag/george-monbiot/>. Título original The Rise of Neoliberalism: The Cause of Extreme Inequality?, escrito por George Monbiot para o Evonomics, disponível em: <https://evonomics.com/rise-of-neoliberalism-inequality/> Acesso em 14 de fevereiro de 2020.

[62] (MONBIOT, 2017).

a produzir hegemonia em torno desse ideário que serve mais a pautar ações, no âmbito individual e político, para formar o tecido social, de maneira difusa, recebendo uma ampla gama de denominações, o que caracteriza outro aspecto dessa agenda, pois não ter nome certo serve como estratégia de ação e, como disse Monbiot, "*seu anonimato é tanto um sintoma como causa a do seu poder*"[63].

O termo neoliberalismo vigorou até a década de 1951. Na década de 1960, Robert Lefreve (tópico 2.2) chegou a ser chamado de anarquista, tamanha sua oposição à interferência do estado na economia, todavia, para não ser confundido com as pautas anticapitalistas e de defesa da esquerda, adotou o termo autarquista. Dado o radicalismo do combate de Charles Koch contra o Estado, muitas vezes ele também foi designado "anarquista" entre os seus, mas na década de 1970 passou a vigorar entre eles o termo libertarianismo, inclusive na reunião da Mont Pelerin em 1978 (tópico 3.2).

Murray Rothbard adotou o termo anarcocapitalista, Ayn Hand desenvolveu a filosofia objetivista, e Buchanan a Teoria da Escolha Pública (TEP). No Brasil o termo é usualmente intercambiável por ultraliberalismo e, em geral, todas essas variações são abrangidas pelo termo neoliberalismo quando se trata de abordar reformas políticas de desmonte dos serviços e garantias públicas.

O termo libertarianismo, afirma Leonard E. Read, fundador da Foundation for Economic Education (FEE, assunto do tópico 2.1), foi criado por ele. Em conformidade com Read, "aqueles que favoreciam o livre mercado e eram contra a tirania do Estado sobre o indivíduo eram, originalmente, chamados liberais; por exemplo, os economistas clássicos, como Adam Smith, eram considerados liberais. Mas na era moderna, a palavra, como se pode ver, passou a significar outra coisa"[64]. Read e os libertarianos entendem que os liberais propenderam para medidas coletivistas que não correspondem mais à defesa do livre mercado que eles fazem.

Portanto, outro ponto é que o termo descende da teoria liberal clássica, mas, enquanto a teoria clássica, representada, principalmente, por John Locke e Adam Smith, foi um movimento de contestação ao

---

[63] (MONBIOT, 2017).

[64] (FEE, 2010).

absolutismo monárquico que possibilitou a defesa das liberdades individuais, o libertarianismo reage, especialmente, ao estado de bem-estar social[65] que era proposto pelo liberalismo estadunidense.

É a defesa da primazia da liberdade individual que faria trocas comerciais livres e voluntárias em uma "ordem espontânea", "*que chegou à atual forma devido não apenas à inteligência humana, mas a uma 'segunda herança' que consiste na crença depositada na propriedade, honestidade e família, pilares estes, que são os fundamentos morais da civilização*"[66], o que levaria à harmonia social, sendo assim, o papel do estado passa a ser a defesa da propriedade privada, enquanto "*a única justiça social passa a ser o direito de propriedade*"[67].

Embora a juventude libertariana seja defensora radical da liberdade individual, o que inclui a defesa liberação do aborto, da liberação das drogas, das liberdades sexuais e, sobretudo, da liberdade do mercado, contra qualquer regulação das relações trabalhistas, de proteção ambiental e pela primazia da propriedade privada, atuando para privatizar tudo o que hoje ainda é estatal, frequentemente faz aliança com grupos conservadores, aqueles que se descrevem como "*liberais no que diz respeito à economia e conservadores no que diz respeito aos costumes*". Os conservadores costumam fundamentar a defesa da propriedade e do livre mercado em associações que fazem com trechos selecionados das escrituras bíblicas e com a carta de independência dos Estados Unidos, alegando que o país foi feito para ser uma república, não uma democracia[68].

Tanto o conservadorismo como as formas políticas autoritárias passam a ser aceitáveis, de acordo com a documentação, se forem instrumentos na defesa do livre mercado, desde que sirvam para conter demandas populares que exijam políticas públicas de defesa de direitos. O libertarianismo se alia aos setores conservadores, ao estado máximo no que tange à repressão, a recursos como golpes de estado e *lawfare*, para evitar excessos democráticos. Nas palavras de Angeli e Júnior, para Hayek "a democracia ilimitada traria resultados tão ruins que

---

65 (O CERCO, 2015).

66 (SALGADO, 2007, p. 12).

67 (O CERCO, 2015).

68 Sobre a defesa dos conservadores ao livre mercado, ver os princípios da John Birch Society (objeto de estudo no tópico 1.4).

seria necessário um período de transição com uma ditadura, para que a sociedade tivesse assegurada sua liberdade individual e, assim, pudesse voltar para um sistema democrático com regras e restrições ao poder governamental" é a "ditadura transicional"[69].

A década de 1970 é especialmente importante na articulação da contraofensiva libertariana, como veremos no decorrer da pesquisa, e nesse momento os Estados Unidos passam a ser seu epicentro, tendo como um de seus objetivos o de fazer frente aos avanços democráticos conquistados nas lutas por direitos civis, contudo, no início do século XXI a América Latina passa a vivenciar a atuação dessa rede já difundida de maneira transnacional, tendo treinado braços locais para reverter o avanço dos governos de esquerda na região. A expansão da rede libertariana se dá por meio de *think tanks* e *metathink tanks* que recebem grandes doações provenientes de fundações filantrópicas, por meio do alinhamento de departamentos em universidades, atuação sobre o currículo escolar, todos sob a alcunha de filantropia, e também, no terceiro momento, pela produção de "manifestações populares".

Em 1 de julho de 1978, Charles Koch, também empenhado da contraofensiva libertariana, publicou o artigo "The Business Community: Resisting Regulation" na Libertarian Review, em que afirma que o "*nosso movimento deve ter como objetivo o cumprimento do ideal do empreendedor livre e independente. Para isso, nosso movimento deve destruir o paradigma estatista predominante e erigir, em seu lugar, um novo paradigma de liberdade para todas as pessoas*", sempre fazendo referência e deferência a Mises, Friedman e Hayek.

Entretanto, embora esse grupo discurse pela "liberdade para todos" usando o nome "libertarianismo" para suas proposições e ações, em 28 de agosto de 2019, por ocasião da morte recente de David Koch, Natham Robinson afirmou no The Guardian que "os irmãos Koch tentaram construir uma plutocracia em nome da liberdade"[70], em artigo que aborda a sucessão de ações dos Koch para alterar eleições, suas ações para impedir a regulamentação do carbono (regulamentação que lhes afetaria financeiramente) para restringir sindicatos, para determinar currículos universitários e negar as mudanças climáticas.

---

[69] (ANGELI e JUNIOR, 2018, p. 6).

[70] (ROBINSON, 2019).

Os novos plutocratas têm por interesse a organização de nichos de poder, vilipendiando dados científicos ou fazendo vulgarizar ideias que nem sempre possuem fundamentação científica, como caminhos alternativos em nome do libertarianismo, ao promover, por exemplo, grupos e políticos que negam as mudanças climáticas, ou apoiar legisladores anti-imigração fazendo crer que a política mais fechada para imigrantes faz melhorar a economia de um país, enquanto buscam liberdade ilimitada para seus negócios. Atuam na defesa de interesses próprios, ou seja, construindo uma plutocracia em detrimento de democracia. Trata-se do oferecimento da ideia de liberdade para todos, mas significa a busca pela liberdade ilimitada de um pequeno grupo, de maneira que a "*concentração de propriedade privada passa a conferir considerável poder público*", como explica Robert Reich[71]. Por isso têm muito interesse em ampliar o seu poder de influência pela esfera da educação, pesquisa e ciência e na promoção de candidatos que sirvam aos seus interesses[72]. Ainda com Reich, "a grande filantropia é, definitivamente, a voz plutocrática na democracia porque é ideologicamente e financeiramente controlada pelos doadores e subsidiada por impostos", pois, ao serem anunciadas como instituições de interesse social, de expansão da educação, são isentas de impostos[73].

---

[71] Robert Reich é professor de políticas públicas do Chanceler na Universidade da Califórnia em Berkeley e membro sênior do Blum Center. Ele atuou como Secretário do Trabalho no governo Clinton. Ele escreveu outros 17 livros, incluindo os best-sellers "Aftershock", "The Work of Nations", "Beyond Outrage" e "The Common Good". Ele é editor fundador da revista American Prospect, fundador da Inequality Media, membro da Academia Americana de Artes e Ciências e cocriador dos documentários premiados "Desigualdade para todos" e "Salvando o capitalismo". Site pessoal no seguinte endereço: <https://robertreich.org/>. Acesso em 14 de fevereiro de 2020.

[72] (REICH, 2013).

[73] (MADRIGAL, 2018).

Capítulo 1

A FAMÍLIA KOCH

1.1. OS IRMÃOS KOCH: TRÊS GERAÇÕES DE FORTUNA E A CONSTRUÇÃO DO "LIBERTARIANISMO"

No ranking da Revista Forbes, publicado em 5 de março de 2019, Charles de Ganahl Koch e David Hamilton Koch estão, os dois, na 11º posição, cada um com 50.5 bilhões de dólares, o patrimônio dos irmãos totaliza 101 bilhões de dólares. Ainda na matéria da Forbes, Charles Koch é apresentado como presidente e *CEO* da *Koch Industries*, a segunda maior empresa privada em receita desde 1967. David Koch, que compartilha com o irmão o controle majoritário, deixou o cargo de vice-presidente executivo em julho de 2018, tornando-se diretor emérito, devido as preocupações com a saúde. Ele é designado como filantropo doador do Lincoln Center de Nova York e do Memorial-Sloan Kettering Cancer Center, além de ter sido candidato a vice-presidente de Ed Clark pelo partido libertário em 1980, obtendo 1% dos votos. Cada um possui 42% de participação na empresa, tendo comprado as ações de seus outros dois irmãos, Frederick Robinson Koch e Willian Igraham Koch, em 1983.

Na apresentação sintética da matéria, a Koch Industries aparece como diversificada, com cerca de 110 bilhões em receita de negócios, que vão de oleodutos, produtos químicos, copos Dixie e carpete Stainmaster, produção de fertilizantes, refino de petróleo bruto, xícaras Dixie, papel higiênico e acolchoado. Em 1927, Fred Chase Koch desenvolveu um método de refino de petróleo bruto e em 1940 iniciou os negócios da família, deixando a empresa aos filhos quando faleceu em 1967.

No próprio site a Koch Industries é feita sua autoapresentação como *"uma empresa que atua do básico da vida aos avanços tecnológicos do amanhã, para criar e inovar num amplo espectro de produtos e serviços com responsabilidade e consumindo menos recursos"*. São apontados 16 segmentos de atuação: Sete usinas de etanol e uma instalação para converter óleo de milho em biodiesel; componentes eletrônicos (botões de eletrodomésticos, circuitos de smartphone, sensor de segurança, rede de dados óticas e de cobre); vidro para casa, carro, prédio, eletrodoméstico e etc.; revestimento Stainmaster (carpete, azulejo, rejunte, vinil); fertilizantes agrícola designados como nutrientes pela Koch Agronomic Services, pois segundo eles "em 2050 seremos 9 bilhões e demandaremos o dobro de alimento a ser cultivado em aproximadamente a mesma quantidade de terra"; tecido cordura que tem sido a escolha para uniforme de combate e sistema de engrenagem no ramo militar, além do ramos de policiais e socorristas; rede de Iluminação Transcendent; artigos de construção da Georgia-Pacific, os abrigo Steadfast (compensado, placa de gesso, revestimento de fibra de vidro e etc.); 460.000 acres de terra que sustentam 12.000 cabeças de gado – *"Vá em frente, libere seu carnívoro interior!";* integração de sistema aerodinâmico em grade automotivas (segundo o site serão 2 bilhões de veículos motorizados até 2030); instrumentos cirúrgicos, componentes para dispositivos médicos, bomba de infusão de insulina; artigos dispensadores para toaletes enMotion; artigos de papel e louça Dixie; sistemas de filtros para bebidas em geral (de acordo com o site 633 milhões de pessoas não têm acesso à água potável em todo o mundo), produtos químicos em geral; asfalto; fibras Dacron para roupa de cama em geral. Após exaustiva apresentação da riqueza dos irmãos é claro que eles souberam diversificar suas fontes de lucro em muitos segmentos de mercado.

A Koch Industries é diferenciada pela defesa da sociedade livre e aberta, emprega 130.000 pessoas e está presente em 60 países do mundo sob as marcas Georgia-Pacific, Koch AG e Energy Solutions, Guardian Industries, Koch Engeenered Solutions, Molex, Koch Minerals, Flint Hills Resources, Invista, Koch Supply & Trading, Matador Cattle Company, Koch Disruptive Technologies, Koch Equity Development. Há destaque para responsabilidade com tópicos de desempenho ambiental praticado por meio de gerenciamento responsável de recursos ambientais para criação de valor sustentável; operações seguras para proteger funcionários, parceiros, vizinhos e comunidade; ética organizacional, que são valores profundamente arraigados descritos pelos princípios orientadores e o código de conduta que constituem um código moral compartilhado por todos que estão juntos por longo prazo, ainda apresentando o texto do site.

O grupo também se destaca na educação. O tópico faculdade é um link para o Koch College, onde eles se apresentam como a segunda maior empresa privada da América. Os irmãos têm parceria com mais de 130 Universidades em todo os EUA, programa de estágio, estágio de verão, bolsas de estudo e conta que, pelo programa educacional "Koch carreira", eles "selecionam mentes". Além de um link de carreiras para veteranos das forças armadas cujos valores fundamentais se alinham com os valores da corporação.

Os valores da corporação são apresentados com a composição da filosofia, e ensinados por Charles Koch em sua abordagem *Market-Based Management* (MBM), no livro "The Science of Sucess" (1 edição de 2007), em português "A ciência do sucesso", método a que o milionário atribui o crescimento de 2.100 desde a década de 1960, das Indústrias Koch. O método apresenta o seu gerenciamento baseado no mercado como uma ciência replicável em qualquer empresa, aliando teoria à prática para lidar com desafios e mudanças constantes. O MBM é organizado em "oito princípios do potencial infinito" e está disponibilizado no site da empresa[74]. Apresenta os seus pilares que são os seguintes: integridade, administração e conformidade, empreendedorismo com princípios, transformação, conhecimento, humildade, respeito e autoatualização. Todos os princípios do potencial infinito devem ser internalizados e praticados por todos, em tudo que se faz, desse modo levarão ao crescimento de longo prazo, e é isso que faz as sociedades livres prosperarem. No caso dos Koch, referindo as informações constantes no site do Charles Koch Institute, fez da empresa avaliada em 21 milhões, na década de 1960, a atual bilionária que ultrapassa 100 bilhões.

Ao falar que os bilionários têm prosperado mais politicamente que por sua atuação empresarial, Gibney, em seu filme, aponta a atuação política deles, em nosso caso de estudo sobre a atuação dos irmãos Koch, associada à atuação industrial diversificada, a filantropia também diversificada que, de acordo com o site do Charles Koch Foundation, apoia pesquisas acadêmicas e políticas públicas com fim de encontrar soluções

[74] Os oito princípios estão disponíveis no site da Koch Industries, no seguinte endereço: <https://www.kochind.com/about/business-philosophy> Acesso em 13 de fev. de 2021.

baseadas no livre mercado para problemas sociais. A área da educação é prioritária, e alguns nomes listados no site da Fundação são o Institute of Humane Studies, o Cato Institute, o Mercatus Center da Universidade George Mason e o Instituto Bill of Rights, mais detidamente explicados nos próximos capítulos.

Em Diñero Oscuro, versão em espanhol de Dark Money, Jane Mayer cita uma declaração feita pelo próprio Charles Koch ao *National Journal* em 1992, em suas palavras ele "Comparou sua estratégia política de enfoque múltiplo com a dos investidores de risco que têm carteiras diversificadas: "*Meu conceito geral é minimizar o papel do governo e maximizar o papel da economia privada e maximizar as liberdades pessoais*"[75]. E prossegue dizendo, "*Ao apoiar todas essas diferentes organizações [sem fins lucrativos] estou tratando de apoiar diferentes enfoques para conseguir esses objetivos. É quase como um investidor que põe seu dinheiro em várias empresas. Assim consegue que haja diversidade e equilíbrio. E protege suas apostas*"[76].

Os irmãos Koch promovem a sua visão de mundo com muito dinheiro em uma série de projetos e instituições, de um modo que configura o histórico familiar, já que se trata de um prolongamento de ações que foram construídas por gerações, e atualmente, pela coligação e interlocução de uma rede de grupos, órgãos, universidades e escolas que se mostra como uma grande composição de formação de jovens em torno de uma palavra, a busca do "libertarianismo". A medida que a fortuna dos Koch aumenta, o financiamento da rede de formação e difusão do "libertarianismo" também aumenta e se diversifica no decorrer do tempo analisado, o que, por sua vez, potencializa a expansão do ideário pela formação de líderes multiplicadores. Esses líderes, atualmente, encontraram na expansão do acesso à internet um campo fértil de atuação porque, de acordo com Almeida, em seus estudos sobre os usos da internet, "*de certa maneira, o ciberespaço aboliu o território geográfico no âmbito das comunicações, tornando possível a circulação praticamente instantânea de informações em escala mundial*"[77].

---

[75] (CALABRESI, 2011).

[76] (Diñero Oscuro: la historia oculta de los multimillonarios tras el ascenso de la derecha radical en EU. JANE MAYER, 2016.).

[77] (ALMEIDA, p. 5, 2011).

Atuando por meio de sua rede de *think tanks*, os autores fazem circular nomes apreciados pela intelectualidade neoliberal em práticas imediatamente articuladas e trabalhadas como ações de formação. Dentre os grupos de estudo e formação, vemos o *Center for Libertarian Studies* (CLS), uma organização educacional de base "anarcocapitalista" e "libertariana", fundada em 1976 por Murray Rothbard e Burton Blumert com o patrocínio de Charles, cujo modelo orientador foi a juventude hitlerista[78] e a Jonh Birch Society, conforme o artigo de Leonard Liggio "*National Socialist Political Strategy: Social Change in a Modern Industrial Society with an Authoritarian Tradition*" apresentado ao lado de Charles Koch, na conferência inaugural do CLS. "O artigo examinava o sucesso nazista em capturar o estado alemão, particularmente a instrumentalização dos jovens"[79], e defendia a "*criação de um movimento juvenil libertariano concentrado nas universidades*"[80]. Murray Rothbard, por sua vez, que além de fundador do *Center for Libertarian Studies* e do *Journal of Libertarian Studies*, foi cofundador do *Cato Institute* e fundador do Journal of Libertarian Studies, que teve o economista Friedrich Hayek no conselho editorial, e foi regularmente publicado de 1977 até 2000, sendo agora um boletim *Mises Institute* e que historicamente, de acordo com a página do Mises, "*é o local de estreia para o avanço do "libertarianismo", "anarcocapitalismo", sociedade individualista e não intervencionismo como o primeiro princípio da teoria e prática políticas*".

Muitos são os nomes e as instituições que compõem a ideia de organização milionária de difusão de ideias sobre o mundo, o estado, a juventude e a educação. Este capítulo procura desvendar aspectos, tanto de trajetória de vida, quanto à organização do corpo político que atua a partir de perspectivas ideológicas e práticas da política pensada pelos

---

[78] A juventude hitlerista foi o braço juvenil do regime nazista, a princípio com o objetivo de promover doutrinação ideológica e a mobilização política, contava com lideranças locais, e formava quadros para o partido nazista. Com a ascensão de Hitler, os demais grupos juvenis caíram na ilegalidade e a filiação passou a ser obrigatória a toda criança ariana acima de 10 anos. Funcionava como grupo paramilitar que treinava futuros combatentes para a causa nazista. (HITLER YOUTH).

[79] Texto completo sobre a relação dos Koch com grupos afinados a movimentos de supremacia branca, disponível em: <http://www.unkochmycampus.org/executive-summary>.

[80] Texto completo Koch Family – An Unbroken Lineage of White Supremacy, disponívem em: <http://www.unkochmycampus.org/los-ch3-part-2-kochs-roots-the-john-birch-society>.

Irmãos Koch no fomento de uma ideia central que essa rede chama de "libertarianismo".

1.2. "A MÃO VISÍVEL DO ESTADO": HARRY KOCH E O PRENÚNCIO DE UMA IDEIA

Fred Chase Koch, pai dos atuais proprietários da Koch Industries, Charles e David Koch, nasceu em 1900 no Texas, Quanah, filho de um holandês que era dono e editor de um jornal semanal, ele foi descrito como "*vigoroso e ansioso por liberdade*"[81], fugiu de casa, do pai autoritário, e viveu com o povo Comanche por um tempo, ingressou na Universidade de Rice – Texas e depois foi transferido para o Massuchusetts Institute of Technology (MIT), onde se formou em Engenharia Química. Em 1927 aperfeiçoou o processo de extração de gasolina a partir do petróleo cru, foi rejeitado pelas principais companhias de petróleo da época por ser considerado uma ameaça, em 1929 começou a enfrentar litígios por quebra de patente, durante a disputa judicial que lhe paralisou nos Estados Unidos, levou seu método para o estrangeiro e, após 15 anos, ganhou 1,5 milhões de dólares. Com seu mentor, Charles Ganahl, após a primeira guerra mundial, ajudara a construir uma refinaria na Grã-Bretanha, nesse período a Inglaterra importava combustível da Rússia[82].

Como nos conta Mayer, essa é a narrativa mais difundida sobre a origem da fortuna familiar, aparece nas pequenas biografias públicas dos próprios irmãos, em sites e páginas da imprensa. Pela narrativa, o "gênio" de Fred aparece como o fator determinante para seu enriquecimento. Mas no verão de 2011, Yasha Levine, jornalista investigativo e fundador do The Exiled Online, viajou a Quanah e visitou os arquivos de jornais e os registros do tribunal local, para pesquisar a história dos Koch.

Levine encontrou nos escritos do avô de Charles e David, mais que o protótipo das ideias, mas o exemplo de estratégias de ações para difundi-las, sua conclusão foi que algumas opiniões se mantêm inalteradas depois de duas gerações. Levine disponibilizou alguns excertos de Harry para embasar as suas conclusões, tais como o seguinte: "*Nenhum sistema político pode garantir segurança econômica nacional ou um*

[81] (MAYER, 2016).
[82] (MAYER, 2016).

nível de vida individual. O governo não pode garantir a ninguém um emprego ou um meio de subsistência" Harry Koch escreveu em 1 de fevereiro, 1935, nove meses depois que Charles Koch tinha nascido[83].

Levine[84] conta que Harry Koch, avô de Charles, nasceu em Workum (Região da Alemanha), numa família rica que possuía terras agrícolas, fábrica de óleo de linhaça, operava o sistema de transporte via veleiro na região, e quando sua mãe morreu a fortuna familiar aumentou porque seu pai se casou com a filha de um banqueiro. Trabalhou como aprendiz de tipógrafo em Haia e emigrou para os Estados Unidos ao completar vinte e um anos, na esperança de entrar na expansão ferroviária do final do século XIX. Chegou a Nova York em cinco de dezembro de 1888, trabalhou em diversos jornais de cidades diferentes até se estabelecer em Quanah, em 1891[85].

Harry participou do crescimento da ferrovia da segunda metade do século XIX, *"as empresas ferroviárias haviam adquirido enormes extensões de terras públicas gratuitamente por subsídios do governo e precisavam vendê-las o mais rápido e lucrativamente possível"*[86]. Isso impulsionou a expansão da malha que já contava com investidores holandeses envolvidos nas várias linhas do Norte do Texas.

Harry foi o publicitário das ferrovias, trabalhou diretamente para a Fort Worth e a Denver Railway Company, empresa que possuía praticamente todas as terras de Quanah, *"(...) às vezes recebendo pagamento na forma de terras transferidas diretamente do lendário construtor de estradas de ferro Grenville M. Dodge, que ajudou a estabelecer a Union Pacific (...)"*. Comprou os dois jornais da cidade, o Quanah Chief e o Quanah Tribune, e os fundiu no Quanah Tribune-chief Journal, em 1897, então *"começou a imprimir histórias sedutoras da prosperidade ocidental"*[87].

Criou demanda por terras com narrativas sobre as grandes possibilidades de enriquecimento nas "terras férteis" de Quanah, mesmo quando a cidade atravessava perdas agrícolas causadas por intempéries climáticas, vendo que grande parte da população ficava na pobreza.

---

[83] Trecho citado por Levine, 2011. Texto disponível na íntegra em: <http://exiledonline.com/the-birth-of-the- koch-clan-it-all-started-in-a-little-texas-town-called-quanah/> Acesso em 05 de setembro de 2019.

[84] (LEVINE, 2013).

[85] (LEVINE, 2011).

[86] (LEVINE, 2013).

[87] (LEVINE, 2011).

Ajudou a criar uma bolha imobiliária quando a população quadruplicou e a ferrovia expandiu. Enriqueceu com o boom imobiliário, entrou nos negócios de petróleo e investiu em ferrovias. A fortuna de Harry cresceu com a cidade e ele se vangloriava de ter cruzado o Atlântico nove vezes e de ter ouvido "*der Führer*" (referindo-se a Hitler) em meio à multidão em Berlim.

Em 1897, chamou de "surpresa desagradável" uma greve de trabalhadores da ferrovia, em seu jornal difundia opiniões contrárias à regulamentação dos aluguéis, atribuía o endividamento dos agricultores à preguiça e incapacidade, repetia jargões como "*seja honesto e trabalhe duro para prosperar*". Louvava as qualidades dos trabalhadores incansáveis que não se envolviam com política, pois a política cabia aos capitalistas, aos proprietários, abominava a democracia e desdenhava das leis como meio de organização da sociedade[88].

Diante das mudanças sociais decorrentes da expansão do sufrágio e com o aumento da insatisfação pública com a elite, as empresas começaram a desenvolver estratégias para manter seu poder mesmo num sistema de participação popular. Teóricos como Edward Bernays e Ivy Lee, forneceram instrumentos para lidar com os trabalhadores, pois viram a importância de manipular os hábitos e opiniões das massas. Em 1901, Koch publicou um longo editorial em que usava um "*argumento contraintuitivo de que os trusts e monopólios baixavam os preços dos bens de consumo*", ainda nas palavras de Levine[89], Harry tentou moldar a opinião de uma população crescente, tornar seus próprios interesses os interesses da massa, por meio de seu jornal, "a transformação de Harry Koch foi notável: ele não estava apenas tentando convencer os leitores de seu ponto de vista, apelando para seus próprios interesses, mas estava desenvolvendo argumentos econômicos em linguagem que seus netos continuam a usar hoje. A defesa de confiança de Harry se parece exatamente com a propaganda pró-monopólio regularmente criada por estudiosos do *Instituto Cato* – um *think tank* libertário fundado pelo neto de Harry, Charles Koch, em 1977. O professor Richard McKenzie da Universidade da Califórnia-Irvine, publicou recentemente um artigo no Cato's Regulation, texto intitulado "Em Defesa do Monopólio", na

---

88 (LEVINE, 2011).

89 (LEVINE, 2011).

qual ele faz eco ao editorial de 110 anos de Harry, incluindo esta afirmação: "*O monopolista não cobra preços mais altos; ao contrário, isso (os monopólios) os abaixam*".[90]

Se Harry usou seu jornal, os irmãos Koch atuam por meio dos *think tanks*. Em 1909, Harry veio a ser um dos maiores acionistas da companhia ferroviária Quanah, Acme & Pacific (QA & P), e foi se especializando em combater sindicatos, leis trabalhistas e regulamentações governamentais.

Por ocasião da deflagração de greves dos funcionários da ferrovia contra uma política de redução salarial em todo o país, os grevistas foram duramente reprimidos, configurando uma derrota em âmbito nacional e local para os sindicatos, passada a tempestade, Harry Koch usou de outro artifício que a repressão, e Levine diz que dessa vez "Ele não atacou sindicatos nem insultou trabalhadores em greve. Harry não mencionou disputas trabalhistas, mas adotou uma abordagem mais sofisticada: ele publicou um item no Quanah Tribune-chief promovendo a decisão da QA & P de conceder bônus a alguns de seus funcionários. O jornal disse que a generosidade da empresa fez de seus funcionários "os homens ferroviários mais leais do Sudoeste" e sustentou o QA & P como um modelo de altruísmo corporativo (...). A decorrência era bastante simples: as ferrovias são boas para os trabalhadores, são os grevistas que são gananciosos, ingratos. Foi uma inversão total da realidade e um exemplo clássico de uma técnica de relações públicas que provou funcionar maravilhosamente – e ainda o faz"[91].

A opinião pública passou a desconfiar das corporações quando houve a quebra da bolsa e a grande depressão, e durante o New Deal os empresários intensificaram suas campanhas de defesa da autorregulação e do livre mercado.

Enquanto o Estado adotou medidas eficazes para superar a depressão, de modo que cada vez mais ganhava a confiança da população, as corporações passaram a atuar para abalar a confiança no estado, e uma das maneiras foi vincular o *New Deal* a um suposto plano internacional de avanço comunista. Harry intensificou o ritmo de publicação dos artigos, às vezes dois ou três no mesmo dia, e Levine extraiu algumas frases:

---

90 (LEVINE, 2011).
91 (LEVINE, 2011).

"Cerca de dez milhões de pessoas estão querendo sacar US $ 200 por mês do governo, e cem milhões estão prontos para deixar o trabalho quando isso acontecer. Por que não pensão para todos?", escreveu Koch em um editorial de fevereiro de 1935, afirmando em um editorial diferente que a *"ideia de uma pensão para a velhice é esplêndida (...). Tal pensão é apropriada. Mas muito cuidado deve ser tomado (...) na preparação das leis previdenciárias de velhice "*[92],

Eram alegações de que não havia dinheiro, que arruinaria a indústria, que criaria uma massa dependente de caridade, além de argumentos que despertavam o racismo. "Em 1935, Koch publicou um editorial bizarro que espalhou um rumor a respeito de parte da população que ele designava como "os de cor" de Quanah. Ele disse que o T*ribune-Chief* fora designado como local de inscrição para a solicitação da pensão por velhice, e que todos os negros idosos da cidade foram solicitar. Isso, na alegação dele, era uma prova de que os afro-americanos, que ele retratava em seu jornal como "parcialmente civilizados" e incapazes de observar "leis feitas por e para pessoas brancas", claramente já estavam planejando explorar os programas de auxílio do governo"[93].

Designava a Democracia como *"Mobo'cracy"*[94], ou seja, uma máfia que implementa uma espécie tirania da maioria. "Mobocracia era o nome popular da direita para "tirania da maioria" e continua sendo o cavalo favorito de Libertários financiados por Koch, que promovem cada vez mais a ideia de que os Estados Unidos não são uma democracia e nunca pretendiam ser uma. Atualmente, Steve H. Hanke, membro sênior do *Instituto Cato*, escrevendo em um editorial de 2011: *"Ao contrário do que a propaganda levou o público a acreditar, os Pais Fundadores da*

---

92 Texto completo disponível em: <http://exiledonline.com/the-birth-of-the-koch-clan-it-all-started-in-a- little-texas-town-called-quanah/>.

93 Texto completo disponível em: <http://exiledonline.com/the-birth-of-the-koch-clan-it-all-started-in-a-little-texas-town-called-quanah/>.

94 Matéria do jornal digitalizada disponível em: <http://exiledonline.com/the-birth-of-the-koch-clan-it-all- started-in-a-little-texas-town-called-quanah/>. O problema da democracia é achar um caminho para atestar a vontade do povo, e achar um caminho para selecionar representantes que possam sustentar essas vontades. E mesmo quando isso estiver feito, ainda haverá o problema das imperfeições da natureza humana. ´Mobocracy´ tem sido há muito tempo descartada e indesejada, mesmo se atingível e representativa. A pedra fundamental do argumento da democracia não é que ela é perfeita, mas que é o melhor método de obtenção de regras para o povo e que as regras populares são certas mesmo sabendo que elas podem não obter os melhores resultados possíveis em todas as ocasiões.

América eram céticos e ansiosos em relação à democracia. Eles estavam cientes dos males que acompanham uma tirania da maioria. Os autores da Constituição fizeram um grande esforço para garantir que o governo federal não se baseasse na vontade da maioria e, portanto, não fosse democrático"[95].

Qualquer tentativa de taxação dos ricos ou distribuição de renda aos necessitados era estopim para seu editorial emitir alertas sobre o "risco do avanço comunista", alardeava um plano secreto de internacionalização da riqueza americana para um bem-estar social mais abrangente, mundial. Sobre a ameaça comunista ele declarou "Em um editorial de 1938, ele advertiu seus leitores (particularmente os 'americanos que acreditam na América') que '*os comunistas estavam trabalhando particularmente nas escolas*' e que '*é dever de todos os pais a inspeção atenta do material escolar, pois eles estão infiltrados de maneira muito habilidosa no sistema escolar público*'."[96]

Enquanto isso, Fred Chase Koch, pai de Charles e David, estava na União das Repúblicas Socialistas Soviéticas (URSS) "*construindo refinarias, treinando engenheiros comunistas e estabelecendo as fundações de Infraestrutura soviética de petróleo*".

Harry se aposentou como um empresário que criara uma vasta rede e era bem quisto. "*Não há membro mais popular da Associação do que Harry Koch*", diz sua biografia feita pela Associação de Imprensa do Texas, onde atuou como presidente em 1918. Faleceu em 1942 e o Quanah Tribune-Chief Journal passou para o primogênito, Anton, pertencendo à família até 1978, como consta na Texas Press Association.[97]

Harry Koch foi um empresário atento, precisava vender terras e para isso adquiriu o monopólio dos meios de comunicação locais, percebeu, de maneira perspicaz, que poderia formar a opinião pública e lançou mão de técnicas incipientes de propaganda, trabalhando para tornar suas escolhas políticas, que lhe beneficiavam pessoalmente, o senso comum da sua cidade, trabalhando para imbricar propaganda e informação em seu jornal, de modo a tornar indiscernível seu interesse.

---

[95] (LEVINE, 2011).

[96] (LEVINE, 2013).

[97] Informações biográficas disponíveis em: <https://www.texaspress.com/1918-19-harry-koch-01> Acesso em 06 de setembro de 2019 e <http://exiledonline.com/the-birth-of-the-koch-clan-it-all-started-in-a-little-texas-town-called-quanah/>.

Outra maneira eficaz foi a tese germinal da meritocracia nas histórias fabulosas de homens ousados que escolheram vencer, trabalhando duro e empreendendo, numa terra de possibilidades, como exemplares da superioridade do livre-mercado como forma social, embora ele mesmo tenha se beneficiado de subsídios estatais, assim como de herança proveniente, entre outras coisas, de cargo público de seus antepassados em sua terra natal. Levine nos diz que *"ele imprimia qualquer coisa, desde que atraísse os colonos com alguns trocos nos bolsos"*[98].

Outro aspecto é sua sagacidade para desmobilizar a organização coletiva atacando sindicatos e criando um mecanismo de competição entre os membros da classe trabalhadora por meio da bonificação daqueles que sabotassem as lutas por melhorias de condições. As lutas coletivas ele associou ao egoísmo, criando o argumento contraintuitivo de que os trabalhadores organizados em greve eram expressão do interesse da minoria, enquanto tornou mérito o fato dos trabalhadores dissidentes, que trabalharam na greve, por motivações que abrangem até mesmo medo de perder o emprego, bonificando financeiramente de modo individual, e associando as ações individuais de dissidência à expressão de vontade da maioria, valendo-se disso, inclusive, para dizer que as ferrovias em si são algo bom para o trabalhador, dissimulando que os maiores beneficiários delas são os proprietários.

Identificação da liberdade com livre mercado, defesa da desregulamentação, defesa de monopólios, inversão da função sindical pela identificação da luta coletiva à coerção pela minoria, alertas para o suposto perigo do avanço comunista no bojo das intervenções do estado na economia, uso massivo de técnicas de venda para a manipulação da opinião pública, falsas narrativas sobre prosperidade alcançada somente pelo "trabalho duro" e pela livre iniciativa, características do empreendedorismo que leva, inevitavelmente, ao mérito, caso o esforço seja máximo (Charles Koch é mais ambicioso e chama de potencial infinito) assim o fracasso pode ser individualizado pela justificava de que não foi empregado esforço suficiente ou, nas palavras de Harry, por preguiça.

---

[98] (LEVINE, 2013).

1.3. FRED CHASE KOCH: MONOPÓLIO E FILANTROPIA

A *Emporia State University* (ESU) premiou Fred Chase Koch com o *Historical Honors Award Recipient*, em 1992. O prêmio anual tem como objetivo homenagear personalidades do mundo dos negócios, empresários e empreendedores bem-sucedidos na história dos Estados Unidos, e Fred é apresentado como empresário, filantropo e engenheiro químico de renome mundial, que frequentou o *Rice Institute* entre 1917 e 1919, dando continuidade aos estudos no MIT.

Fred começou sua carreira no *Texas Company* em Port Arthur, Texas, e mais tarde tornou-se engenheiro-chefe na *Medway Oil & Storage Company*, na *Isle of Grain*, em Kent, na Inglaterra. Em 1925 ele se juntou a um colega do MIT na *Keith-Winkler Engineering* em Wichita, Kansas. A empresa foi posteriormente renomeada como *Winkler-Koch Engineering Company*. Koch juntou-se a novos parceiros em 1940 para criar a *Wood River Oil and Refining Company*, hoje conhecida como Koch Industries, Inc. Em 1946, a empresa adquiriu a refinaria de Rock Island e o sistema de coleta de petróleo bruto perto de Duncan, Oklahoma. A *Wood River* foi posteriormente renomeada como *Rock Island Oil and Refining Company*. Em 1966, o Sr. Koch entregou a gestão do dia-a-dia da empresa ao seu filho, Charles.

Fred atuou como diretor de diversas empresas e sociedades, incluindo a Coleman *Company of Wichita* e o *First National Bank of Wichita*, Kansas. Seus interesses abrangiam conservação, caça, filantropia e viagens. Casou-se com Mary Robinson em Kansas City, Missouri, em 1932. Frederick, o primogênito, nasceu em 1933, Charles em 1935 e o casal de gêmeos, David e William em 1940.

No site da *Emporia State University*, há indicação do *Koch Center for Leadership and Ethics named at Emporia State University*, centro de ética e liderança, cuja nomeação, como homenagem, foi aprovada por um conselho de regentes do Kansas. *"Os subsídios iniciais foram de US$ 750.000 e estabeleceram o centro, vieram da Fundação Fred e Mary Koch, da Koch Industries, Inc. e de três ex-alunos da School of Business e funcionários da Koch de Wichita: David Robertson, presidente e diretor operacional da Koch Industries; Dale Gibbens, vice-presidente sênior de recursos humanos e setor público da Koch Industries; e Kim Penner, presidente da Koch Pipeline Company, LP.*

O trabalho apoiado pelo Centro Koch será fundamentado na liberdade acadêmica"[99]

Embora o trecho supracitado declare ter como princípio a liberdade acadêmica, o site da Fred and Mary Koch Foundation aponta como foco de seu investimento em educação "*a parceria com organizações sem fins lucrativos, em um esforço para promover o progresso econômico e social no Kansas*", os princípios que norteiam a fundação são o que eles designam como a cultura da liberdade individual, responsabilidade e princípio de empreendedorismo"[100]. Os codiretores, Dr. Kevin Johnson, professor de direito, e o Dr. Steven Lovett, professor adjunto de direito empresarial e ética, manifestaram-se dizendo "*estamos satisfeitos que o Conselho de Regentes do Kansas aprovou o nome do Centro Koch para Liderança e Ética*". E declararam que a expectativa é cumprir a missão do centro, a saber, "*explorar o impacto do empreendedorismo baseado nos princípios de uma sociedade livre e aplicar princípios de mercado à administração*"[101].

Outra fala citada é a de Dr. Michael D. Shonrock, presidente da ESU "*graças à gentileza de uma fundação e doadores privados, o centro amplia as oportunidades para nossos professores e alunos em muitos campos de negócios e indústria*". David Robertson, que além de funcionário da Koch Industries é ex-aluno, declarou orgulho na união dos grupos, Emporia State University, Fred and Mary Koch foundation e a Indústria, pois desse modo vão "ajudar a tornar essa visão realidade". Ainda que a fundação estabeleça como objetivo o progresso econômico e social do Kansas, e o Centro de pesquisa da Universidade, beneficiário da filantropia, anuncie a liberdade acadêmica, a promoção do livre mercado é a premissa de qual partem, estabelecendo, deste modo, previamente, o campo de investigação.

Em Park[102], Mayer observa com Gibney que "*embora aleguem (os Koch) que sua ideologia de livre-mercado é uma questão de princí-*

---

[99] (EMPORIA, Online).

[100] Declarações de seus codiretores disponíveis em <http://fmkfoundation.org/newsarticles/koch-center-for-leadership-and-ethics-named-at- emporia-state-university/> Acesso em 02 de setembro de 2019.

[101] Declarações dos codiretores disponíveis em <https://www.emporia.edu/news/06/18/2014/koch-center-for-leadership-and-ethics- named-at-emporia-state-university/?> Acesso em 02 de setembro de 2019.

[102] (PARK, 2012).

pio – entendido aqui como princípio filosófico norteador da existência humana – há muitas áreas nas quais os seus interesses econômicos se chocam com as leis, com a regulação".

Trata-se de promover o progresso e a ciência, mas de modo ajustado aos princípios do livre-mercado, fundado na ideia liberdade individual como único meio possível de atuação e, dessa premissa, derivam as diretrizes que orientarão a prática dos professores e alunos, a saber: o empreendedorismo e a responsabilidade, numa sociedade que deve se organizar pelo mercado. Portanto, as doações da iniciativa privada, prática tradicional dos oligarcas estadunidenses desde o início do século XX, encontram meio de estabelecer as condições em que serão feitas as pesquisas que passam a ser instrumento para forjar essa "visão de realidade", nas palavras de um dos porta-vozes, David Robertson.

As doações que criaram o Koch Center configuraram a maior e mais abrangente campanha de arrecadação de fundos e conta. *"Até o momento, a campanha garantiu US $ 26,1 milhões em doações, somando doações e presentes a soma vai para mais de US $ 45 milhões"*, e DenaSue Potestio, presidente e CEO da Emporia State Foundation, diz que está satisfeita com a aprovação do nome do Koch para o centro, e afirma que *"o centro fará um trabalho importante, explorando as capacidades de liderança necessárias para promover o bem-estar econômico de indivíduos, organizações, comunidades e, por fim, estados e nações, pois fortes princípios éticos fornecem a estrutura de decisões sólidas de liderança".*[103]

No Web Museum do Massachusetts Institute of Technology (MIT), há uma foto da família Koch. Além desse registro, há os préstimos pela transformação e avanços do antigo MIT Center for Cancer Research (CCR) do departamento, com o lançamento, em 9 de outubro de 2007, de uma nova e importante iniciativa em pesquisa sobre câncer, apoiada por uma doação de US $ 100 milhões feita por David H. Koch, ex-aluno do MIT. A então presidenta do MIT, Susan Hockfield, declarou que *"o Instituto David H. Koch de Pesquisa Integrativa do Câncer aproveitará o poder dos cientistas e engenheiros do MIT para enfrentar um dos*

---

[103] Declaração da presidente e CEO disponível no próprio site no seguinte endereço: <https://www.emporia.edu/news/09/12/2014/center-for-leadership-and-ethics-dedicated-at-school-of-business/?> Acesso em 02 de setembro de 2019.

Figura 1: ***Fotografia da Família Koch do Webmuseum do MIT***[102]

Fonte: disponível em <https://webmuseum.mit.edu/media.php?module=subjects&type=popular&kv=88&media=92>.
Acesso em 16 de dezembro de 2020.

desafios mais prementes à saúde humana: a erradicação definitiva do câncer, começando com verdadeiras melhorias na detecção, tratamento e prevenção."

No acervo do MIT Museum, o registro feito em 1962, em Wichita, da família Koch quase completa, ausente apenas o primogênito Frederick Koch, muitas vezes obscurecido e afastado pela relação conturbada com a família que o considerava "afeminado".

Há diversas outras notícias sobre doações milionárias feitas pela fundação Charles Koch para programas de graduação e pós-graduação

---

[104] Fotografia da Família Koch de Wichita (KS) no início de 1962. Charles Koch, Fred C. Koch, Sra. Fred C. Koch, William I Koch, David H. Koch, disponível no Webmuseum do MIT.

em cursos relacionados à formação política, o mais recente é Grand Strategy, Security, and Statecraft Fellows Program que teve o prazo de inscrição estendido até o dia 25 de janeiro de 2019, com o pagamento de bolsa de 10 meses de estudo em Harvard e no MIT, para mestrado e doutorado nos valores US$ 55.000 e de US$ 75.000, respectivamente, e tem por objetivo *"apoiar a pesquisa sobre questões fundamentais da grande estratégia dos EUA, política externa e o papel dos Estados Unidos no mundo, e (...) especialmente interessados em projetos que possam ampliar o debate contemporâneo sobre esses tópicos"*[105].

Há uma matéria sobre os ex-alunos mais importantes do MIT, são oito nomes do Instituto que figuram na lista dos 100 mais poderosos da revista Time, os irmãos bilionários são referidos da seguinte maneira *"os irmãos Koch operam a segunda maior empresa privada dos Estados Unidos, a Koch Industries, que tem subsidiárias em refinaria, produtos químicos e finanças, e uma receita de US $ 115 bilhões"*, e segue na apresentação da atuação deles dizendo que *"Por força, persistência e trabalho duro, eles construíram um negócio de US $ 100 bilhões por ano que emprega dezenas de milhares. Eles doam generosamente à pesquisa médica, às artes, à educação, aos think tanks e à ciência. Eles se importam profundamente com os valores que possibilitam o sucesso na América – mercados livres, liberdade, governo limitado e competição"*[106].

Se há uma tese constantemente reforçada nas narrativas sobre os milionários, e no caso dos Koch, bilionários, é a da prosperidade alcançada por meio do "trabalho duro", de modo geral, suprimindo facilidades provenientes de herança e de subsídios estatais, leis que criam condições diferentes para algumas camadas sociais. No caso dos Koch, o avô criava quaisquer narrativas fabulosas para vender os lotes de terra, diante da queda de safra *"[...] isso não perturbou o vovô Harry Koch, que agiu como se nada de ruim tivesse acontecido, e e continuou seu negócio vendendo com força a excelente produtividade da terra seca e morta"*[107]. Fred herdou duas facilidades significativas, dinheiro e certa

---

[105] Sobre programas apoiados no MIT Institute. Disponível em: <https://ssp.mit.edu/about/statecraft-fellows-program>.

[106] Sobre os ex-alunos notáveis. Disponível em: <https://alum.mit.edu/slice/which-alumni-were-named- time-100-2014>.

[107] (LEVINE, 2013).

familiaridade com a indústria do petróleo, de modo que desenvolveu um novo método que barateou e acelerou a produção.

Durante os anos de litígio movidos por empresas petroleiras monopolistas, por quebra de patente, Mayer[108] conta que quando Koch descobriu que um dos juízes fora subornado, tornou-se um revoltado com o sistema e passou a designar-se com um "outsider" ou um "antissistema", alegando que o sistema é corrupto, que as leis são meios de coerção e subornáveis, e somente a livre iniciativa no livre mercado era verdadeira e consentida, porque consiste numa transação em que as partes negociam em iguais condições por livre e espontânea vontade.

Fred e seu mentor, Charles de Ganahl, ajudaram na refinaria da Inglaterra que exportava petróleo para a Rússia, mas posteriormente ele aceitou a proposta de Stálin, ao receber a quantia de $500.000 dólares adiantados. O dinheiro fez com que ele superasse seus impasses filosóficos sobre trabalhar para os comunistas. No ano de 1930, com a Winckler-Koch, começou a treinar engenheiros e ajudou a implementar 15 refinarias, lançando a base para a indústria petroleira da União das Repúblicas Socialistas Soviéticas (URSS). A partir de 1932 os soviéticos decidiram copiar a tecnologia e então Fred passou a colaborar como conselheiro, o que reduziu seu pagamento, nesse mesmo ano encerrou sua colaboração na URSS.

Em 1934, a Winckler-Koch Engineering (WKE) elaborou os planos e supervisionou a construção de uma grande refinaria na Alemanha nazista, cujo principal executivo era o simpatizante do nazismo, Willian Rodhes Davis, que obteve crédito americano e, em seguida, permissão de Hitler para que os bancos financiassem a implementação. Reuniu-se com Hermann Schmitz, presidente da *I.G. Farben* (empresa que mais tarde produziu o composto letal para a câmara de gás), fez diversas visitas ao Reich e assim foi construída a terceira maior refinaria da Alemanha, em Hamburgo.

Comunistas e Nazistas foram os seus principais clientes. Foi negociando com Estados altamente interventores que Fred Koch fez sua fortuna. A estadia na URSS embasou seu argumento para escrever panfletos combativos contra o comunismo. Já o regime nazista foi muitas vezes elogiado como eficiente na organização do trabalho e da

---

108 (MAYER, 2016).

FIGURA 2: ***Fotografia da Família Koch em Wichita***[107]

Fonte: Disponível em <https://www.dailymail.co.uk/news/article-7389159/Twitter-users-including-Bette-Midler-post-cruel-messages-celebrating-death-David-Koch.html>. Acesso em 16 de dezembro de 2020.

juventude, inclusive quando comparado ao N*ew Deal* que, segundo ele, criava um povo dependente.

Em 1937 Koch escapou de embarcar num voo fatal do transatlântico Hindenburg, e em 1991, seu filho David Koch seria um sobrevivente da primeira classe do voo 1493. Com a entrada dos EUA na guerra, Fred passou a fazer negócio com o seu governo, produziu a mesma gasolina de octanagem que produziu na Alemanha, dessa vez para abastecer aviões estadunidenses.[110]

Koch construiu sua mansão em Wichita, onde começou sua família com Mary Robinson, teve seus quatro filhos e estabeleceu a Koch-Winckler.

---

[109] Na fotografia acima, Mary, a mãe, está sentada. Na fileira de trás, da esquerda para a direita estão: Bill Koch, David Koch, o pai Fred Koch, Charles Koch e Frederick Koch.

[110] (MAYER, 2016).

1.4. JOHN BIRCH SOCIETY: EDUCAÇÃO LIBERTARIANA

> ...Não importa muito que ele era fascista
> Pelo menos você não pode dizer que ele era comunista!...
> Bem, eu investiguei todos os livros da biblioteca
> Noventa por cento deles precisam ser queimados
> Eu investiguei todas as pessoas que eu conhecia...
>
> Talkin' John Birch Paranoid Blues
> Bob Dylan

FIGURA 3: ***Membros Ilustres da Jonh Birch Society***[111]

Fonte: Disponível em: <https://www.jbs.org/significant-figures/> Acesso em 16 de dezembro de 2020.

Em 1958, o aposentado Robert Welch decidiu criar uma organização que chamou de John Birch Society (JBS). Um dos regozijos da organização é que seus sólidos objetivos *"nunca foram alterados nos mais de 50 anos de sua existência"*, tais objetivos surgiram quando Welch *"decidiu renunciar a uma vida de lazer e criar uma organização para promover o que via como ideais do americanismo, a fim de combater a onda avassaladora de comunismo que ele viu tomar conta de vários países"*, de acordo com o próprio site da JBS[112]. Mais que impedir que a "onda comunista" permeasse os EUA, ele alegava que estava combatendo o "comunismo" que já desaguava aqui e ali no país, e afirmou que já ter visto a influência proeminente do "comunismo na América ao longo de sua vida".

---

[111] Figuras importantes da JBS: da esquerda para a direita: Augereau G. Heinsohn, Fred Koch, Garman Kimmell, Nelson Bunker Hunt, Taylor Caldwell e William Grede.

[112] John Birch Society. Disponível em https://jbs.org/. Acesso em 08 de fev. 2021.

Não há nenhuma preocupação teórica em definir o comunismo, mas qualquer tentativa de regulação das relações ou programa social, são classificadas como investidas comunistas.

Fred Chase Koch se tornou um dos membros fundadores da John Birch Society (JBS) quando assistiu à primeira reunião convocada pelo fabricante de doces Sugar Daddy, Robert Welch, em 9 de dezembro de 1958, na casa de casa de Miss Marguerite Dice, em Indianapolis, ocasião que congregou empresários de todo o país, dentre eles, Harry Bradley, da companhia Allen-Bradley de Milwaukee[113].

Alguns seletos convidados foram convidados para integrar a alta cúpula da Birch, eles recebiam carta-convite assinada pelo idealizador, eram membros de famílias abastadas e influentes. No acervo do Indiana Historical Society, entre o compilado de correspondências da família Allen W. Clowes, do período de 1950-1959, encontra-se uma carta convite assinada por Robert Welch.

De acordo com o site, os membros da JBS estão empenhados, desde a origem, *"recrutando e liderando um exército educacional, que criou um eleitorado informado para fazer cumprir a Constituição e garantir nossos direitos"*. Também segundo o site, os Estados Unidos foram fundados como uma República e não uma democracia e a JBS deveria ser uma liderança no sentido de impedir as investidas internacionalistas, como a construção de uma *North American Union* (NAU)[114], que eles alegam ser planejada, ou o estabelecimento de um governo mundial liderado pela ONU[115], todas iniciativas de um suposto *"Deep State"*[116].

---

113 (MAYER, 2016).

114 À maneira da União Europeia, a União Norte-Americana vem à tona, há décadas, em diversos meios (acadêmicos, políticos e empresariais) e, de modo geral, é a união econômica e política da América do Norte, mas muitas vezes cercada por rumores conspiratórios que ganham força periodicamente. Haveria até mesmo a intenção de criar uma moeda comum chamada de "Amero". (TAYLOR, 2016)

115 Disponível em: < https://www.jbs.org/history/>.

116 Tratada como uma teoria da conspiração sobre um 'Estado profundo' que permanece subjacente aos parlamentares eleitos. Embora seja um termo elástico, carrega a tese de que há uma burocracia de esquerda, atuando para a expansão do Estado. Nos EUA a palavra 'Estado' tem conotações totalitárias e para os conservadores o 'excesso de programas sociais' (como eles designam o 'estado de bem-estar social) indicam o que eles chamam de 'estado babá' ou 'estado regulador' (NPR, 2018).

Figura 4: ***Outdoor da Jonh Birch Society***[117]

Fonte: Disponível em: <https://www.newyorker.com/news/daily-comment/the-john-birchers-tea- party> Acesso em 24 de setembro de 2019

O *outdoor* na imagem é deveras representativo, pois sintetiza o conjunto de ideais da sociedade, ou seja, a "democracia" para os *Bichers,* como veremos no decorrer da pesquisa, é secundária, é uma das possíveis formas de organização política, é dispensável. O indispensável para os *Bichers* é o livre-mercado, para tanto requerem menos regulamentação para os empresários, e menos lei que inibam a iniciativa privada, de modo que as leis passam a ser vistas por eles como empecilhos, como coerção, mesmo que trate de interesses coletivos ou preservação ambiental.

O nome da organização é uma homenagem a *"John Morrison Birch, um dedicado missionário cristão que, "heroicamente", serviu na Segunda*

---

[117] Um outdoor da John Birch Society em Jersey City, NJ, em 1965. Disponível em: <https://www.newyorker.com/news/daily-comment/the-john-birchers-tea-party>; Também aqui: <https://www.dallasnews.com/news/politics/2017/11/03/long-before-colin-kaepernick-3-san-diego-padres-joined-john-birch-society/>. Acesso em 7 de julho de 2020.

Guerra Mundial e foi morto pelos comunistas chineses 10 dias após o fim da guerra, quando tinha apenas 27 anos"[118]. Para muitos estudiosos, a JBS é uma organização supremacista branca, que se opôs aos direitos civis, acusando quaisquer mudanças no sentido de consolidação dos direitos, quaisquer políticas progressistas, de guinada em direção ao comunismo[119].

O fato de Fred ter trabalhado para os "comunistas" foi aproveitado como meio de embasar, por toda a sua vida, e ainda segue embasando as falas de Charles e David, os seus argumentos de combate ao "comunismo" como algo sobre o qual ele poderia falar por experiência própria. Pois, sua estadia na URSS, teria lhe gabaritado para identificar a ameaça comunista e afirmar que ele é o mal absoluto. Assim, Fred se transformou num cruzado apaixonado em nome da "liberdade" contra o seu contrário, o "comunismo".

O site conta que Fred "foi um dos primeiros membros do Conselho Nacional da JBS, do grupo consultivo fundador, apoiou uma variedade de causas relacionadas à liberdade, construindo continuamente a empresa hoje conhecida como *Koch Industries*".

Charles e David chegaram a se unir a JBS, mas segundo Dizerega, Charles era mais afeito aos autores antigoverno e já na década de 1960 apreciava o laissez-faire que beirava o "anarquismo". Encontrou eco para as suas ideias na *Foundation For Economic Education* (FEE), estudada no segundo capítulo em 2.1, fundação em que Robert Welch integrava o conselho formador. Porém, a JBS é o protótipo dos *think tanks* mais sofisticados, pois já defende o estado-mínimo, o livre-mercado, a liberdade individual, opondo-se duramente à luta social, coletiva, inclusive, sendo contrários às leis e agências de regulação ambiental.

"Menos governo, mais responsabilidade, com a ajuda de Deus, para um mundo melhor, desenvolvendo liderança, educação, e a ação voluntária organizada pelos princípios morais e constitucionais", essa é a missão da JBS. Organização que se definiu como voltada sempre para a

[118] História de John Birch e o porquê de ter inspirado a escolha do nome para a instituição. Disponível em: <https://www.jbs.org/john-birch/>.

[119] São diversas as análises sobre a JBS e o paralelo com os movimentos de direita da virada do século, tais como o *Tea Party* e o Americans for Prosperity. Disponível em: <http://theconversation.com/the-john- birch-society-is-still-influencing-american-politics-60-years-after-its-founding-107925>; <https://www.theguardian.com/world/2019/may/05/far-right-southern-california-history>

educação e atuação, cuja argumentação busca respaldo num fragmento da declaração da independência dos Estados Unidos.

Partem do axioma que todos os homens são iguais e que os direitos inalienáveis, tais como, direito a vida, liberdade e a busca pela felicidade, são atemporais e emanam de Deus, não do governo, sendo garantidos pela Constituição. Afirmam endossar a preservação dos direitos individuas e da independência nacional, conforme trecho de autoapresentação de seu site *"A JBS também trabalha para advertir e expor as forças que buscam abolir a independência dos EUA, construir um governo mundial ou minar nossas liberdades pessoais e independência nacional... trabalha para educar e ativar os americanos para que respeitem a intenção original dos Pais Fundadores. Procuramos despertar um povo adormecido e apático sobre os desígnios daqueles que estão trabalhando para destruir nossa República constitucional".*

A sua primeira vitória, de que se vangloriam no site, deu-se quando formaram o *Committee Against Summit Entanglements (CASE)*, a pressão exercida pelo *CASE* fez Eisenhower cancelar os planos para visitar a URSS, pois entenderam tal visita como *"uma tentativa de fazer a URSS parecer respeitável"*. A tese é que um país comunista infringe os direitos de liberdade individual emanados de Deus, e a visita dos EUA à URSS poderia amenizar a opinião pública sobre o comunismo. A estratégia consiste em manter os ânimos acirrados e a opinião pública hostil aos países que adotaram regimes diferentes do regime estadunidense.

Em 1962, a JBS lançou a campanha *Get US Out of the United Nations*, tal campanha é mantida ainda nos dias de hoje como ativismo para retirar os EUA da Organização das Nações Unidas (ONU), sob a insígnia de *Amexit*[120], pois de acordo com o grupo, a ONU exerce uma soberania global infringindo e suplantando leis nacionais.

A campanha contrária à ONU, hoje ganha novos contornos, mas continua. Alega que o controle de armas promovido pela ONU é um plano para desarmar e submeter os civis, que é mentirosa sua defesa aos direitos humanos porque, na prática, países como a Rússia e a China tem

---

[120] O congressista Thomas Massie ressuscitou o plano para o Amexit pelo projeto de lei HR1205, ou lei de restauração da soberania, patrocinado por ele. Porém, no caso, trata-se encerrar a participação dos EUA na ONU. O assunto ganhou projeção popular em suas postagens nas redes sociais. Disponível em <http://redalertpolitics.com/2016/06/26/brexit-amexit-next/>.

poder de veto, portanto, *"defenderão as ditaduras do terceiro mundo"*. Sair de quaisquer tratados de livre comércio, rejeitar qualquer tentativa de estabelecimento de leis internacionais e restaurar a soberania nacional, essa é a proposta da JBS. *"Todos os anos, ganhamos mais apoio para a Get US Out! Podemos contar com o seu apoio hoje?"*.

Mantenha-nos (US) fora da *Unated Nations* (UN), mantenha os United States (US) fora da UN, aqui o trocadilho indica a maneira como é pensada a nação, como a soma dos indivíduos, no caso, os indivíduos que combatem o internacionalismo, esses são os verdadeiros cidadãos americanos, os apoiadores da causa da JBS.

Se os interesses de proteção ambiental, de combate à pobreza, de promoção de direitos fundamentais para além das fronteiras nacionais, que orientam a ONU, são coalizões de forças totalitárias, a coalizão corporativa é considerada resultante da soma de indivíduos livres, contraditoriamente. Rejeitam quaisquer coalizões que não seja para promover o livre mercado.

Em 1965, lançaram o *Truth About Civil Turmoil (TACT)*, um movimento que propagava a tese de que a turbulência causada sob dizeres de luta por direitos civis era, na verdade, engendrada por comunistas, de que se tratava de uma conspiração. Exibiram o filme *"Anarchy EUA"* a milhares de pessoas em suas reuniões, para fazer o alerta sobre as forças comunistas subjacentes às lutas por direitos civis.

Outro movimento encabeçado em 2011 é *"Choose Freedom – STOP Agenda 21"*, programa lançado pelo CEO, Arthur R. Thompson, para barrar e alertar sobre como o programa já pode estar implementado na cidade ou em governos locais, pois, de acordo com eles *"A Agenda 21/2030 procura um governo que reduza sua liberdade de viajar como quiser, impedir que os indivíduos possuam um carro movido a gasolina. Além disso, eliminaria os direitos de propriedade privada por meio de controle crescente. A Agenda 21/2030 pode ser interrompida em nível local, organizando e informando outras pessoas para encorajar oficiais do governo local a encerrar a participação de sua comunidade no ICLEI e revogar qualquer uma das leis e ordenanças por "desenvolvimento sustentável" que sejam relacionadas com os decretos da Agenda 21"*.

Outra pauta de relevo para a John Birch Society é a *Choose Freedom – Stop Common Core*, que se opõe à imposição de padrões educacionais estabelecidos pelo estado, pois eles trabalham por *"menos governo, mais responsabilidade e – com a ajuda de Deus – por um mundo melhor"*.

Militam pela predominância da determinação dos pais na educação dos filhos e afirmam que *"a educação é nossa estratégia total e a verdade é nossa única arma"*, tal verdade, no entanto, é aquela que reafirma os preceitos da JBS. Sobre a Educação, no tópico concernente às possibilidades dos *Homeschooling*, o site da instituição conduz a um link para a *Freedom Project Academy – The #1 Homeschooling Project* (FPA). Fundado em 2011, o órgão fornece diversas possibilidades para educar os filhos, desde o jardim da infância até o ensino médio, faz parcerias com escolas e igrejas, para formar as crianças de acordo com os valores judaico-cristãos, para preservar as *"liberdades dadas por Deus"*. Sobre o formato das aulas, explica-se: *"Nossas aulas são ministradas on-line ao vivo através de salas de aula interativas para estudantes em todos os 50 estados e uma dúzia de países estrangeiros, servindo famílias missionárias e militares no exterior"*[121].

Mayer[122] afirma que o método de atuação dos *Birchers* era sofisticado, embora suas ideias fossem primitivas. Welch lançou mão de técnicas de vendas, panfletagem de porta em porta e muita publicidade. A *John Birch* funciona pela formação de lideranças locais e no site explica seu modo de ação atribuindo a sua estratégia ao seu modo de atuação, segue trecho: *"Nosso sucesso é medido através das realizações de nossos membros. Eles entendem a urgência de criar um eleitorado educado para restaurar e preservar nossas liberdades. Isso envolve a organização de base e a educação dos principais tomadores de decisão, líderes comunitários, autoridades eleitas, empresários, clérigos e outros cidadãos interessados"*.

A tese é que, ao formar líderes locais, as investidas com vistas a mudanças estruturais podem ser barradas, garantindo a conservação da ordem estabelecida, ainda que essa ordem mantenha desigualdades sociais, modos de relação com o meio ambiente e de consumo que estejam sendo contestadas em outras instâncias, como formas a serem superadas.

---

121 (FREEDOM PROJECT ACADEMY, Online).

122 (MAYER, 2016).

Em 1960, Fred Koch publicou o panfleto *A Business Man Looks at Communism*, em que afirmava que *"os comunistas estão infiltrados tanto no Partido Democrata como no Republicano"* e que *"o homem de cor tinha um plano comunista para se apoderar da América"*[123], assim também escrevera Harry Koch, anos antes, em seu *Tribune-Chief*, quando alegou que os negros se aproveitariam do salário para a velhice, forçando o estado a aumentar os impostos. Se suscitar o racismo foi uma das práticas, inflar a paranoia sobre a "ameaça comunista", Mayer diz o seguinte *"As igrejas protestantes, os colégios públicos, as universidades, os sindicatos, os serviços das forças armadas, o Departamento de Estado, o Banco Mundial, a Organização das Nações Unidas e a arte moderna, em sua opinião, eram todas ferramentas comunistas. Escreveu com admiração sobre Benito Mussolini e a repressão contra os comunistas na Itália, ao mesmo tempo se expressava de forma depreciativa sobre o movimento estadunidense dos direitos civis"*.[124]

Fred Koch acusa os professores de praticarem a doutrinação comunista, em seu panfleto ele afirma da seguinte maneira *"Um professor comunista é cauteloso ao tentar doutrinar um garoto americano médio, porque em casa ele pode dar sinais da doutrinação, de modo que seus pais fiquem cientes e tomem rápidas providências. Contudo, esses riscos não estão presentes ao doutrinar estudantes estrangeiros. Eles estão sozinhos e longe de casa e, portanto, tornam- se fáceis para a fábrica comunista. Os comunistas lhes dão atenção, companheirismo e sociabilidade e os enviam de volta à terra natal como comunistas dedicados a realizar seu trabalho mortal"*[125].

Koch, em seu panfleto, coloca as mais diversas categorias profissionais sob suspeita, no caso do professor, até mesmo a dedicação à atividade docente voltada aos estudantes estrangeiros é acusada de investida doutrinária para exercer influência em estudantes que estão sem fiscalização dos pais.

Coloca, além do professor, toda a educação pública e todos os estudantes estrangeiros, na condição de suspeitos de "comunismo". Tais declarações dão respaldo para argumentos favoráveis ao *homeschooling*, ao *voucher*, às escolas *charter*, aos ataques aos profissionais da educação,

---

[123] (apud MAYER, 2016).
[124] (MAYER, 2016).
[125] (KOCH, 1960, p. 22).

ao desmonte da educação pública, porque têm clareza dos potenciais da educação, tanto para a formação da mentalidade da juventude que atuará em sociedade, assim como pelo fato dela constituir um mercado lucrativo a ser privatizado, bem como argumentos que mobilizam manifestações xenofóbicas. O discurso de Koch, à época excêntrico, vem sendo repetido para sustentar diversas propostas de reforma empresarial e de fiscalização e censura da educação.

Nos moldes da John Birch, a educação está limitada a ensinar o modo de vida orientado pelo libertarianismo, pois, de acordo com o grupo, o conjunto de material voltado à sociedade, que eles preparam e publicizam, é o de estar livre do "viés ideológico", mas o que há é um processo de naturalização do libertarianismo. Trata-se de uma "licença" para formar os alunos de acordo com o seu ideário.

O ingresso de Fred na John Birch abriu caminho para seus filhos. O ativismo político da família é praticado por meio de financiamento, e eles despendem altas quantias para fundos caritativos isentos de impostos cujos rendimentos devem ser destinados a causas sociais. Então, de modo capcioso, eles destinam a *think tanks*, bolsas de estudos, departamentos de universidades e grupos de pressão política.

"Fred assistia a reuniões da Birch em Wichita, onde ela ganhava notoriedade, e foi um generoso benfeitor"[126].

1.5. ATUAÇÃO POLÍTICA DOS KOCH A PARTIR DO LIBERTARIAN PARTY (LP)

> *"'Extirpar a raiz do governo' – objetivo de Charles – segundo Doherty – com o qual David está em consonância"*
>
> Jane Mayer[127]

O Libertarian Party ou Partido Libertário (LP) foi fundado em 1971 com o *slogan* de ser o partido do princípio porque seus membros afirmam

---

[126] Citação extraída de *ebook* da *Amazon*, cujo trecho está localizado na posição 988. Diñero Oscuro: la historia oculta de los multimillonarios tras el ascenso de la derecha radical en EU. Jane Mayer (2016)

[127] (MAYER, 2016).

Figura 5: ***Panfleto da campanha de Clark e Koch***

Fonte: Disponível em: <https://www.lp.org/david-koch-we-owe-you-signed-liberty/> Acesso em 16 de dezembro de 2020.

firmeza na defesa no "princípio da liberdade", opondo-se a qualquer tentativa de interferência governamental nas decisões familiares, pessoais e profissionais, desde que não causem danos a outros. A sede do comitê nacional é no estado da Virgínia. Sobre sua proposta, chamam a atenção pelo desapego ao estado como instituição agregadora e de controle e para lidar com isso afirmam *"Procuramos reduzir substancialmente o tamanho e a intromissão do governo e cortar e eliminar os impostos em todas as oportunidades. Acreditamos que pessoas pacíficas e honestas devem poder oferecer seus bens e serviços a consumidores dispostos sem a interferência inadequada do governo. Acreditamos que pessoas pacíficas e honestas devem decidir por si mesmas como viver suas vidas, sem medo de penalidades criminais ou civis. Acreditamos que a única responsabilidade do governo, se houver, deve ser proteger as pessoas da violência e da fraude"*.[128]

Tanto David, como Charles e sua esposa Elizabeth, são membros vitalícios do Partido Libertário, bem como William Koch (Bill), o gêmeo de David, e as quotas vitalícias custam US $ 1.500 em um período de doze meses. David foi candidato pelo partido libertário em 1980, e por ocasião da campanha fez uma doação de US $ 1 milhão de dólares como pessoa física, além de ter injetado outras quantias como candidato, sendo o responsável por financiar mais da metade da campanha, ultrapassando dois milhões de dólares. Além de dinheiro, David também conduziu pessoalmente uma campanha ativa, discursou em Universidades e reuniões de executivos.[129]

---

[128] Propostas da candidatura Clark/Koch. Disponível em: < https://www.lp.org/about/>.

[129] Detalhes da campanha disponíveis em: <https://www.nytimes.com/2014/05/18/us/politics/quixotic-80- campaign-gave-birth-to-kochs-powerful-network.html> Acesso em 07 de outubro de 2019.

A narrativa do site sobre a origem familiar de David segue o mesmo padrão que ele ao falar sobre seus ancestrais, pai e avô, designa-lhes como trabalhadores que começaram de baixo e ascenderam pelo esforço do trabalho árduo numa terra ainda livre do estado regulador. Conta que Harry Koch começou como um aprendiz imigrante. Mas omite que emigrara com segurança financeira para trabalhar em parceria com empresas ferroviárias, bem como fora beneficiado com subsídios e pelo monopólio dos meios de comunicação.

Assim também faz com a história de seu pai, Fred Koch, atribuindo sua ascensão à "genialidade inventora", embora Fred já tenha nascido no mundo do petróleo, com razoável conhecimento desse universo, tenha estudado numa boa Universidade por causa das boas condições familiares, e tenha acumulado sua riqueza sendo pago por estados.

De acordo com o site Real Koch Facts, mantido pelo Bridge Project, que tem como fim investigar as campanhas do movimento conservador, a filantropia dos Koch serve ao autoatendimento dos próprios interesses empresariais que, na época da campanha que lançava Ed Clark para concorrer a presidente e David Koch para concorrer a vice-presidente, ero desmantelamento da previdência social, do salário mínimo e a eliminação do imposto sobre o lucro do petróleo. Sobre a Seguridade Social eles disseram que era "*a mais séria ameaça à futura estabilidade de nossa sociedade, ao lado da ameaça da guerra nuclear*", propuseram a abolição de todas as leis de salário mínimo, também "*propuseram reduzir pela metade as taxas de imposto sobre ganhos de capital e eliminar o imposto sobre lucros das empresas de petróleo*".[130]

Mayer[131] conta que os Koch começaram a financiar o LP em 1976. Além de serem autores das propostas políticas de eliminação de todos os controles governamentais, a plataforma foi uma transposição dos programas do *Rampart College*, o curso de pós-graduação que os irmãos financiaram e sobre o qual falaremos mais adiante.

Nos documentos de campanha, em grande medida afinado com as teses já propostas por Clark em seu livro "*A new beginning*", os candidatos propunham o fim de todas as leis e instituições de regulação, o fim da perseguição aos sonegadores, às leis trabalhistas que são um

[130] Documentos de campanha disponível em: < http://realkochfacts.com/video/new-web-ad-a-30-year- agenda/ >

[131] (MAYER, 2016).

entrave à geração de emprego, segundo eles. Propunham a extinção da educação pública e da obrigatoriedade da educação para as crianças; a desregulamentação, enfim, eles atuavam pelo desmonte de todos os direitos conquistados durante o século XX, para reduzir a função do estado à proteção da propriedade privada e dos direitos individuais.[132]

Sobre a educação, no documento de campanha ambos fazem a seguinte proposta: *"No momento, as pessoas que frequentam escolas alternativas precisam pagar duas vezes pela educação: pagam pelas escolas do governo, por meio de impostos, e pagam as mensalidades da escola alternativa. Somente pessoas com muito dinheiro podem pagar isso. O resto de nós está preso ao sistema público incompetente. Mas um crédito tributário disponibilizaria escolas decentes a todos. Daria às pessoas uma escolha. E melhoraria o sistema público sujeitando-o à concorrência"*.[133]

"David não tinha expectativa de vencer a eleição, mas chegou a declarar 'Se conseguirmos 3% dos votos, consideraremos uma vitória moral', disse ele aos estudantes em uma visita ao norte de Nova York".[134] Após a vitória de Ronald Reagan, com o PL tendo recebido 1% dos votos, Charles percebeu que pleitear cargos políticos não seria a melhor maneira de propagar seu ideário. A partir dessa experiência, entenderam que o melhor caminho para isso seria a universidade e os centros de pesquisa, para moldar a opinião pública, formando a juventude e os intelectuais, em busca da construção de uma hegemonia do pensamento libertariano por mais de uma geração. Em outras palavras, investir tanto no ideário, no conteúdo e na materialidade dos meios educacionais, pareceu uma boa ideia e é sobre isso que falaremos no próximo capítulo.

---

132 Documentos de campanha. Disponível em: < http://realkochfacts.com/the-kochs-brothers-30-year- extreme-self-serving-agenda/>.

133 Documentos de campanha. Disponível em: < https://kochdocs.org/2019/06/06/libertarian-party-vote- clark-for-president/>.

134 (CONFESSORE, 2014).

Capítulo 2

A ESCOLA É O PRIMEIRO PASSO, NÃO É O FINAL: IDEAL LIBERTARIANO E SUAS INSTITUIÇÕES MODELARES E FORMADORAS

2.1. FOUNDATION FOR ECONOMIC EDUCATION

> *"A Fundação para a Educação Econômica está comprometida com nada mais nada menos que a defesa de nossa civilização contra o erro intelectual".*
>
> F. A Hayek, Prêmio Nobel de Economia[135]

A *Foundation For Economic Education* (FEE) diz que seu objetivo é *"tornar a ideia de liberdade, familiar, credível e convincente para a geração nascente"*, e se estrutura em quatro eixos: educação; cultura; política; economia. Afirma-se como uma fundação educacional não política, isenta de impostos e sem fins lucrativos, atuante desde 1946, e existe para cativar e inspirar os líderes do amanhã por meio da realização de cursos, seminários, cessão de livros gratuitos para instituições educacionais e produção diária de conteúdo on-line acerca de temas relevantes do cotidiano. Dispõe de links que levam a página de estágio e vagas de emprego, em páginas repletas de jovens com semblante alegre e em ocasiões de estudo, *"afirmando que será líder em tornar a liberdade a filosofia de vida e em alavancar a distribuição das ideias sobre liberdade"*. São seus princípios, a *"liberdade individual, economia de livre mercado, empreendedorismo, propriedade privada, alto caráter moral e governo limitado"*[136]

---

[135] Fala de Hayek veiculada pelo próprio FEE, em caráter de propaganda. Disponível em: <https://fee.org/donate/>

[136] Informações sobre a FEE, disponibilizadas no site em: < https://fee.org/about>

A FEE é a primeira organização de livre mercado dos Estados Unidos, fundada em Nova York, em 1946, por Leonard E. Read, tendo como integrante de sua junta diretiva Robert Welch (fundador da John Birch Society). Publicou ou hospedou palestras de pensadores neoliberais da era moderna, tais como Ludwig von Mises, FA Hayek, Henry Hazlitt, Milton Friedman, James Buchanan, Vernon Smith, Kirzner de Israel, Walter Williams, George Stigler, Frank Chodorov, John Chamberlain, FA "Baldy" Harper e William F. Buckley Jr., entre muitos outros.

De acordo com Sharon Beder, que faz estudos sobre o exercício de poder das corporações e seu impacto nas democracias, e mantém o site Herinst.org *"A FEE foi criada com o apoio de vinte das maiores corporações nos EUA, incluindo General Motors, Chrysler, Edison do sul da Califórnia, DuPont e várias empresas de petróleo e aço. Cerca de 46 empresas contribuíram com um milhão de dólares para a FEE até o final de 1949. A FEE também arrecadou dinheiro vendendo literatura que promove a livre empresa. Seus artigos foram utilizados por centenas de jornais e revistas, e o Reader's Digest estava particularmente interessado em reimprimir seus artigos."*[137]

Foi responsável pela publicação de livros e autores cruciais para a difusão do "libertarianismo", de Ayn Rand a Mises, além de promover o intercâmbio entre seus membros e membros de outros *think tanks* e fundações filantrópicas especialmente voltadas para as causas educacionais.

Outro ponto relevante da história da fundação, tanto do ponto de vista deles mesmos, que destacam o acontecimento na sua linha cronológica publicada pelo site, como para compreender o *modus operandi* semelhante ao da JBS, do próprio Fred Koch, de Harry Koch e de toda a rede de instituições de defesa dos princípios radicais de liberdade, ou libertariana, acontece no ano de 1950 em que *"A FEE é intimada pelo Congresso dos EUA para defender seus princípios e programas de livre mercado e é fundamental para salvar os Estados Unidos do consenso socialista pós-Segunda Guerra Mundial (site da FEE)"*[138].

---

[137] Texto de Sharon Beder sobre as relações entre a criação Foundation For Economic Education e os interesses empresariais. Disponível no seguinte endereço: <https://www.herinst.org/BusinessManagedDemocracy/culture/businessvalues/FEE.html>.

[138] Sobre aqueles que a instituição considera seus marcos históricos, disponível em: < https://fee.org/about#history>.

No dia 31 de julho de 2019, o site publicou o artigo de Kerry McDonald[139], pesquisadora sênior da FEE, com o título "*Por que Milton Friedman viu a escolha da escola como primeiro passo, não como final?*". No texto, argumenta a favor da implementação extensiva de voucher para a educação, de modo a aumentar a liberdade dos pais na escolha da escola, dado que, com base em Friedman, os pais têm mais condições de escolher o melhor em termos educacionais, que os profissionais da educação pública, que ela designa por burocratas[140]. Continua argumentando que o *voucher* impulsionará a criação de um ambiente competitivo que favorecerá o empreendedorismo das escolas privadas em busca de "clientes" e que, embora não haja superioridade no rendimento escolar dos alunos que usam voucher em comparação com aqueles que frequentam as escolas públicas, há maior grau de satisfação e menor absenteísmo crônico.

Mas, como diz o título, o voucher, para Friedman e sua esposa Rose, é o ponto inicial da luta contra o que ambos designam como o monopólio da educação exercido pelo estado, é o começo da implosão, porque o cerne é contestar a própria obrigatoriedade da escolarização.

A proposta de voucher, embora elaborada por Friedman, rapidamente foi apropriada por James M. Buchanan, economista que foi receptáculo de altas quantias provenientes de Charles Koch, foi quem atuou para implementação dessa proposta como meio de tentar sabotar a lei que impedia a continuidade da segregação, que fora promulgada pela suprema corte no caso *Brown vs. Board of education*[141], com o argu-

---

[139] Kerry McDonald é bolsista de educação sênior da FEE e autora de Unschooled: Crying Curious, Well Educed Children Outside Outside the Classroom Classroom (Chicago Review Press, 2019). Ela também é colaboradora regular da Forbes. Especialista em Homeschooling, escreve semanalmente sobre pais e educação.

[140] O texto completo de Kerry McDonald, intitulado "*Why Milton Friedman saw school choice as a first step, not a final one*", foi publicado em 31 de julho de 2019 e está disponível no site da FEE, no seguinte endereço: < https://fee.org/articles/why-milton-friedman-saw-school-choice-as-a-first-step-not-a- final-one/>

[141] Brown v. Conselho de Educação de Topeka foi um caso histórico da Suprema Corte de 1954, no qual os juízes decidiram por unanimidade que a segregação racial de crianças nas escolas públicas era inconstitucional. *Brown v. Board of Education* foi uma das pedras angulares do movimento pelos direitos civis e ajudou a estabelecer o precedente de que a educação "separada, mas igual" e outros serviços não eram, de fato, iguais. Disponível em: < https://www.history.com/topics/black-history/brown-v-board-of-education-of-topeka>.

mento de que estavam defendendo as liberdades dos estados diante da tirania federal, imediatamente recebeu apoio da elite local que tinha por objetivo conservar a estrutura social do Estado da Virgínia, como documentou, em *Democracy in Chains,* Nancy Maclean[142], abordado em 2.5.

A proposta de voucher, para Milton Friedman, seria uma espécie de passaporte para a "liberdade de escolher", visto que o Estado emitiria vales com valor predeterminado para os pais pagarem a mensalidade da escola escolhida. A verba pública arrecadada por meio de impostos, deste modo, seria repassada para a escola privada. Caso a mensalidade fosse mais cara que o valor do vale, os pais teriam "liberdade" para complementar a mensalidade e assim pagar a escola de sua escolha. Vale lembrar que o sistema de *voucher* foi a proposta de campanha da candidatura de Ed Clark e David Koch, em 1980 pelo *Libertarian Party,* conforme dito antes.

Para defender a proposta de voucher, Milton e Rose Friedman fundaram o *Friedman Foundation: for educational choice*, em 1996, atuante mesmo após a morte do casal, atualmente como EdChoice[143], destinado a fornecer informações sobre o "School Choice", que é o termo que engloba as alternativas à educação pública.

A diferença de preço das mensalidades reflete a diferença da formação oferecida pelas escolas, sabendo-se que professores com melhores formações, que o acesso a mais atividades extracurriculares, os melhores laboratórios e bibliotecas, gerarão maiores custos inevitavelmente repassados para as mensalidades, o que, por sua vez, ao extrapolar o valor do voucher, só poderão ser pagas por famílias com mais possibilidades financeiras.

No entanto, o voucher é um instrumento que vai à contramão da mobilidade social de que se orgulha a educação liberal, indo também à contramão do argumento de Friedman sobre a liberdade de escolha, dado que o espectro das escolas a serem escolhidas teria os matizes que cada família pudesse pagar. Nas regiões em que a iniciativa privada não tivesse interesse em atuar, ainda restaria a escola pública, ou seja, onde não houvesse perspectiva de lucro, escolas em regiões mais pobres, as

---

142 MacLEAN (2017)

143 Site que fornece grande variedade de material para interessados no "*School Choice*" <https://www.edchoice.org/>

que mais necessitam de ações que possibilitem melhorias nas condições da população, essas, por não caracterizarem um nicho de mercado lucrativo, teriam ainda menos investimento educacional, restando as escolas públicas isoladas e, ao que tudo indica, vistas como prejuízo para o Estado, dada a ideologia da meritocracia que individualiza o "fracasso" como decorrência dos "vícios" em oposição à virtude do trabalho recompensado pelo sucesso.

A adoção do sistema de voucher tem implicações na concepção do objeto "educação" que deixa de ser um direito e passa a ser uma mercadoria em busca de consumidores no mercado, as famílias passam a ser clientes, e os professores precisarão "vender" suas aulas. Outra questão, como o Currículo Comum e o conhecimento científico visto como inimigo por grupos religiosos, são pertinentes, colocando em questão até mesmo o empreendimento científico que embasa o modelo de escolarização moderna ocidental. No terceiro capítulo desta pesquisa será feita a retomada histórica da proposição do *voucher* e apresentados resultados de pesquisas em casos de implementação deles, principalmente pensando a sua difusão na América Latina.

No dia 7 de agosto de 2019, Isaac M. Morehouse[144] escreve o artigo "O trabalho pode ser melhor para as crianças do que a escola". Neste trabalho, argumenta que a proibição do trabalho infantil nunca será efetiva porque locais pobres demandam que as crianças trabalhem para participar do sustento, compara a permanência na escola por treze anos como a realização de um trabalho compulsório promovido pelo Estado, e aponta como repressão do voluntarismo da criança que, muitas vezes, quer trabalhar por pagamento, e repressão aos proprietários que, muitas vezes, querem as crianças prestando serviço em seu estabelecimento. Segundo o autor, a criança é afastada do livre mercado e são proibidas de se libertarem por causa de leis contra o trabalho infantil, o que acarreta más relações com o trabalho no futuro.[145]

---

[144] Isaac M. Morehouse é CEO da Crash, Fundador da *Praxis* e membro da Rede de Faculdades da FEE. Trabalhou no *Institute for Human Studies* (que será aprofundado mais adiante ainda neste capítulo), figura entre pensadores da liberdade no site do *Students for Liberty*).

[145] O texto de Isaac M. Morehouse, intitulado "Work can be better for kids than school", publicado no dia 7 de agosto de 2019, está disponível na íntegra no seguinte endereço:

A desregulamentação das relações de trabalho é proposta pela família Koch desde o avô, na oposição às organizações sindicais e a criação do sistema de bonificação individual para trabalhadores que não aderiam a greves. Fred também desenvolveu sua tese de oposição a lutas organizadas para conquista de direitos sociais em seu "*A Business Man Looks at Communism*".

Mas na campanha de Clark e Koch pela presidência dos EUA em 1980, a tese de abolição do salário mínimo, por exemplo, é central, e o argumento é que o ingresso de jovens no mercado de trabalho é dificultado pela lei de salário mínimo, que obriga o patrão a remunerar trabalhadores adultos com pelo menos o mínimo, mesmo que o trabalho de alguns adultos não valha o salário mínimo, o que causaria a dificuldade de contratar jovens, que poderiam receber um percentual salarial do que era, no período, o salário mínimo.

A partir do argumento revanchista, há expectativa da parte dos candidatos, de que a juventude apoie o fim da lei de salário mínimo, como uma suposta solução para sua dificuldade de ingressar no mercado de trabalho. Além disso, a escolha entre estudar e trabalhar, já na campanha deles, não deve ser da esfera pública e sofrer regulamentação do estado, deve caber ao indivíduo ou a família.

Outro artigo, de Daniel Buck[146], publicado em dezessete de julho de 2019 com o título "O fatalismo não deve ter lugar na educação" argumenta que as teorias progressistas "não são mais fruto de teorias da conspiração", mas são expectativas curriculares e que elas resultam da perspectiva ideológica, que certos dados demográficos são manipuladores. Ele afirma que a "América não é sistemicamente racista", ou estruturalmente racista, e argumenta que há pesquisas com "contraexemplos" que trazem dados de que a discriminação racial e de gênero não são estruturais, portanto, também não determinam o desempenho. Deste modo, as teorias progressistas exigidas no currículo escolar desencadeiam um pessimismo, um fatalismo, no aluno negro, latino, na mulher, que pode gerar uma tendência ao fracasso,

---

< https://fee.org/articles/work-can-be-better-for-kids-than-school/> Acesso em 24 de setembro de 2019.

[146] Daniel Buck é professor de escola pública em Wisconsin, onde cursou a graduação e a pós-graduação

porque abalam a crença no livre-arbítrio e no sucesso proveniente do trabalho árduo.[147]

Buck debate que o currículo escolar, produz conteúdo para influenciar na tomada de decisão sobre o que deve ou não compor o conteúdo a ser estudado pelas crianças na escola. Trata-se, inclusive, de refutar pesquisas científicas realizadas nas áreas em questão, sem preocupação metodológica, para argumentar de maneira contrária ao currículo que debate gênero e raça como categorias históricas e geográficas, baseando-se na alegação de que o conhecimento dos dados da realidade pode levar a um "pessimismo", a um "sentimento de fracasso" por identificar tais debates como vitimizadores. Seu artigo culmina na questão do gasto público em programas sociais, que por sua vez tange a política tributária, o que recai na ideia elementar dos libertarianos que é a revolta contra os impostos. A FEE trata como episódios localizados os debates de gênero e raça, pois alegam que a prosperidade dos sujeitos na sociedade depende do esforço individual.

Além de colunista regular da FEE, Daniel Buck é professor de escola pública e se formou na Universidade de Wisconsin. Na Universidade de Wisconsin, onde Buck estudou, os Koch marcam sua presença por meio de grandes doações financeiras, só nessa universidade, entre 2007 e 2015, o montante totalizou US$450.000 dólares, estando no topo das doações feitas a instituições de ensino superior no estado que é, de maneira geral, destino de vultuosas doações da Charles Koch Foundation. De acordo com o Wisconsin Democracy Campaing, ali o apoio de Charles Koch chega a 1 milhão de dólares, no período, de acordo com a tabela abaixo:

[147] O texto "*Fatalism should have no place in education*", de Daniel Buck, foi publicado pela FEE em 17 de julho de 2019, e está disponível em: < https://fee.org/articles/fatalism-should-have-no-place-in-education/>

TABELA 1: ***Doações da Charles Koch Foundation para a Universidade de Wisconsin***

Instituição	Depósito
UW-Stout	US$ 425.000
UW-Madison	US$ 311.058
Beloit College	US$ 191.500
UW-La Crosse	US$ 32.500
Carthage College, Kenosha	US$ 30.000
Lakeland College, Plymouth	US$ 25.000
UW-Green Bay	US$ 9.500
Wisconsin Lutheran College, Milwaukee	US$ 7.500
UW-Eau Claire	US$ 7.082
Universidade Concordia, Mequon	US$ 7.000
Total	**US$ 1.046.140**

Fonte: Dados disponíveis em: < https://www.wisdc.org/news/press-releases/78-press--release-2017/5813-koch- support-to-wisconsin-higher-ed-tops-1-million> Acesso em 18 de dezembro de 2019.

Ainda de acordo com o *Wisconsin Democracy Campaing* "A Fundação Charles Koch está entre várias fundações da família Koch, mas é a única que se concentra em doações para instituições de ensino superior. Os relatórios da fundação ao longo dos anos descrevem o objetivo de seus subsídios às escolas de Wisconsin como "apoio operacional geral", "programas educacionais" ou "apoio geral".[148]

Sobre o uso da doação, a Universidade declarou que uma parte seria destinada a um Centro de Estudos de Instituições e Inovação, bem como, *"em 2014, o Departamento de Ciência Política da UW-Madison usou US$ 70.000 em dinheiro Koch para criar uma posição de ensino e pesquisa de pós-doutorado envolvendo liberalismo clássico"*.

[148] O Wisconsin Democracy Campaign é um grupo apartidário que se dedica a rastrear o fluxo financeiro com interesses políticos. A matéria "Koch support to Wisconsin Higher Ed tops $1 million", publicada em 17 de maio de 2017, está disponível em: <https://www.wisdc.org/news/press-releases/78-press-release-2017/5813-koch-support-to-wisconsin-higher-ed--tops-1-million>

Já Isaac M. Morehouse, fez o bacharelado em ciências políticas pela Western Michigan University. De acordo com a página da WMUK (Estação Pública de Rádio da Universidade de Western), a Western University é uma das cerca de 250 escolas para as quais a Fundação Charles Koch fez doações em dinheiro. Suas contribuições para o Western somam cerca de US$ 60.000 desde 2010[149].

Ainda de acordo com o site da WMUK, a mais recente doação para a universidade foi para um programa de economia ministrado pelo professor Donald Alexander, ganhador da bolsa Philip S. McKenna para o Estudo de Economia de Mercado, e embora ele alegue não haver "amarras" ideológicas para a concessão da doação de Koch, esse pesquisador funda seus estudos sobre a liberdade econômica. Ambos, Morehouse e Alexander são figuras no *Makinac.org*, Instituto Educacional e de Pesquisa para a promoção do livre mercado e da limitação do governo.

Morehouse também é figura presente no site do *Students for Liberty, think tank* libertário voltado para a juventude, de alcance transnacional, que será estudado no quarto capítulo.

Já para a Universidade de Harvard, em que Kerry McDonald estudou, foi entregue uma soma de quase US$ 3 milhões da Fundação Charles Koch para apoiar mestres e doutorandos no Programa de Políticas e Governança da Universidade, que lançou o programa de Empreendedorismo Educacional em 2013, pensando a especialidade de *homeschooling* e alternativas educacionais[150].

Tomando como fio condutor os três colunistas que produzem conteúdo para a FEE, citados aqui na pesquisa, para investigar o financiamento dos Koch na educação superior, encontramos tanto a presença financeira, quanto ideológica dos irmãos libertários, reforçando o caráter histórico de criação e difusão de discursos tendo por fundamento o poder de fazer circular ideias a partir do desembolso de grandes somas de dinheiro.

---

149 "WMU receives Charles Koch Foundation Grant", matéria de Sehvilla Mann, publicada em 4 de maio de 2015. Disponível no seguinte endereço: <https://www.wmuk.org/post/wmu-receives-charles-koch-foundation-grant#stream/0>

150 Sobre a doação da CKF para o programa, disponível no próprio site da instituição em: <https://www.hks.harvard.edu/announcements/harvard-kennedy-school-launches-new-fellowships-education-entrepreneurship>

Figura 6: ***The Freeman***

[151] 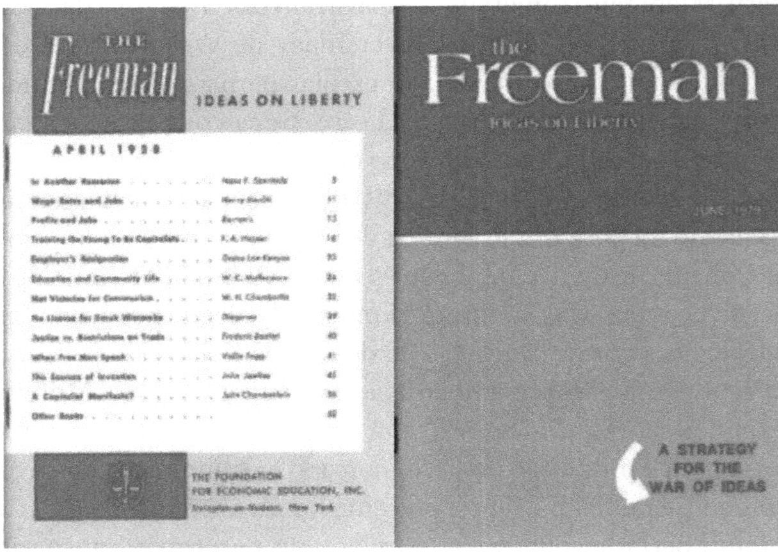 [152]

Fonte: Disponível em: < https://fee.org/the-freeman> Acesso em 16 de dezembro de 2020

A produção de conteúdo para a educação é profícua, o ideário é composto pela defesa do estado mínimo, a família como célula social determinante e a oposição às políticas de direitos sociais dando primazia a liberdades individuais.

Em 1956, a FEE adquiriu a revista "The Freeman", que em dois anos alcançou 42.000 assinantes. A revista The Freeman foi a principal publicação da Fundação para a Educação Econômica e uma das mais antigas e respeitadas revistas de difusão da perspectiva do libertarianismo nos EUA. "*Fundada em 1950 pelos esforços de John Chamberlain, Henry Hazlitt, Isaac Don Levine e Suzanne La Follette*". De acordo com o site da própria instituição, em seus artigos, comentários e resenhas de livros, várias gerações de americanos aprenderam sobre as consequências e contradições que decorrem das políticas sociais de coletivismo, intervencionismo

[151] Disponível em: < https://fee.org/the-freeman/?year=1958> A edição de abril de 1958 tem um artigo de Baldy F. Harper (fundador do Institute for Humane Studies que será objeto de estudo mais à frente neste capítulo) O artigo "*Training the Young to be capitalists*".

[152] Disponível em: <https://fee.org/the-freeman/june-1979/> A edição de junho de 1979 contém um artigo de Robert LeFevre (Fundador da Freedom School, que será objeto de estudo mais à frente neste capítulo) O artigo "the nature of work".

e estado de bem-estar, e continuam afirmando que *"por 66 anos, The Freeman defendeu, sem concessões, os ideais de uma sociedade livre"*.[153]

Robert Love, ex-membro da JBS, foi o quarto presidente da FEE, em 1985, e foi determinante na trajetória de Charles Koch que, como contou Mayer (2016) por meio dele, chegou a "Freedom School", tópico abordado mais adiante.

A FEE promove a defesa do estado mínimo, da desregulamentação, muitas vezes com os mesmos intelectuais que transitaram pela JBS, mas se mantém distante das teorias de supremacia branca que estão embrenhadas na história da JBS, ainda que produzam conteúdo filosoficamente alinhado com o deles. Para Charles Koch, a FEE foi determinante, pois por meio dela houve a sua aproximação com a *Rampart College*, lugar em que, segundo ele, moldou sua visão de mundo. Na FEE Charles Kock também aprendeu a difundir o seu ideário de um modo mais socialmente aceitável, tentando se distanciar das *teorias da conspiração* da JBS.

2.2. FRED AND MARY KOCH FOUNDATION[154]: OS BENEFÍCIOS DA FILANTROPIA

> Fred e Mary Koch compartilharam a visão de um Kansas próspero através do fomento de artes, programas de desenvolvimento de jovens e educação. Hoje, a fundação que leva seus nomes é um lembrete inspirador de que os esforços dos indivíduos podem melhorar a qualidade de vida de inúmeros outros e capacitar as novas gerações a fazer suas próprias contribuições duradouras para a sociedade.[155]

A epígrafe mostra o que motivou o casal a criar, em 1953, a Fred e Mary Koch Foundation (FMK), local que concentra seus recursos em

[153] Apresentação e propósito da The Freeman declarada pela FEE. Disponível em: <https://fee.org/the-freeman>

[154] Atualmente, a instituição foi renomeada "Koch Family Foundation", porém, durante a pesquisa chamava-se "Fred and Mary Koch Foundation".

[155] Texto de auto-apresentação da FMK. Disponível em:< http://fmkfoundation.org/>.

organizações sem fins lucrativos no Kansas de modo que "*melhoram significativamente a qualidade de vida no estado*".

Mas os fundos e as fundações filantrópicas não produzem benesses apenas para aqueles que recebem a filantropia, mas beneficiam diretamente aos filantropos. As tentativas de se esquivar da cobrança de imposto sobre fortunas remontam ao *Revenue Act,* a décima sexta emenda à Constituição, assinada por Woodrow Wilson, em 1913. Esse ato reduziu as tarifas sobre produtos básicos, aumentava a tarifa sobre artigos de luxo e reestabelecia o imposto sobre a renda. Desde que a lei foi promulgada, famílias ricas passaram a convergir esforços em um empreendimento no sentido de derrogá-la. Era preciso "*transformar a bandeira anti-impostos em um princípio cívico*".[156]

O primeiro a ter permissão para criar esse tipo aplicação financeira em termos de grandes fortunas foi, "*em 1912, John D. Rockefeller, ele pediu permissão ao Congresso para empregar sua riqueza em uma fundação de caridade. A reação do Congresso foi controversa, conforme diz o cientista político da Stanford University, Robert Reich, o senador do Missouri, Frank Walsh, declarou "enormes fundos filantrópicos, conhecidos como fundações, parecem ser uma ameaça ao bem-estar da sociedade*".

Os lucros líquidos do fundo filantrópico devem ser doados para organizações filantrópicas durante um período predeterminado de acordo com a quantia aplicada, deste modo, após o período de 'caridade', o valor original pode ser retirado totalmente isento de imposto. Desse modo, famílias ricas encontraram uma maneira de se esquivar da tributação.

Essa condição, a de criar fundos isentos de impostos se destinados à filantropia, criou ensejo para que os ricos se tornassem "forças sociais". Essa se tornou prática recorrente dos Koch, dentre outros, que assim encontraram uma maneira para financiar suas concepções políticas, porque passaram a doar os lucros desses fundos para suas próprias

---

[156] Dalexis C, Madrigal, publicou em 27 de junho de 2018, a matéria "*Against big philanthropy*" no The Atlantic, sobre os estudos do professor Robert Reich. O texto de Madrigal está disponível em:<https://www.theatlantic.com/technology/archive/2018/06/against-philanthropy/563834/> Já o manuscrito preliminar de Robert Reich está disponível em pdf no seguinte endereço: < https://www.law.berkeley.edu/wp-content/uploads/2016/01/Repugnant-to-the-Whole-Idea-of-Democracy_On-the-Role-of-Foundations-in-Democratic-Societies..pdf> Acesso 24 de setembro de 2019.

organizações que, por sua vez, trabalham na formação e difusão do seu ideário. Dedução fiscal e controle do uso do dinheiro, que ao invés de ir para a arrecadação pública fica disponível para a deliberação privada de instituições, muitas vezes, criadas pelos próprios doadores, passou a ser um meio de influenciar a sociedade de um modo que soa generoso e que é, atualmente, amplamente aceito, mas que já foi considerado como um modo de exercício plutocrático, de ameaça à democracia e foi combatido no congresso pelos mais diversos parlamentares e estudiosos. Esse tipo de fundo caritativo, ou fundação privada, era visto como ameaça à igualdade política e às políticas públicas.

De acordo com Reich, *"A grande filantropia é definitivamente uma voz plutocrática em nossa democracia"*, *"um exercício de poder pelos ricos que é irresponsável, não transparente, dirigido por doadores, perpétuo e subsidiado por impostos"*, ainda de acordo com o artigo de Madrigal.[157]

Fred Koch morreu em 1967, nunca superou o temor de uma perseguição fiscal, taxação, impostos, *"Fred tinha uma visão obscura dos impostos nos Estados Unidos, como se eles formassem parte de um incipiente socialismo"*[158], alardeando ser um cruzado contra o comunismo, ganhava a simpatia para a sua causa, a de se esquivar da tributação. Morreu sendo o homem mais rico do Kansas e deixando uma herança extraordinária a seus filhos. Charles Koch, que constantemente se vangloria de suas virtudes para o sucesso e que em seu livro as transformou em preceitos, quase nunca fala de herança privilegiada.[159]

Em 2003, David Koch doou 25 milhões de dólares para a *Deerfield Academy*, escola preparatória onde estudou. Nessa escola fez um discurso "bem-humorado" explicando a gênese da fortuna que lhe outorga ser tão generoso, talvez mostrando uma lição aos jovens, seguem as palavras de David: *"Quando eu era pequeno meu pai me deu uma maçã. Imediatamente eu a vendi por cinco dólares e comprei duas maçãs que vendi por dez. Logo comprei quatro e vendi por vinte. Bem, isso ocorreu dia após dia, semana após semana, mês após mês, ano após ano, até que meu pai morreu e me deixou 300 milhões de dólares!"*.[160]

---

157 Disponível em: https://www.theatlantic.com/technology/archive/2018/06/against-philanthropy/563834/>

158 (MAYER, 2016).

159 (MAYER, 2016).

160 (MAYER, 2016).

Sendo herdeiros e tendo sido orientados pelos princípios da filantropia, vemos posteriormente a atuação dos Irmãos Koch para com o financiamento de instituições que estivessem dispostas a seguir por um ideário voltado aos princípios neoliberais e de orientação da juventude pelos modelos de libertarianismo e valorização do indivíduo.

2.3. OS IRMÃOS KOCK E A FREEDOM SCHOOL OU RAMPART COLLEGE: O LIBERTARIANISMO EM AÇÃO

Para corresponder aos anseios do pai, Charles passou a frequentar a John Birch Society, porém rompeu com a causa em 1968, um ano após a morte dele, alegando ser avesso ao apoio que eles davam à guerra do Vietnã, embora já tivesse suas ressalvas declaradas antes disso. Charles sempre teve uma posição mais militante na oposição ao Estado e, em 1964, Robert Love, braço importante da John Birch Society em Wichita, falou a Charles sobre a Freedom School[161], escola criada por Robert LeFevre que ministrava cursos de imersão em filosofia da liberdade e livre mercado, combatendo com veemência o governo e o comunismo[162]. LeFevre se designava por "autarquista"[163] para negar o rótulo de "anarquista", que lhe desagradava, pregava a abolição do governo e transformou a Freedom School (FS) em um *"reduto daqueles que viam o New Deal como um erro terrível"*, ainda nas palavras de Ames.

Charles Koch "descobriu-se" um libertário quando se matriculou na Freedom School para um curso de imersão, o Phrontistery, programa intensivo da escola. Lá compreendeu lições como: "qual é a base da

---

[161] (AMES, 2013, p. 19).

[162] Segundo Ames (2013, p.6) LeFevre tem uma biografia escusa. Ele fora abandonado com a mãe, pelo pai que era um professor e empresário falido, só reencontrou o pai no início da grande depressão quando ele, por sua vez, abandonou a esposa e a filha para percorrer com seu pai o meio-oeste rural aplicando golpes em donas de casa que eram levadas a comprar molduras nunca entregues. Desligou-se do pai quando tinha roubado dinheiro suficiente para tentar a fama em Hollywood, mas falhou, foi à beira do suicídio quando, conta, teve sua revelação libertária.

[163] LeFevre publicou um ensaio negando ser partícipe do movimento anarquista, que ele entende que é uma vertente do socialismo, embora concorde com a rejeição total do estado proposta pelo anarquismo, ele discorda da sua oposição ao capitalismo. No mesmo ensaio ele se designa como autarquista. Para ler o ensaio, veja <http://fair-use.org/rampart-journal/1965/12/autarchy-versus-anarchy>

FIGURA 7: ***Prospecto da Freedom School***

Fonte: Disponível em: Prospecto da Freedom School de 1962. Disponível em: <https://www.krcc.org/post/wish-we-were-here-episode-16-libertys-pitchman-robert-lefevre-freedom-school> Acesso em 16 de dezembro de 2020.

liberdade humana e que o Estado – na forma de qualquer organização pública ou mesmo a noção de 'bem público' – é a própria definição de tirania"[164].

Em outra fala feita no *Institute for Humane Studies* (IHS), atualmente o Instituto de Estudos Humanitários da George Mason University, Charles disse que foi "*na Freedom School que ele começou a desenvolver um compromisso apaixonado pela 'liberdade' como a forma social mais harmônica com a realidade e a natureza do homem*"[165]. Nesta escola ele fora exposto aos pensadores da Mont Pelerin Society, Ludvig Von Mises e Friedrich Hayek.

---

164 (AMES, 2013, p. 4).
165 AMES (2013, p. 23).

A Freedom School chegou a ser denunciada pelo New York Times[166], em 1965, como segregacionista, porque desde a sua fundação até a publicação da matéria, dos quase mil alunos, nenhum era negro, e a declaração de raça e religião era obrigatória na ficha de inscrição. Enquanto nesse mesmo período muitas críticas passaram a ser feitas aos que resistiam aos movimentos pelas conquistas sociais resultantes da luta pelos direitos civis, LeFevre justificou que o ingresso de alunos negros poderia engendrar problemas de acomodação porque alguns ingressantes brancos eram segregacionistas.

De acordo com os registros históricos de Colorado, LeFevre comprou a propriedade no Condado de Douglas, Colorado Springs, em 1955, e em 1957 iniciou o trabalho da Freedom School.

As raízes do pensamento libertário de LeFevre, fundador da escola, talvez também estejam enraizadas numa herança de família, assim como os irmãos Koch. O pai de LeFevre ensinara que a taxação dos produtores era um mal e dizia que Roosevelt era socialista. Afirmava que "imposto é roubo", é roubar os "verdadeiros produtores". Mas, assim como Harry e Fred Koch, foi o estado que possibilitou a realização de seus planos. LeFevre trabalhou no programa de desenvolvimento do *New Deal.* Para agradar ao patrão, ingressou no culto *"I am"* que tinha publicidade na rádio pública. Esse culto tinha a fama de ser um "espetáculo hitleriano". Nas cerimônias o auditório chegava a pedir o assassinato de Roosevelt e da primeira dama. Tratava-se de uma espécie de plágio do movimento pró-nazista antissemita e difusor da supremacia branca, *Silver Shirts,* que por sua vez, inspirara-se no movimento *Sturmabteilung,* ou *braunen Hemden,* os camisas marrons de Hitler.

O próprio LeFevre chegou a ser líder desse culto no final de 1940. Trabalhou como informante e propagandista do macarthismo, entrevistou Joseph McCarthy e foi contratado como vice-presidente do *Nacional Economic Council* (NEC). Nesta instituição há a coligação de LeFevre com Merwin K. Hart, o mesmo que planejou a Jonh Birch Society, em 1958. No NEC, promoveu massivo ataque à ONU e ao que chamavam de internacionalismo, afirmando que se tratava de um plano

---

166 O artigo *"Conservatives at Freedom School to prepare a New Federal Constitution",* de Donald Jason, publicado em 13 de junho de 1965, está disponível em: <https://www.nytimes.com/1965/06/13/archives/conservatives-at-freedom-school-to-prepare-a-new-federal.html?searchResultPosition=3>

de expansão comunista. Lideraram juntos, Hart e LeFevre, o Congresso da Liberdade, que congregava toda a direita, a conservadora tradicional e a ala libertária radical. Seu braço direito, Willis Carto, em seu próprio site diz que *"fundou, em 1979, o Institute for Historical Review (IHR), e lançou o erudito Journal of Historical Review (do qual, 48 edições trimestrais foram publicadas até 1993). Ele também organizou a primeira International Revisionist Conference em Los Angeles, seguida por outras dez"*[167]. Segundo Ames[168], o empresário foi o homem que lançou David Duke, o neonazista então líder nacional dos Cavaleiros da *Ku Klux Klan*, na carreira política.[169]

Em 1956, LeFevre foi contratado por Raymond C. Hoiles, um magnata do jornalismo de extrema-direita (Ames, 2013), proprietário da Freedom Newspaper, para trabalhar no Colorado Gazette, em Colorado Springs. Hoiles foi indiretamente[170] o responsável pela construção da Freedom School, em 1957. Após a contratação de LeFevre, o Freedom Newspaper publicou uma declaração editorial intitulada "Aqui é nossa política" que reflete todo um conteúdo de fundo libertariano, trago trecho ilustrativo de Watner[171]:

> *"Os 11 jornais diários publicados pela Freedom Newspapers, Inc., é uma parceria conjunta, que acredita em um sistema de lei. Consideramos três conceitos para governar o comportamento humano. Eles são:*

---

[167] Mais informações e documentos sobre o instituto de revisão histórica disponíveis no site do *"Southern Poverty Law Center (SPLC)"*, que passou a "monitorar a atividade de supremacia branca em meio ao ressurgimento da Klan e hoje seu Projeto de Inteligência é conhecido internacionalmente por rastrear e expor uma grande variedade de organizações extremistas e de ódio nos Estados Unidos", em:<https://www.splcenter.org/fighting-hate/extremist-files/group/institute-historical-review>. A página de Willis Carto está disponível no seguinte endereço: <https://williscarto.org/about>.

[168] AMES (2013, p. 12).

[169] David Duke, neo-nazista então líder nacional dos Cavaleiros da *Ku Klux Klan* que conquistou a indicação para a presidência do Partido Populista de extrema direita que Carto ajudou a fundar. Disponível em: <https://www.splcenter.org/fighting-hate/extremist-files/individual/willis-carto>.

[170] Hoiles, porque concedeu folgas ao seu funcionário e emprestou sete mil dólares para que a escola começasse a funcionar. Além disso, foi importante doador financeiro, indicou alunos, e levou seus funcionários para que eles estudassem melhor a filosofia da liberdade com o propósito de alinhar a produção editorial (WATNER, 1999, p. 155-156).

[171] (WATNER, 1999, p. 156, 157).

> *1. O Decálogo.*
> *2. O Sermão da Montanha, que é uma exposição do Decálogo.*
> *3. E a Declaração de Independência, que é uma expressão política dos mandamentos. As medidas da moralidade que mencionamos indicam fatos incontestáveis, para qualquer cristão ou judeu, de nosso conhecimento. Elas incluem:*
> *Que todo homem nasce com certos direitos inalienáveis.*
> *Que estes direitos são igualmente os direitos inatos de todos os homens, dotados pelo Criador e não por qualquer governo. Visto que acreditamos que esses fatos são expressos nos mandamentos, nós não acreditamos que qualquer homem tenha o direito moral de restringir os direitos de seu irmão. Isto é, nenhum homem tem o direito de usar a força contra o seu irmão. Nossa crença em um padrão único de conduta e na existência de direitos individuais, e na Lei Natural como um fato, leva-nos a nos opor a todas as coisas em que um indivíduo ou grupo procura iniciar a força que é, restringir os direitos de qualquer outro indivíduo ou grupo.*
> *Devemos nos opor a todas as marcas do socialismo, seja ele chamado comunismo, fascismo, socialismo fabiano, New Dealism ou New Frontierism. Nós nos opomos ao socialismo em fábricas, escolas, igrejas e no mercado. Acreditamos, portanto, em um governo mínimo. O estado, na melhor das hipóteses, exerce aqueles poderes que os indivíduos nesse estado voluntariamente atribuíram ao estado para administração."*

Em outras palavras, pregam que o que vale na vida em sociedade é a valorização da individualidade como expressão natural dada por Deus, que qualquer outra forma de organização social, seja ela de direita ou esquerda, vistas aqui arbitrariamente, são combatíveis. Ao observarmos o discurso, percebemos que o inaceitável é a associação de pessoas, ou a defesa de um sentido comunitário, seja ele de bem-estar social ou socialista.

Hoiles era adepto do voluntarismo, que trava combate ao Estado e defende a propriedade privada, está ligado ao darwinismo social de Herbert Spencer, que entende o livre mercado como realização da natureza humana, opõem-se às políticas sociais, à educação pública e a qualquer intervencionismo. Sobre a educação pública, na página de Hoiles, consta que ele declarou o seguinte: "*frequentar as escolas do governo [...] me prejudicou no desenvolvimento de minhas faculdades mentais e morais [...] Em suma, retardou minha educação*".[172]

---

[172] Página dedicada à preservação das ideias de R.C. Hoiles, disponível em: <https://www.rchoiles.com>

Figura 8: ***Charles Koch entre os curadores do FS no boletim de 1966***

Fonte: Disponível em: <https://www.krcc.org/post/wish-we-were-here-episode-16-libertys--pitchman-robert-lefevre- freedom-school>
Acesso em 08 de outubro de 2019.

O editorial do Freedom Newspaper estava em consonância com os ensinamentos da escola de LeFevre, a escola em que Charles Koch sistematizou o pensamento e modo de operação para seus *think tanks.* Além do ultraliberalismo ou ideologia libertária radical, a escola tinha uma publicação quadrienal, o Rampart Journal, em que publicava uma série de artigos de negação do holocausto. Tais publicações foram tão significativas que foram listadas na cronologia da negação do holocausto do United States Memorial Holocaust Museum.

Conforme o History Colorado, site que compila museus com o fim de preservar a história local, a história é contada da seguinte maneira: "*LeFevre imaginou essa propriedade como uma fazenda de hóspedes, onde as pessoas poderiam aprender sobre seus direitos inalienáveis e liberdades como cidadãos americanos, e se tornou a única escola desse tipo no país. A Freedom School contribuiu significativamente para a criação e crescimento da filosofia e das políticas libertárias contemporâneas nos EUA. A escola fechou em 1968, quando LeFevre transferiu a operação para a Califórnia."*[173]

Outro libertário militante da cúpula do Freedom School foi Frank Chodorov, que na década de 1950 lançou o plano de cinquenta anos doando fundos para um projeto libertário que tinha por alvo os estudantes universitários, o *Intercollegiate Studies Institute* (capítulo 2.5). Conforme a enciclopédia do libertarianismo[174], Chodorov declarou sobre seu programa que "*O individualismo pode ser revivido implantando-se as ideias já nas mentes das gerações vindouras [...] É, em suma, um projeto de cinquenta anos*".[175]

A FS foi marcante na carreira de Charles Koch, mas entrou em colapso em 1968, conforme documentou Ames.[176]

Rampart College, que é o nome dado ao colégio Freedom School após a expansão do programa para ministrar cursos de pós-graduação, funciona também para evitar a confusão entre as escolas da liberdade, conquistadas pelo movimento de direitos civis, e a escola de LeFevre, voltada para a liberdade de mercado. Para Ames, Rampart College é a nomeação mais apropriada para a instituição.[177]

2.4. A DIFUSÃO DO RAMPART COLLEGE

No dia onze de setembro de 1960, na residência de William F. Buckley, em Sharon,Connecticut, foi redigida a declaração de Sharon,

---

173 Fundada em 1879, a History Colorado é uma organização filantrópica e uma agência do Estado do Colorado sob o Departamento de Ensino Superior. A matéria em questão está disponível em: <https://www.historycolorado.org/location/freedom-school-rampart-college-frontier-village-foundation-emily-griffith-center>.

174 A enciclopédia do libertarianismo é um *hiperlink* do site Libertarisnism.org autoapresentado como "o tesouro de recursos do Instituto Cato sobre a teoria e a história da liberdade". Está disponível em: < https://www.libertarianism.org/about>.

175 Sobre Frank Chodorov, disponível em: < https://www.libertarianism.org/encyclopedia/chodorov-frank-1887-1966>.

176 AMES (2013, p. 22).

177 (AMES, 2013, p. 18).

que continha os princípios do movimento Young American for Freedom (YAF), ocasião que reuniu cem jovens conservadores para lançar as bases da nova organização., de acordo com o site da instituição. Buckley, junto com Chodorov (2.3), fundara o *Intercollegiate Studies Institute*, objeto de estudo em 2.5.

FIGURA 9: ***Escritório dos Jovens Americanos pela Liberdade***
Membro da YAF sentado em frente ao pôster de William F. Buckley, dezembro de 1969

Fonte: Disponível em: <http://credo.library.umass.edu/view/full/mupho57-boo2-sl274-io16> Acesso em 16 de dezembro de 2020. Fotografia de Albertson, Jeff.

A Declaração de Sharon parte do axioma do livre-arbítrio outorgado por Deus; afirma que a liberdade política é indissociável da liberdade econômica; que a função do governo é proteger tais liberdades e que o aumento de poder é inerente ao governo; que somente o livre mercado se alinha ao exercício da liberdade humana e da garantia da constituição; que a intervenção governamental exaure as forças individuais e sociais; que a tributação para políticas sociais diminui o incentivo daquele que é tributado, e a integridade do beneficiário, bem como a autonomia moral de ambos, pois somente a caridade é voluntária, e o trabalho duro é meritocrático; que a liberdade dos indivíduos só é possível com a soberania dos Estados Unidos e que a maior ameaça à soberania são as forças comunistas internacionalistas; que é preciso derrotar o comunismo e não coexistir com ele; que o critério da política externa americana é apenas o de garantir os interesses americanos.[178]

Em março de 1961, os Jovens Americanos pela Liberdade fundaram a revista New Guard como a publicação oficial do grupo. Começando

[178] Site da fundação disponível em: <http://www.yaf.org/news/the-sharon-statement/>.

FIGURA 10: ***The New Guard***

Fonte: Disponível para leitura online em: < http://www.yaf.org/the-new-guard/> Acesso em 16 de dezembro de 2020.

como uma publicação de dezesseis páginas, cresceu em tamanho e continuou como uma revista mensal até 1978, quando foi convertida em uma revista trimestral.[179]

Em 1962, a "*YAF lidera o "Rally pela libertação mundial do comunismo", hospedando 18.500 conservadores no Madison Square Garden, em Nova York. Este evento é um dos maiores eventos conservadores da história, e no mesmo ano, Ronald Reagan se junta ao seu Conselho Consultivo Nacional, eventualmente se tornando o Presidente Nacional Honorário da YAF – um relacionamento que duraria mais de quarenta anos."*

Em 1969 foi realizada a *The Future of Freedom Conference* na *Long Beach State University*, hoje chamada California State University, Long Beach, chamada de Conferência Ludwig Von Mises. No mesmo ano, fundam o University Information Services (UIS), para promover ideias conservadoras e de livre mercado entre os estudantes universitários que, de acordo com eles, está infiltrado por professores e funcionários

179 A revista está disponível em arquivo digital nos períodos compreendidos entre 1961 e 1964, no mesmo site, *Young America's Foundation.*

de esquerda. Em 1971 a organização é renomeada e passa a se chamar Young America´s Foundation.

O YAF patrocinava comícios, apoiava a ala mais conservadora do partido republicano, agregava cada vez mais estudantes até passar por uma dissidência interna entre os conservadores tradicionais e os libertários. Caíram, rapidamente, nas graças da mídia hegemônica. Em 1971, uma ala do grupo foi expurgada e fundou o partido libertário, pelo qual David Koch concorreu à vice-presidência em 1980, além destinar enormes quantias para a manutenção do partido[180]. Já o YAF, após reviravoltas financeiras e períodos de menor atividade, na virada do século, retomou as atividades promovendo comícios e protestos contra as políticas afirmativas, contra a imigração ilegal, contra falas de liberais em campus universitários, de apoio às forças armadas.

Em 2009, esse grupo fez uma coalizão com o movimento *Tea Party* e, em 2011, fundiu-se com Young America's Foundation, ambos movimentos financiados pelos Koch, mas que atuam de modo a tentar identificar suas reivindicações como "anseios populares". Jovens financiados por essas instituições, frequentemente, transitaram na criação entre diversos *think tanks*, cujo objetivo é difundir a naturalização do livre mercado e a limitação do governo, bem como a defesa da propriedade privada.

2.5. *INTERCOLLEGIATE STUDIES INSTITUTE* (ISI) E *INSTITUTE FOR HUMANE STUDIES* (IHS): TREINAMENTO DE LÍDERES LIBERTARIANOS

> *"Antes de haver a Heritage Foundation ou o Federalist Society, o Cato ou o Claremont, o Discovery ou o Hudson, ou Manhatam Institute, havia o Intercollegiate Studies Institutes"*
>
> (New York Times, citado no site do ISI)[181]

O *Intercollegiate Studies Institutes* (ISI) foi fundado em 1953, por Willian F. Buckley Jr. e Frank Chodorov, "*para suprir o vazio da*

---

180 (AMES, 2013, p. 22).

181 *Crisis on the right,* por Jonathan Rauch, 7 de outubro de 2007. Disponível em: < https://www.nytimes.com/2007/10/07/books/review/Rauch-t.html?searchResultPosition=1 >.

educação moderna", de acordo com o site do Intercollegiate. Seus princípios buscavam criar nos estudantes universitários, a experiência na reconexão com os princípios da liberdade que tornaram a "*América livre e próspera*". Quando formados, a ideia é que eles possam defender e promover uma série de princípios: governo limitado, liberdade individual, responsabilidade pessoal e o estado de direito.[182] Já Rauch[183], conta que o instituto foi originalmente chamado de Intercollegiate Society of Individualists.

Conforme o site da instituição, as filosofias progressistas são predominantes no campo educacional desde a década de 1950. A escola convida os alunos que se sentem isolados ou mesmo ameaçados por questionarem o pensamento de esquerda, que eles chamam de "ortodoxia progressista", no ambiente acadêmico, a se juntarem a eles. Negam que façam treinamento de ativistas, mas afirmam formar líderes, que retornam às próprias comunidades para serem centralizadores e difusores do ideário de livre mercado, de modo a torná-los militantes do libertarianismo. Oferecem cursos e conferências, oferecem bolsas para alunos de excelência em ciências humanas e sociais, que estejam dispostos ao exercício da docência, disponibiliza cursos on-line de filosofia, política e economia conservadoras, contam com um acervo online disponível que eles designam como "tesouro de sabedoria conservadora". O ISI é um espaço para promover o intercâmbio entre os estudantes, docentes e pesquisadores conservadores, sempre orientados pelos princípios supracitados. Entre seus administradores está Alejandro (Alex) Chafuen, presidente da *metathink tank Atlas Network* (3.7), entre 1991 e 2018, membro da Sociedade Mont Pelerin (3.2), entre outros *think tanks* de livre mercado.

Já o *Institute for Humane Studies*, foi fundado, em 1961, por F. A. "Baldy" Harper, ex-professor de economia da Universidade de Cornell. O professor fora membro da Mont Pelerin Society e oferecia seminários e programas transpostos do Rampart em 1973[184]. Quando Harper, o fundador, morreu em 1973, Charles Koch assumiu a direção pedindo a

---

[182] Informações sobre a instituição em: < https://isi.org/> Acesso em 24 de setembro de 2019.

[183] (RAUCH, 2007).

[184] Sobre os membros do IHS, informações disponíveis em: < https://theihs.org/who-we-are/>

"benção" de Robert LeFevre expondo a ele seus objetivos para IHS, do mesmo modo que antes fizera Harper. Um dos primeiros apoiadores do IHS fora R. C. Hoiles, o ex-chefe de LeFevre no Freedom Newspaper que financiara a implantação do Rampart College[185].

O que vemos é a tessitura de uma rede, a formação de uma grande coligação de pessoas, instituições e um ideário unificado em nome da construção de um país que não considerasse pensamentos políticos dissidentes, pensamentos políticos em torno de alguma proposta de bem-estar social e que estivessem dispostos em supervalorizar as atitudes individualistas e meritocráticas. Trata-se de uma rede em expansão, que forma líderes para assumirem a missão de multiplicar o libertarianismo formulado como movimento político, modelo educacional e cosmovisão, por membros da elite que assumiram o compromisso de financiar as instituições e os intelectuais orgânicos, esses, por sua vez, encarregaram-se da produção teórica e construção de departamentos e cursos. É uma rede que promove intercâmbios, seus expoentes transitam entre *think tanks*, universidades e países.

Sobre "Baldy", Charles Koch disse que era muito querido dentre os professores e que, ao ensinar, ensinava bondade e humildade. Esse professor, em ensaios que escreveu para a *The Freeman*, também qualificava os impostos como roubo, a assistência social como imoral e os sindicatos como escravidão[186].

O site desse órgão conta que "*após assistir a duas guerras mundiais devastadoras e ao surgimento de ditaduras totalitárias, Baldy criou um instituto dedicado à pesquisa e educação convicto de que uma maior compreensão dos assuntos humanos e da liberdade promoveria a paz, a prosperidade e a harmonia social*". Em 1985 mudou-se para Fairfax, e se afiliou a George Mason University (GMU).

Os valores dessa instituição são o de defender a liberdade individual, atuar pelo estado de direito, ampliar a ideia de governo limitado, valorização da ordem espontânea e da tolerância, a exaltação da curiosidade como disposição norteadora da vida, valorização da confiança baseada na transparência e compartilhamento de conhecimento; responsabilização

---

185 (AMES, 2013, p.155, 156).

186 Conjunto de artigos escritos por Harper disponível no seguinte endereço: <fee.org/people/f-a-harper/>.

mensurada por resultados, balizados pelos recursos investidos; motivação do empreendedorismo proativo.[187]

Embora desenvolvam programas em universidades de todo país, a GMU, alegam priorizar as parcerias locais, para formar professores líderes engajados nos debates sobre academia e a conjuntura americana, ou seja, o objetivo é difundir o pensamento "libertário" para a sociedade. Segundo o site da instituição, há um ajuste natural entre a GMS e o IHS.

Um exemplo de ajuste "ideal" é do professor James McGill Buchanan, economista que ingressou para o doutorado em 1946, aos 27 anos, na Universidade de Chicago, quando essa se vangloriava de ser "*o departamento de economia mais conservador do mundo*", que encontrou ali mestres como Milton Friedman, mas que teve seu ponto de conversão ao libertarianismo naquele que era chamado de profeta pelos alunos, Frank Hyneman Knight, que disse como recepção ao recém-chegado que "a carreira acadêmica era melhor do que arar"[188].

Quando Buchanan chegou ao departamento de economia da universidade de Chicago, o contexto sociopolítico era de embates entre as demandas populares e a reação da elite conservadora, MacLean diz que se tratava de uma batalha entre "*segurança coletiva versus liberdade individual*" e, "*para criar estratégias, Knight e outros professores do departamento foram para os Alpes Suíços, nesse momento nasceu a Mont Pelerin Society*" (3.2)[189].

Em 1956, Buchanan foi contratado como presidente do departamento de economia da Universidade da Virgínia, que também contratou Warren Nutter, dando início ao projeto de "*expandir o credo libertário regional num projeto de contrarrevolução nacional*" e em sua declaração entregue a Colgate Darden, presidente da Universidade, ele prometeu ser "*guiado pelas tradições do laissez-faire inglês e estadunidense do século XIX, e pelos conservadores ocidentais que buscavam garantir a ordem diante da temida revolta das massas*", prometendo boicotar adeptos do New Deal e de "engenharias sociais"[190].

---

[187] Informações de autoapresentação da instituição, disponível em: < https://theihs.org/who-we-are/> Acesso em 23 de setembro de 2019.

[188] (MacLEAN, 2017, p. 50).

[189] (MacLEAN, 2017, p. 50).

[190] (MacLEAN, 2017, p. 62).

Buchanan foi "Prêmio Nobel de Ciências Econômicas" (3.3), em 1986, fundador da Teoria da Escolha Pública (TEP) "*que consiste na unicidade do método usado pelos economistas*" para compreender o comportamento humano em qualquer esfera, seja no mercado ou na política, ou seja, se os "agentes se valem da racionalidade instrumental de motivação egoísta" para agir no mercado, assim também fariam em cargos políticos, pois sendo o individualismo a natureza humana, o indivíduo não se tornaria altruísta num cargo público, de modo que as vantagens individuais teriam primazia sobre o "bem- comum" que deveria "nortear" as decisões dos políticos e funcionários públicos[191]. Robert Lekachman[192] chegou a afirmar que Buchanan reduzia o comportamento humano ao interesse pessoal, e MacLean[193] conta que a ideia era quebrar a confiança entre população e estado.

GMU é uma Universidade no estado da Virginia submetida ao controle dos Koch, nas palavras de Mayer[194]. É a instituição que prega o seguinte em relação aos estudos: "*Gaste menos tempo se preocupando com finanças e mais tempo com foco em sua pesquisa*". A instituição oferece "*concessão financeira para pesquisas de alta qualidade que explore a tradição liberal clássica, desenvolva as ideias de liberdade e promova seu trabalho na comunidade acadêmica*".[195]

Há modalidades de bolsas de estudos e prêmios para pesquisas no campo da "filosofia da liberdade". O Humane Studies Fellows premia com ajuda financeira, mas também promove a conexão entre o beneficiário e a rede de estudiosos que trabalham para promover ideias liberais clássicas na academia, oferece acesso à orientação acadêmica e seminários de desenvolvimento de carreira, workshop de pesquisa, colóquios de discussão e outros eventos de networking. A proposta é promover o intercâmbio entre os estudantes e toda rede libertária.[196]

Realizam seminários, networking entre docentes e pesquisadores de instituições do país com os do IHS, eventos extracurriculares, grupo

---

[191] (PEREIRA, 1997).

[192] Economista nova iorquino estudioso de Keynes, participou de movimentos de cunho social-democrata.

[193] MacLEAN (2017).

[194] (MAYER, 2016).

[195] Tipos de bolsas e programas, disponível em: < https://theihs.org/graduate-students/scholarships-and- grants-graduate-students/>.

[196] Tipos de bolsas e programas, disponível em: < https://theihs.org/ >.

de trabalho e pesquisa que realiza revisão por pares e envia feedbacks para artigos antes deles serem submetidos a periódicos acadêmicos, criam redes de grupos regionais para promover o intercâmbio entre docentes oriundos de diversos pontos, concedem prêmios para iniciativas baseadas no livre mercado. Um dos prêmios é o Charles G. Koch Outstanding IHS Alum que concede, anualmente, US$ 5.000 a um ex-aluno de programas de IHS por contribuições significativas para promover a ideia de liberdade.[197]

O Instituto atua por meio de realizações em áreas específicas ou interdisciplinares, que contribuem para o conhecimento, compreensão e solução de problemas no âmbito da pesquisa acadêmica; ensino; políticas públicas; jornalismo, redação ou publicação; filmes, ficção ou outras contribuições criativas; liderança política ou comunitária; empreendedorismo organizacional ou liderança; contribuições financeiras. Conforme o site "*O Institute for Humane Studies nomeou este prêmio em homenagem ao líder empresarial Charles Koch, em reconhecimento ao seu apoio de longa data à IHS desde 1963 e à sua firme defesa por uma sociedade livre e aberta. Desde os primeiros dias da IHS, Charles atuou no conselho da IHS e como presidente do conselho de administração de 1969 a 1980 e de 1990 até o presente*"[198]

Mayer[199] conta que o IHS foi fundado com o objetivo de formar e dar subsídio à nova geração de acadêmicos libertários, pois Charles Koch estava preocupado com o avanço lento na guerra de ideais, e detectara a necessidade de parâmetros para monitorar a postura política dos estudantes e pesquisadores.

Um dos parâmetros era quantificar as vezes que o nome de um autor libertário aparecia nos textos produzidos, aplicação de provas para afinação ideológica e seleção de novos membros para a rede Koch libertária.

---

197 Disponível em: < https://theihs.org/blog/ihs-announces-2017-outstanding-alum-award-winner/>.

198 Autoapresentação da instituição, disponível em: <https://theihs.org/blog/ihs-announces-2017- outstanding-alum-award-winner/>

199 MAYER (2016).

2.6. MERCATUS CENTER: EXPANSÃO DO LIBERTARIANISMO À PÓS--GRADUAÇÃO

O Mercatus Center da George Mason University (GMU), localizado nos campi Arlington e Fairfax, conforme o próprio site, é a principal fonte universitária do mundo para ideias orientadas para o mercado e tem por objetivo fazer uma ponte entre a investigação acadêmica e os problemas da realidade. É um centro de pesquisa de base universitária que promove o conhecimento sobre o funcionamento do mercado, treinando alunos de pós-graduação, realizando pesquisas, promovendo a economia aplicada para os problemas mais urgentes da sociedade e, ainda em conformidade com a autoapresentação, estudam economia aplicada para as questões sociais e políticas.[200]

GMU e Mercatus atuam formando um contingente de operadores da teoria de mercado, em suas nuances designadas como modernas. Nos artigos produzidos pelos seus intelectuais, a "filosofia de mercado" ganha adeptos que se designam também como "libertários", "anarcocapitalistas", adeptos da teoria da escolha pública e ou "liberais tradicionais". Dentro do espectro da agenda libertariana, é possível ver desde as teorias de defesa mais radical do livre-mercado pela privatização, mesmo da segurança pública, até aqueles que defendem a atuação do Estado em locais desinteressantes para a iniciativa privada e ou mesmo alguma proteção social.

Afirmam que a missão é gerar conhecimento e compreensão das instituições que afetam a liberdade de prosperar, encontrar soluções sustentáveis que superem as barreiras que impedem os indivíduos de viver vidas livres, prósperas e pacíficas, ou seja, é identificar os entraves à economia de mercado para extirpá-los.

Tanto o Instituto Mercatus, como a GMU, são centros de difusão do pensamento libertário que norteia as estratégias dos irmãos Koch, possibilitada pelas vultosas somas de dinheiro que eles aplicam nessa instituição. Atuam por meio de apoio a alunos do departamento de economia da GMU, muitos dos quais, segundo o site, "estão entre os estudiosos mais criativos que trabalham nas ciências sociais hoje".

---

200 Autoapresentação da instituição, disponível em: <https://www.mercatus.org/about>

A pesquisa Mercatus baseia-se em uma tradição distintiva de economia política, mesclando ideias desenvolvidas pelos ganhadores do "Prêmio Nobel" FA Hayek, James Buchanan, Elinor Ostrom, Vernon Smith e Douglass North, aplicando-as para abordar, segundo os seus interesses, aquilo que o grupo entende por "os problemas mais prementes da sociedade".[201]

Ao afirmarem que o objetivo é identificar para derrubar as barreiras do livre mercado por meio da aplicação da economia, tratam do treinamento de operadores para lidarem com o mundo social pela perspectiva prévia do ultraliberalismo, como modo de estabelecer as fronteiras da ciência.

Se a ciência é o campo que possibilita a produção de conhecimento e a descoberta, a proposta do centro acaba traçando as fronteiras dentro das quais acontecerá o fazer científico, de modo que a ciência só é desenvolvida pela perspectiva teórica que lhes interessa, passando a ser instrumento para a reprodução com aparência de inovação, realizada pela variação no modo de combinar os sempre mesmos elementos, embora sejam outros os objetos. Ao partirem da teoria libertariana, de antemão, para sua aplicação no mundo, dificultando a emergência dos problemas sociais em sua especificidade de objeto, posto que poderiam exigir outros métodos oriundos de outro conjunto teórico, ou mesmo determinar a investigação científica, para a qual seria necessária outra formação, uma formação ampla, tornam a complexidade da realidade secundária, pois o objetivo da formação deles é encontrar soluções para a realidade pela teoria de mercado.

Afirmam a independência de políticas de pesquisa e de conflito de interesse, assegurando que todo processo de revisão das pesquisas realizadas é feito por pares para garantir a qualidade e a confiabilidade da pesquisa, bem como garantir que não há produção, sob encomenda, para a obtenção de ganho financeiro, mas, por outro lado, afirmam que se dedicam a "*pesquisas e atividades educacionais que avancem a missão da organização*", isso é, trabalham em torno da aplicação de soluções baseadas no livre mercado. Ressaltam que pode haver "*pesquisa e atividades educacionais que contrariem as opiniões e*

[201] Sobre o Mercatus, autoapresentação disponível em: < https://www.mercatus.org/about>

interesses das organizações e indivíduos que fornecem suporte financeiro para a Mercatus", no entanto, pela engrenagem da filantropia, tanto o departamento, quanto a fundação são permeadas pelo ideário que as mantém, o "libertarianismo".

Nos diversos escritos sobre os Koch, estar perto de Washington DC sempre surge como uma preocupação.

Richard Fink[202], então professor da Universidade Rutgers, levou o Centro de Estudos de Processos de Mercado para a George Mason University em 1980. A Mason estava no meio de uma ascensão de pensadores alimentada pela crescente comunidade da Virgínia do Norte e tinha um presidente universitário empreendedor, George Johnson. A universidade aparece como uma opção natural para o Mercatus Center, dada a crescente reputação de seu departamento de economia e a proximidade da escola com Washington, DC. Pouco depois do centro se mudar para Mason, James Buchanan e Gordon Tullock juntaram-se ao seu departamento de economia, estabelecendo seu lugar entre as fontes intelectualmente mais vibrantes e importantes de ideias econômicas ligadas à difusão do libertarianismo que, eles identificaram, "precisa permear o ambiente acadêmico".

Fink mudou-se para Mason como membro do corpo docente do departamento de economia. O Centro para o Estudo dos Processos de Mercado originalmente apoiava uma turma composta por quatro dos alunos de graduação de Fink, um dos quais era Tyler Cowen. Em 1999, o centro foi renomeado Mercatus Center sob a nova liderança de Tyler Cowen. Hoje, Cowen é o Presidente de Economia de Holbert L. Harris na George Mason University e diretor do Mercatus Center. Em 2002,

---

202 No site do Mercatus diz que o "Dr. Richard Fink fundou o Mercatus Center em 1977 na Universidade Rutgers. O centro, então conhecido como Centro para o Estudo de Processos de Mercado, chegou à Universidade George Mason em 1980 com o Dr. Fink. Mais tarde como vice-presidente executivo de progresso e planejamento da Mason e serviu dois mandatos no Conselho de Visitantes da Mason. Dr. Fink mais tarde atuou como vice-presidente executivo do setor público das empresas Koch até se aposentar em 2016. Atualmente, é vice-presidente do conselho de administração da Fundação Charles Koch e do Instituto Charles Koch, presidente da Stand Together e diretor da Fred C. e Mary R. Koch Foundation.O Dr. Fink é bacharel pela Rutgers University, mestre pela Universidade da Califórnia, Los Angeles e doutorado em economia pela New York University". Disponível em: <https://www.mercatus.org/people/richard-fink>.

um dos professores de economia da GMU, Vernon Smith, foi agraciado com o "Prêmio Nobel" de Ciências Econômicas.

Em 2007, a Mercatus já apoiava 40 estudantes na Universidade Mason e levou oito novos professores para o departamento de economia, além de criar o MA Fellowship Program para treinar estudantes na aplicação de pesquisa econômica para políticas públicas. Em 2012 criaram o Programa FA Hayek de Estudos Avançados em Filosofia, Política e Economia sob a direção de Peter Boettke, membro do Hayek na Universidade de Londres e Christopher Coyne vindo da cátedra da West Virginia University. A instituição também criou o Smith Fellowship para educar estudantes de pós-graduação em outras universidades (em qualquer disciplina) interessados em aprender sobre as escolas de economia política austríacas, virginianas e de Bloomington. Esse movimento aumentou o número de alunos de pós-graduação que a Mercatus apoia para "mais de 60 alunos".

Tyler Cowen e Alex Tabarrok, ambos professores, criaram a plataforma de educação online Marginal Revolution University para ensinar economia a milhões de pessoas em todo o mundo. A ideia é espalhar as mensagens libertarianas. Em 2014, o Frédéric Bastiat Fellowship foi estabelecido para fornecer treinamento em políticas públicas para alunos de pós-graduação de qualquer universidade ou disciplina, em seguida o Joseph Schumpeter Fellowship para alunos de graduação da Mason, aumentando o número de alunos, aos quais a Mercatus oferece bolsa, para 125. Tyler Cowen criou a série "Conversations with Tyler", em 2015, trazendo suas indicações de líderes para Mason. Em expansão, hoje a Mercatus apoia mais de 200 alunos presenciais, além de miríades por meio de suas plataformas on-line de alcance global.

Trata-se da consolidação de uma Instituição de Ensino Superior idealizada por ambos, Buchanan, como seu intelectual orgânico, e Charles Koch[203], como o patrocinador diretamente interessado.

---

[203] Chales Koch é apresentado como membro do conselho emérito. Disponível em: <https://www.mercatus.org/people/charles-koch>

2.7. CENTER FOR LIBERTARIAN STUDIES (CLS): ESFORÇO DE DIFUSÃO DO IDEÁRIO DO LIBERTARIANISMO

A evolução política de Charles Koch foi analisada pelo acesso a uma série de documentos privados, documentos que possibilitam mapear seu intercâmbio com aqueles que foram seus mentores e suas estratégias de difusão: "*Charles não estava satisfeito em ser o Engels ou o Marx da revolução libertária. Ele queria ser o Lenin*", conta Mayer.[204] De fato, a epígrafe deste trabalho traz a frase ilustrativa dos estudos estratégicos de Charles Koch: "*Eu leio muitas coisas com as quais não concordo. Eu preciso entender o ponto de vista deles*"[205].

A partir dos anos finais da década de 1970, Charles iniciou seu plano estratégico para destruir o paradigma estatista predominante e se apoderar da política, a princípio, estadunidense. Em 1976, Charles Koch doou 65.000 dólares para a inauguração do Center For Libertarian Studies de New York, que sediou nomes do movimento "libertário". Uma das estratégias propostas foi a de suprimir o termo "anarquia", ocultando o extremismo antigovernamental, pois poderia evocar associações com o "terrorismo" ou o "anticapitalismo". Para atrair partidários, sugeriram criar pequenos grupos de base e outorgar títulos aos voluntários, mas sem ceder a nenhum deles o poder real[206].

O grupo tinha como modelo a John Birch Society, já analisada no capítulo I, porém, "*com o fim de evitar a crítica indesejada, Charles decidiu que era importante não difundir como se dirige e controla a organização*", como tática de manter o controle, e que "*é preciso empregar todas as modernas técnicas de vendas e motivacionais para atrair doadores*" como forma de ampliar o ideário entre membros que estejam dispostos a financiá-lo[207].

As reuniões para atrair doadores se realizavam em imóveis de luxo onde apenas convidados tinham passagem. Diferente do que fez a JBS, Charles orientou a formação de líderes com credibilidade para transmitir uma imagem positiva. Além disso, trabalhava de perto com gente

---

[204] (MAYER, 2016).

[205] Frase de Charles Koch em sua página sobre indicações de leitura. Disponível em: <https://charleskoch.com/articles/books>.

[206] (MAYER, 2016).

[207] (MAYER, 2016).

dos meios de comunicação e do meio cultural, e não entrava em atrito com eles. Fez como seu irmão David, que se tornou um mecenas no meio artístico[208].

Portanto, um dos exemplos que apontam para esse movimento de organização cultural é fazer circular a ideia em diferentes ambientes culturais.[209] Charles convidou Glenn Beck (locutor) Charles Krauthammer (Washington Post) Ramesh Ponnuru (National Review); Philip Anschutz (Washington Examiner e Weekly Standard), e Foster Friess, magnata dos fundos de inversão, acionista majoritário da Daily Caller. A ideia era ampliar o espaço na grande mídia e ter arautos adeptos do "libertarianismo" nos meios hegemônicos de comunicação. Arautos que já tinham certa popularidade e já exerciam influência na opinião pública esse modo foi um atalho para atingir seus objetivos, pois, não precisaria criar pessoas carismáticas, mas podia usufruir do capital social daqueles que já tinham caminho aberto.

O CLS é definido como uma tendência "anarcocapitalista" do libertarianismo. Em 1977, Murray N. Rothbard fundou o Journal of Libertarian Studies[210] para promover o avanço do "anarcocapitalismo", do "libertarianismo", da sociedade individualista e do não intervencionismo como o princípio basilar de qualquer teoria e prática política, a partir dos anos 2000 o jornal passou a ser publicado pelo *Ludwig Von Mises Institute.*[211]

2.8. FREE KEENE: "PAZ, AMOR E CAPITALISMO" – LIBERTARIANOS DO MUNDO, UNI-VOS!

Free Keene é uma comunidade fundada em 2003, baseada na teoria do voluntarismo, rejeita o estado, pois considera que ele é sempre uma forma de coação. É localizada em Keene, New Hampshire, e faz parte de um projeto maior denominado Free State Project (FSP), esse fundado em 2001.

---

208 (MAYER, 2016).

209 (MAYER, 2016).

210 A respeito do *Journal* as informações são disponibilizadas pelo *Mises Institute* no seguinte endereço: < https://mises.org/library/journal-libertarian-studies>.

211 *Journal* passou a ser veiculado pelo Mises, disponível em:< https://mises.org/library/journal-libertarian- studies> Acesso em 24 de setembro de 2019.

O FSP é uma migração política para recrutar pelo menos 20.000 libertários, com o objetivo de mudarem-se, em grupo, para New Hampshire, local selecionado em 2003 por não ser populoso, a fim de tornar o local um reduto de ideias "libertárias". Segundo o grupo, o governo é ineficaz porque a população libertária do mundo é pequena e difusa, portanto, os "libertários" precisam recrutar pessoas e se organizar.[212]

Enquanto organizam-se, os participantes assinaram uma declaração de intenção, ou contrato de garantia, de que pretendem se mudar para New Hampshire dentro de cinco anos. A meta, quando assinaram, era atingir 20.000 participantes para efetivarem a mudança coletiva de domicílio. Chegaram à meta em 3 de fevereiro de 2016, mas antes disso, 1.909 membros do FSP, denominados como "pioneiros", já tinham se mudado e iniciado o empreendimento. O site da FSP diz que fizeram sua mudança antes do prazo, ou seja, antes da meta de 20.000 participantes ser atingida. Em 2012, o grupo elegeu cerca de 12 deputados *Free Staters*, em Keene e, em 2014, esse número subiu para 18.

O criador do FSP é Jason Sorens, professor do Dartmouth College e acadêmico do Mercatus Center na George Mason University. No caso da Free Keene, especialmente nesse caso, a pesquisa parece estar diante de um objeto singular, como uma iniciativa de jovens libertários que fundaram uma comunidade voluntária baseada no livre mercado, como maneira de se libertarem da coação estatal alegada. Entretanto, Sorens é resultado do Mercatus Center da GMU, um dos centros de formação e irradiação do ideário "libertariano" diretamente financiado por Charles Koch e elaborado por James Buchanam, o intelectual particular de Charles Koch.

Conforme a página Free Keene, o estado é um monopólio violento. É a força que ameaça as pessoas para que elas paguem por serviços indesejados e para manter os "dependentes do estado", e ainda é confundido como solução pelas pessoas porque tem o monopólio da educação e por ela realiza a doutrinação. Portanto, a escolarização pública é praticada como um mecanismo de coação para ter êxito no processo de doutrinação.[213]

---

212 Convocação aos libertarianos do mundo. Disponível em: < https://freekeene.com/about/>.

213 Argumento contrário ao direito à escolarização pública. Disponível em: < https://freekeene.com/about/>.

Eles exaltam seus membros não escolarizados que são reconhecidos como grandes artistas dentro da comunidade. Para os membros da comunidade de Keene, o livre mercado é o lugar da liberdade, porque é o lugar da relação consensual, é a sociedade voluntária e não a coercitiva que o estado representa. Eles afirmam que o papel máximo que o governo deve desempenhar é proteger a vida, a liberdade e a propriedade, e se afirmam como um grupo em direção à evolução pacífica da sociedade, disponibilizam áudios, vídeos e livros gratuitos e buscam novos membros para se mudarem para a localidade[214]. Os textos disponíveis são de autores contemporâneos, não surge conexão direta e imediata com os autores tradicionais da corrente libertária, ou seja, os autores que sistematizaram a filosofia da liberdade Koch desde a criação dos primeiros *think tanks*.

Porém, o seu idealizador é um acadêmico tradicional, escolarizado pelo modelo regular por meio do programa Senior Affiliated Scholar do Mercatus Center da George Mason University e diretor do Political Economy Project do Dartmouth College; além de PHD em Ciências Políticas pela Yale University. Mas assim que o nome de Jason Sorens surge, as ligações com o projeto de formação de juventude financiado pelos irmãos Koch, para difundir o ideário da defesa do livre mercado e da limitação do estado como maneira de combater a tributação, embora estruturem toda sua filosofia em torno da ideia de voluntarismo, a comunidade surge em toda a sua heteronomia e parece ser uma território experimental para a irradiação das teses de abolição do estado que interessam aos empresários ativistas pela redução do estado. No caso específico, sabendo que seu idealizador, Jason Sorens, se formou na GMU, podemos inferir um experimento de criação de um território libertário no âmago do estado.

2.9. *CATO INSTITUTE*: POLÍTICAS PÚBLICAS PENSADAS PELO CAMINHO NEOLIBERAL

Para transformar sua fundação privada em centro de investigação, Charles Koch fez doações iniciais entre dez e vinte milhões de dólares dedutíveis de impostos, superando as doações de Richard Scaife para

---

214 Material disponível em: < https://freekeene.com/about/>.

a Heritage Foundation – *think tank* analisado no terceiro capítulo – e exerceu controle total do Institute durante os primeiros anos, embora tivesse contratado libertários afinados ao seu ideário, como Ed Crane e Ronald Hamowy.

"O Cato Institute é uma organização de pesquisa em políticas públicas – um think tank – dedicado aos princípios da liberdade individual, do governo limitado, dos mercados livres e da paz", localizada em Washington DC. Seus estudiosos e analistas *"conduzem pesquisas independentes e ditas apartidárias sobre uma ampla gama de questões políticas"*. Foi fundado em 1977 baseado nas cartas de Cato.[215] Charles contratou acadêmicos considerados por ele como *experts,* autodeclarados apartidários, embora a finalidade prática fosse extirpar as barreiras que entravam seus negócios[216].

De acordo com o site *"o instituto é mantido por meio de doações, sendo oitenta por cento contribuições individuais dedutíveis do imposto de renda e os outros vinte por cento de fundações, corporações e venda de materiais"*. Seu objetivo é fornecer análises prementes, apresentadas como "apartidárias", valendo-se de todos os recursos de comunicação possíveis: de blogs, recursos da Web, mala direta informativa, editor de opinião e aparições na TV, conferências, relatórios de pesquisa, palestras e livros.

Como se propõem a expandir a sociedade civil e encolher a sociedade política, fornecem análises para diversas dimensões tocantes à temática libertária pelos seguintes assuntos: Educação e política infantil; Energia e Meio Ambiente; Finanças, Bancos e Política Monetária; Política Externa e Segurança Nacional; Governo e política; Saúde, bem-estar e direitos; Economia e Desenvolvimento Internacional; Lei e Liberdades Civis; Filosofia Política; Estudos Regulatórios; Política Fiscal e Orçamentária; Política de Telecom, Internet e Informação; Política comercial.

Dedicam uma síntese a respeito da escola pública em que propõem a escolha da escola como o caminho para melhoria da educação, pois, de acordo com esse instituto, o problema não está no baixo investimento

---

[215] Série de ensaios publicados na Inglaterra do século 18 que apresentavam uma visão da sociedade livre do poder excessivo do governo – que trazem princípios simples que inspiraram a Revolução Americana: liberdade individual, governo limitado e livre mercado. Disponível em:< http://classicliberal.tripod.com/cato >.

[216] (MAYER, 2016).

governamental em educação, mas na falta de competitividade. Dizem ainda que a implementação de voucher em larga escala é um caminho para o progresso porque estimulará a inovação, o aperfeiçoamento metodológico e o surgimento de novas escolas.

A tese de que a educação pública é o estado se imiscuindo na esfera privada perpassa diversos textos, apontando que a cobrança de impostos para investimento em educação é um modo de coação. Segundo os interessados, a educação deveria florescer pela iniciativa privada, que melhora em regime de competição, e por meio da filantropia, pela liberdade de escolha e o *homeschooling*. Uma das colunistas do Cato é Kerry McDonald, cujo texto sobre a liberdade de escolha a ser alcançado pela implementação de voucher em larga escala, foi analisado no tópico sobre a *Foundation For Economic Education* (FEE). No site do *Cato Institute* (ANO), McDonald publicou o artigo "Ensino em casa e liberdade educacional: por que a escolha da escola é boa para os "*homeschoolers*", em que tece argumentos para promover o *homeschooling*.[217]

De modo geral, todas as considerações sobre a educação escolar são permeadas, em seu conjunto de textos, pelo levantamento da suspeita de que há um projeto de poder em curso por parte do estado, que usa como estratégia a escolarização pública moderna, e que está funcionando como meio de doutrinação e não como expansão democrática do acesso. Instituir o núcleo comum curricular, por exemplo, é expressão do projeto de poder em curso, e não a determinação dos saberes básicos a que todos devem ter acesso. Trata- se de promover a suspeita com relação à democracia, com relação à igualdade de direitos. O que se propõe é o retorno ao direito de escolher e decidir, inclusive entre estudar ou não, como era antes do advento da escola liberal, quando a América era "livre do estado opressor". A nostalgia de um passado fundador perpassa a tese do estado mínimo, porém, alegando-se caminho para o futuro e a modernização.

Com uso ostensivo de tecnologia de ponta, redes sociais mais atuais, de intelectuais que entram numa faixa estendida de jovens e que se apresentam como uma juventude próspera e bem-sucedida, o Instituto

---

[217] Texto de Kerry McDonald, "*Homeschooling and Educational Freedom: Why school choice is good for homeschoolers*", de 4 de setembro de 2019. Disponível em: https://www.cato.org/publications/briefing- paper/homeschooling-educational-freedom-why-school-choice-good-homeschoolers .

vende a proposta de modernização como caminho para o futuro, ainda que o seu ideário remonte à América anterior às conquistas democráticas. Buscam uma América que não conhecia o *Welfare State.* Trata-se do anúncio do futuro pela modernização, mas muito mais que conservador, é reacionário e nostálgico.

O compromisso do Cato seria com a próxima geração. Pensam em formar líderes, pensadores, defensores e apoiadores do movimento libertário. Para isso, oferecem uma vasta gama de programas de formação, presencial e on-line, para militantes da causa que vão atuar nas mais diversas funções sociais. Oferecem oportunidades de estágio; o *Student Briefing,* que é uma palestra seguida de discussão na forma de visita de grupo escolar agendada; eventos presenciais e on-line; *Fall Liberty Seminar,* que proporciona bolsas pagas por "*generosos doadores*" para "*estudantes intelectualmente curiosos e jovens profissionais de todo o mundo*".[218]

Há ainda o Cato University, que é um seminário de três dias realizado por todo o país e que também conta a modalidade de bolsa paga por "generosos doadores"; o *Cato Home Study Course,* que é o curso on-line sobre os teóricos do movimento libertário; as comunidades do Cato no Facebook e no Twitter, canal do YouTube, podcasts, videocasts, e-Books gratuitos e relatórios de pesquisa, um vasto arquivo de publicações on-line e vídeos de eventos, mantêm os alunos no topo das questões políticas e debates. No website www.libertarianism.org, está disponível conteúdo multimídia, como podcasts, vídeos, livros e muito mais.

O *Instituto Cato,* por meio de uma variedade de páginas na internet, permite compreender sua atuação multidimensional no que tange a estratégias de atuação e locais de atuação. No site da *Downsizing the Federal Government,* possui variedade de conteúdo que tem como proposta ajudar formuladores de políticas e a opinião pública a entender que é preciso uma política de austeridade e corte de gastos públicos, já que os governos são deficitários.[219]

Vemos também que o *Cato Institute,* além disso, como em outras discussões já apresentadas, fixa-se em outros órgãos diretamente ligados

---

[218] Eventos organizados pelo *Cato,* disponível em: https://www.cato.org/events/oct-fall-liberty-seminar- speaker.

[219] Formulação de propostas para políticas públicas, disponíveis em:< https://www.downsizinggovernment.org/>.

as suas ideias, financiando-os e repassando prestígio. A seguir vemos três desses casos: *O Searle Freedom Trust;* a *Woodford Foundation* e a *Bastiat Society of America Institute for Economic Research.*

A *Searle Freedom Trust* (SFT), fundação criada por Daniel C. Searle (Dan) magnata da GD Searle and Co., indústria farmacêutica posteriormente comprada pela Monsanto, visa deixar o legado de seu fundador aos seus descendentes. Conforme a SFT *"as gerações vindouras se beneficiarão de uma maior liberdade de escolha, já que essa Fundação (Trust) atinge seus objetivos de criar um ambiente que promova a liberdade individual e as liberdades econômicas, ao mesmo tempo em que estimula as responsabilidades pessoais e o respeito pelos valores tradicionais americanos"*[220].

Já a *Woodford Foundation* (WF)[221], fundação criada na busca de um governo limitado, fundada em Colorado Springs, é militante pela substituição das políticas trabalhistas de bem-estar social pela forma de remuneração de "participação no lucro da empresa", bem como a implementação de voucher em larga escala em escolas. Conforme este grupo, os vouchers maximizariam o valor do produto pela competitividade. Uma das estratégias da fundação para mensurar a opinião pública é a realização bienal de uma pesquisa de opinião, em El Paso, Colorado, como um termômetro sobre a opinião pública a respeito de propostas libertarianas para o país.

A *Woodford Foundation* indica a *Bastiat Society of America Institute for Economic Research* que se intitula uma rede global de líderes empresariais e conecta profissionais de negócios comprometidos em promover o livre comércio, a liberdade individual e a governança responsável. Essa instituição está presente em todos os continentes, com maior presença nas Américas, nos seguintes países: Brasil, Colômbia, Costa Rica, Equador, Honduras, Panamá, Peru, Venezuela.

Ao final percebe-se que o que está em jogo é uma grande rede de formação que produz conhecimento e se utiliza das ferramentas da tecnologia digital para o fomento ostensivo de conhecimentos que preguem a razão neoliberal como forma a única forma histórica de

---

[220] De que modo a fundação está alterando a sociedade de modo a moldá-la em conformidade com a perspectiva do libertarianismo associado aos valores conservadores, disponível em autoapresentação: < https://searlefreedomtrust.org/daniel-c-searle-1926-2007/>.

[221] Autoapresentação. Disponível em: < https://www.woodfordfoundation.org/>.

encaminhamento das sociedades. Apela-se ao dinamismo das ferramentas de inovação tecno-educacionais para o fomento maciço de tais ideias, como se pode ver, por exemplo, pelos três programas do *Cato Institute*: O *Libertarianism*, biblioteca com conhecimentos virtuais sobre os temas expressivos da agenda libertariana; o *Human Progress*, que se trata de um site interativo com publicação de conteúdo de mesmo formato; e o *Cato Unbound*, que mensalmente apresenta a análise de um pensador libertariano sobre conteúdos de agenda neoliberal, entre outros.[222]

O Libertarianism.org[223] é uma biblioteca virtual de textos libertários que conta com uma profusão de artigos publicados por meios e em momentos diversos. No acervo on-line está o ensaio de Charles Koch, publicado em primeiro de julho de 1978, intitulado "*A comunidade empresarial: resistindo ao regulamento*" que foi publicado na Libertarian Review, cujo conteúdo é analisado no próximo capítulo no contexto do estudo da ofensiva empresarial.

Já o *Cato Unbound* é um fórum temático mensal chamado de "*pregão virtual no mercado intelectual*", funciona pela apresentação de texto de um pensador que tematize algo de grande repercussão, por exemplo, o texto sobre "*Unschooling: Shifting from Force to Freedom in Education*"[224] de Kerry McDonald, que defende o direito de não escolarizar os filhos, o que é um passo mais radical na contestação da escolarização moderna. O texto contesta até mesmo o *homeschooling* dizendo que o que vale é o conhecimento que se quer adquirir, portanto, ser obrigado a escolarizar-se ou escolarizar os filhos é uma forma de coerção estatal.

O *Human Progress* é um site interativo, com *Quizz*, e possui publicações de conteúdo variado sobre o livre mercado. É colorido, atrativo e com muitos jovens e paisagens ilustrando as matérias. Dentre elas, há a exaltação das reformas econômicas implementadas no Chile de

---

222 Por exemplo, há o *Unlawful Shield*, que milita e orienta contra a imunidade que "quando um funcionário do governo viola seus direitos civis, você deve ser indenizado. A imunidade qualificada nega compensação a indivíduos que foram prejudicados pelo governo". O *Freedom in the 50 States* que é o *ranking* de mensuração temática e periódica do índice de liberdade nos estados. O *Overlawyered*, blog mais antigo de direito fundado por Walter Olson em 1999, publicado pelo *Cato* desde 2013.

223 Biblioteca online disponível em: < https://www.libertarianism.org/>.

224 Artigo intitulado "Unschooling: Shifting from Force to Freedom in Education" escrito por Kerry McDonald, para o Cato Unbound, disponível na íntegra em: <https://www.cato-unbound.org/2019/07/08/kerry-mcdonald/unschooling-shifting-force-freedom-education>.

Augusto Pinochet, pelo ponto de vista da escola econômica austríaca, em comparação com a Venezuela de Nicolas Maduro. Faz apologia ao triunfo do livre mercado que levou o Chile à prosperidade, mas dispensa considerações sobre os métodos repressivos utilizados contra os críticos da ditadura instaurada por meio de um golpe, para implementar as políticas de livre-mercado, bem como o aprofundamento da desigualdade social que é debatida pelo recorte educacional do terceiro capítulo. Afirma que a Venezuela faz o caminho inverso ao da "liberdade".

E, finalmente, o *El Cato*, a expansão multidimensional da rede pelo continente latino americano, objeto do próximo capítulo da pesquisa.

Capítulo 3

O PROGRAMA EXPANSIONISTA

3.1. CONGRESSO WALTER LIPPMANN E O RAIAR DA INTERNACIONAL NEOLIBERAL

FIGURA 11: ***Sede do Instituto Internacional de Cooperação Intelectual***
Local onde foi realizado o Colóquio Walter Lippmann em agosto de 1938.

Fonte: Disponível em <https://libraryresources.unog.ch/lonintellectualcooperation/IIIC> Acesso em 16 de dezembro de 2020.

O nascimento do neoliberalismo tem como evento inaugurador a realização do Colóquio Walter Lippmann (WL), em Paris, no Instituto Internacional de Cooperação Intelectual, antecessor da UNESCO, que teve início no dia 26 de agosto de 1938 e perdurou por cinco dias. A publicação da obra *La cité libre*, de Walter Lippmann, contam Dardot e Laval[225], pela editora Librairie de Médicis, foi o motivo propulsor para a realização do Colóquio. A Librairie de Médicis desempenhou importante papel na circulação das ideias de pensadores que tinham por objetivo defender o capitalismo e se opunham a medidas intervencionistas, publicando autores determinantes, e foi fundada em 1937 por Marie-Thérèse Génin (figura atuante entre a direita francesa). Denord traz algumas informações[226]: "*A Librairie de Médicis acaba de publicar, em poucos meses, um após o outro, vários livros que atacam minuciosamente as teses essenciais do socialismo, sindicalismo, coletivismo e defendem o estabelecimento de um novo liberalismo [...]*"[227]

Com o intuito de debater "a crise do liberalismo que teve como sintoma um reformismo social cada vez mais pronunciado", nas palavras de Dardot e Laval[228], sob a alegação de que a intervenção do estado para lidar com a situação, por sua vez, conduzia ao "coletivismo" por medidas "planificadoras, assistenciais, protecionistas", começaram a surgir teses de que era preciso refundar o liberalismo, compreendendo suas implicações na crise e elaborando suas estratégias futuras. Denord diz que, naquele momento o neoliberalismo "experimentou a primeira tentativa de teorização"[229].

O clima de incerteza daquela conjuntura configurou uma Estrutura de Oportunidades Políticas (EOP), Louis Roger, professor de filosofia, organizou o colóquio Lippmann entre diversas ações da sua ofensiva neoliberal, no entanto o termo neoliberal, para ele, era uma maneira de se diferenciar do "liberalismo ortodoxo", do laissez-faire radical, e reconhecer a necessidade de alguma intervenção estatal desde quer subordinada ao mercado[230].

A Primeira Guerra, a iminência da Segunda, a quebra da bolsa em 1929, a ascensão do Nazismo e do Fascismo, a revolução Russa e o surgimento da União Soviética eram, para os intelectuais reunidos ali,

---

225 (DARDOT e LAVAL, 2016, p. 71).
226 (DENORD, 2001/2, p. 18).
227 (VALLON apud DENORD, 2001/2, p. 20).
228 (DARDOT e LAVAL, 2016, p. 71).
229 (2001/2, p. 10).
230 (DENORD, 2001/2, p. 12, 13.

sintomas de que era preciso refundar o liberalismo para assegurar sua sobrevivência. Mesmo a escolha do termo foi controversa, alguns se designavam como neocapitalistas, como liberais construtivos, neoliberais, sem chegar a um consenso acerca do significado do termo[231].

Segundo Dardot e Laval, aqueles dias foram o ensejo crucial para ressaltar, de maneira geral, duas tendências principais entre os teóricos do liberalismo, de um lado aqueles que reconheciam a necessidade de algum intervencionismo estatal, entre eles Lippmann, que defendia um intervencionismo jurídico por entender o mercado como uma construção histórica que fazia mister atualizar as leis[232]. Havia o entendimento de que, de maneira geral, a vertente ortodoxa, de defesa implacável do livre mercado e do individualismo, fora necessária diante no contexto de embate contra o absolutismo monárquico, mas que se tornara conservadora ao apegar-se a uma metafísica que alegava o naturalismo dos preceitos liberais, recusando as necessárias adaptações da teoria no decurso histórico.

Entretanto, outra tendência, presente no Colóquio, era representada pelos intelectuais da escola neoaustríaca de economia, tendo como expoentes, nesse momento, Friedrich Hayek e Ludwig Von Mises. Eles, por sua vez, afirmavam que a crise do capitalismo se devia a intervenções que o Estado fizera na economia e que bastava uma intervenção para causar distorções que exigiriam intervenções consequenciais, pois *"a intervenção política é um processo acumulativo"*[233] e conduz, inevitavelmente, a governos ditatoriais e à coletivização. Para essa tendência *"não se pode falar de falência do liberalismo, porque foi a política intervencionista que gerou a crise"*[234].

Ainda com Dardot e Laval, o colóquio WL foi *"a primeira tentativa de uma internacional neoliberal"* que, embora com divergências, *"encerrou com a declaração de criação de um Centro Internacional de Estudos para a Renovação do Liberalismo"*, cujas atividades foram prejudicadas pela eclosão da segunda guerra, mas que proporcionou ocasião para a criação de uma rede de intelectuais, com os quais Hayek manteve contato vigoroso. Onze dos membros presentes no Colóquio,

---

231 (DENORD, 2001/2, p. 23).

232 (DENORD, 2001/2, p. 20).

233 (DARDOT e LAVAL, 2016, p. 77).

234 (DARDOT e LAVAL, 2016, p. 77).

posteriormente, participaram da criação da Mont Pelerin Society (MPS), em 1947, reunidos em torno do consenso de deter o intervencionismo de estado e a escalada do que designavam por "coletivismo", termo que englobava tanto os governos de direita, o nazismo e o fascismo, quanto os governos de esquerda e as medidas de planificação da economia e de bem-estar social.

3.2. MONT PELERIN – O GRUPO DOS ALPES QUER MOLDAR O MUNDO

> *"É verdade que a grande maioria das pessoas raras vezes é capaz de pensar com independência, aceitando em geral as ideias correntes e contentando-se com a ideologia em que nasceu ou para a qual foi levada."*
>
> Hayek[235]

De acordo com o site da *Mont Pelerin Society* (MPS), *"Após a Segunda Guerra Mundial, em 1947, quando muitos dos valores da civilização ocidental estavam ameaçados, trinta e seis acadêmicos, principalmente economistas, mas também alguns historiadores e filósofos, foram convidados pelo professor Friedrich Hayek"*, onze dos membros presentes na primeira reunião eram remanescentes do Colóquio Walter Lippmann[236], *"para discutir o estado e o possível destino do liberalismo (no seu sentido clássico) no pensamento e na prática"*. O encontro aconteceu em Mont Pelerin, na Suíça, e o local de realização nomeou o agrupamento, que passou a se encontrar com regularidade desde então para *"facilitar a troca de ideias entre estudiosos com a mesma opinião, na esperança de fortalecer os princípios e práticas de uma sociedade livre e estudar o funcionamento, virtudes e defeitos dos sistemas econômicos orientados para o mercado"*.

---

[235] Hayek, F. A. O caminho da servidão, 2010, p. 161.

[236] A short history of the Mont Pelerin Society, escrita por Eamonn Butler e baseada na obra de Max Hartwell "A history of the Mont Pelerin Society". O texto é oficial e está disponível no site da Mont Pelerin no seguinte link: <https://www.montpelerin.org/wp-content/uploads/2015/12/Short-History-of-MPS- 2014.pdf>

FIGURA 12: ***Primeira reunião da Mont Pelerin Society***
Friedrich Hayek (extrema esquerda), primeiro presidente da Sociedade Mont Pelerin.

Fonte: Disponível em <https://www.montpelerin.org/wp-content/uploads/2015/12/friedrichVonHayek1.jpg> Acesso em 5 de janeiro de 2020.

Em nota, na página de declaração dos objetivos, a acepção do termo "liberal" para a MPS, é aquela designada como de *"sentido europeu, resumida como preferência por um governo mínimo e disperso, em vez de no sentido americano atual, que indica a preferência oposta, que é a extensão e centralização do poder governamental"*, e diz que o que reúne seus membros não é uma ortodoxia no que tange à interpretação das causas e consequências concernentes ao "declínio perigoso" do liberalismo como modelo político-econômico no mundo contemporâneo, mas o consenso de que é preciso combater a expansão do *"estado de bem-estar, o poder dos sindicatos e o monopólio dos negócios, e lidar com a continuidade da ameaça e a realidade da inflação"*.

No primeiro encontro do grupo, a *Foundation For Economic Education* (FEE), primeira instituição de livre-mercado, fundada em New York em 1946 (abordada em 2.1), esteve presente por meio da participação de seus cofundadores, F. A. "Baldy" Harper, Herbert C Cornuelle e Leonard E. Read. Conforme dito no segundo capítulo, a FEE foi responsável pela publicação e difusão de diversos autores cuja obra é orientada pela defesa da sociedade de livre mercado, em suas variadas vertentes, e de crítica ao pensamento divergente, mais especificamente o socialismo e o bem-estar social. Além disso, foi a instituição que deu tom para o modo de atuação a Charles Koch, quando esse se afastou progressivamente da *John Birch Society* (JBS) encontrando mais afinidades com ferrenha oposição ao governo que permeavam as propostas da FEE.

George Stigler, economista americano membro da escola de Chicago, examinada mais detidamente mais adiante ainda neste capítulo, e laureado com o "Prêmio Nobel de Ciências Econômicas" em 1982, integrante da reunião fundadora da MPS, disse uma vez que a Sociedade poderia ser chamada de 'Os Amigos de FA Hayek', de acordo com o site. A criação da FEE e da MPS, são quase coincidentes e resultaram, bem como propiciaram, profícuo intercâmbio de atividades e entre seus membros que, em sua maioria, transitavam entre as duas instituições e participavam de atividades promovidas por ambas.

Na fundação da MPS, além de três cofundadores da FEE, estiveram presentes os seguintes economistas que vieram a ser laureados com o prêmio "Nobel de Ciências Econômicas", conforme informado pelo site da MPS: Maurice Allais, economista francês, laureado em 1988, Milton Friedman, economista da escola de Chicago, laureado em 1976, o próprio Hayek, membro da London School, naquela ocasião, laureado em 1974, e George J. Stigler, em 1982.

Monbiot[237] destaca que uma das características do neoliberalismo é o anonimato do modo com que se espraia e permeia o tecido social, característica que ele aponta como estratégia porque, enquanto nomeia-se menos, o programa neoliberal torna-se mais estridente. Na transição entre a "marginalidade e o declínio", de que se queixavam os liberais, para a internacional neoliberal, que teceu uma ideologia hegemônica, o autor ainda destaca que "*outra coisa aconteceu: o movimento perdeu o seu nome. Em 1951, Friedman se satisfazia com a descrição de si mesmo como neoliberal. Mas, logo depois disso, o termo começou a desaparecer*".

Em 1978, as reuniões da MPS foram realizadas no continente asiático, o site indica que o encontro foi em Hong Kong e Taiwan, mas Leonard

---

[237] MONBIOT (2016).

P. Liggio[238] narra uma sessão da MPS de 1978, cujas atividades se iniciaram no Japão, como um grande evento no que concerne ao movimento "libertário" pelo mundo, e aponta o caminho da instituição, desde a fundação até o ano em questão, como o caminho pelo "libertarianismo", comemorando o fato de que *"um dos aspectos mais interessantes da reunião de Mont Pelerin de 1978, foi o uso generalizado pelos oradores das palavras "libertário" ou "libertariano" e "libertarianismo" para descrever a sociedade Mont Pelerin e seus membros"* e destacando o papel desempenhado por F. Hayek que estava "otimista com a mudança no clima intelectual que testemunhava uma reversão das ideias coletivistas", além de afirmar que estavam no momento de *"empreender uma forte contra-ofensiva em favor da liberdade, uma ofensiva que serviria para ganhar e consolidar o apoio do crescente corpo de jovens intelectuais na Europa e na América, que está desencantado com o socialismo, mas carece de uma visão clara, a visão de que a alternativa não é o tradicionalismo, mas o radicalismo do liberalismo clássico ou do libertarianismo".*[239]

O site da Mont Pelerin afirma que seus membros passaram dos menos de cinquenta, quando da fundação, para atuais quinhentos, e conta com membros de quarenta nações, com diversas formações acadêmicas e atuações profissionais e idades, conta com altos funcionários governamentais, laureados com o "Nobel", personalidades, jornalistas, acadêmicos, todos aqueles que tem como afinidade o fato de se sentirem *"filosoficamente isolados em suas comunidades e ansiarem por se envolverem em discussões com pessoas que compartilham interesses em comum".*

O processo para solicitação de ingresso na MPS consiste em ter participado de ao menos um evento anterior, ter sido convidado por alguém que já seja membro, enviar o currículo e uma carta de intenção, bem como cartas de indicação feitas por membros, e embora indique

---

[238] Leonard P. Liggio , que foi vice-presidente executivo de estudos acadêmicos da *Atlas Economic Research Foundation* (metathink tank que será abordado ainda neste capítulo), destacado acadêmico sênior do *Institute for Humane Studies* (assim como o FEE, o IHS foi fundado por Harper e assumido por Charles Koch em 1973, e é objeto de estudo do tópico 2.5 desta pesquisa) e professor e pesquisador da Faculdade de Direito da Universidade George Mason (cujo IHS integra atualmente), bem como editor associado da *Libertarian Review*.

[239] O artigo de Leonard P. Liggio está disponível em versão digital no site libertarianism.org, no seguinte endereço:<https://www.libertarianism.org/publications/essays/mont-pelerin-1947-1978-road- libertarianism>

que quaisquer pessoas podem ser indicadas e solicitar ingresso, há apreciação especial por acadêmicos em exercício ou que já tenham trabalhado na academia, e somente aqueles que *"demonstrem compreensão e comprometimento com seus valores e objetivos"*. Gonzalbo[240] exprime de maneira sintética o "neoliberalismo" como um *"programa intelectual cuja trama básica é compartilhada por seus adeptos que provêm das mais diversas áreas acadêmicas, além de ser um programa político que incide na criação de leis, nas relações da política econômica e fiscal"*, essa definição vai ao encontro dos pontos estabelecidos pela MPS, de modo que esta síntese parece compreender o significado do programa.

Além do intenso intercâmbio intelectual e das mútuas participações em atividades entre os membros da MPS e *think tanks* em cuja direção e financiamento figuram os Koch, o Greenpeace, em uma publicação resultante da investigação concernente à infiltração dos Koch no ensino superior, por meio de financiamento de pesquisas que relativizam as mudanças climáticas decorrentes do uso de combustíveis fósseis, afirma que Charles Koch é membro da Mont Pelerin.

Segundo o Desmogblog[241], Charles Koch é membro da MPS desde os anos de 1970[242], tendo trocado diversas correspondências com F. Hayek no ano de 1973. Em matéria escrita por Readfearn[243] *"Charles Koch é um membro de longa data da MPS – um grupo global de industriais, acadêmicos e economistas que compartilham a ideologia "neoliberal" de limitar o controle do governo"*, além disso, *"pelo menos 12 dos think tanks e institutos que constam da lista de membros da Sociedade Mont*

---

[240] (GONZALBO, 2015).

[241] Desmogblog foi criado por Jim Hoggan da James Hoggan & Associates (uma das principais empresas de relações públicas do Canadá), para investigar e denunciar campanhas de desinformação a respeito do aquecimento global, pois, de acordo com eles, há campanha de relações públicas bem financiada e altamente organizada que está envenenando o debate sobre as mudanças climáticas, promovendo a pesquisas enviesadas para negar mudanças climáticas decorrentes da ação humana. O site está disponível no seguinte endereço: < https://www.desmogblog.com/about>.

[242] O site disponibiliza um documento em que estão listados os membros da MPS. O documento está disponível no seguinte endereço: <https://www.desmogblog.com/sites/beta.desmogblog.com/files/Mont%20Pelerin%20Society%20Directo ry%202010.pdf>

[243] Matéria de 27 de janeiro de 2014, escrita por Graham Readfearn, sob o título: *Mont Pelerin Society, A Window Into Ideological Heart Of Kochtopus Climate Denial*, disponível em: < https://www.desmogblog.com/2014/01/27/mont-pelerin-society-window-ideological-heart-kochtopus- climate-denial>

Pelerin dos EUA também aceitaram dinheiro de pelo menos uma das três fundações da família Koch – a Fundação de Caridade Charles G. Koch, a Fundação de Caridade Claude R. Lambe Fundação e a Fundação de Caridade David H. Koch", como documenta Readfearn[244].

Mais que afinidade ideológica, os Koch promoveram a MPS por meio de altas somas de dinheiro, com um objetivo de concretizar o expansionismo do movimento que ora se designa "liberdade", ora "libertarianismo", ora "liberalismo radical".

Na declaração de objetivos da MPS, o grupo afirma que, pelo fato de perfazerem um movimento essencialmente ideológico que deve desenvolver seus argumentos pela reafirmação de ideais válidos, precisa aprofundar os seguintes assuntos, já explorados preliminarmente, e que foram organizados em seis pontos, cujo quinto diz respeito diretamente ao ensino de história e está exposto como a necessidade de elaborar um *"método de combate ao mau uso da história para promoção de crenças hostis à liberdade"*, ou seja, trata-se da constatação de que a história é um campo de conhecimento que, pelo fato de possibilitar a compreensão da temporalidade das formas políticas, de modo a ampliar as possibilidades de organização social, o ensino de história pode ter "mau uso", e o juízo de valor nessa expressão diz respeito a qualquer pensamento que divirja da ideologia "libertariana".

Embora o controle do ensino de história seja uma das principais recomendações e preocupações para essa elite de intelectuais orgânicos, que entendem que o ensino de história deve servir para promover a ideologia pregada pela sua própria sociedade, a MPS, em outra passagem do site eles afirmam que não há *"aspiração em conduzir propaganda"*, *"que não se alinham a nenhum partido em particular"*, mas que se trata *"unicamente de, facilitando a troca de pontos de vista entre mentes inspiradas por certos ideais e amplas concepções mantidas em comum, contribuir para a preservação e melhoria da sociedade livre"*.

Outro aspecto determinante para a promoção da ideologia da MPS é o prestígio advindo do chamado "Prêmio Nobel de Ciências Econômicas", que configura mais um exemplo do cuidado na escolha dos nomes, que será abordado no tópico seguinte. Produção de prestígio, dinheiro proveniente de fundações filantrópicas isentas de impostos, investimentos

---

244 (READFEARN, 2014).

na criação de *think tanks* de influência na esfera política, na esfera da educação e na opinião pública, e a priorização no recrutamento de acadêmicos, são as estratégias de atuação da MPS.

O *Hoover Institution*, da Stanford University, local em que estão os arquivos da MPS e, desde que sediou um encontro anterior nos anos de 1980, armazena os arquivos de Hayek e Friedman, sediou, entre os dias 15 e 17 de janeiro de 2020, uma reunião especial da MPS, intitulada *"Do passado ao futuro: ideias e ações para uma sociedade livre"*[245]. O local para a realização desse evento é indissociável da temática que teve como fio condutor o aprendizado a história, apontando as preocupações com o ensino do passado para o planejamento de ações que visa "aprender com a experiência, renovar a luta pela liberdade e lidar com novos desafios".

A lista de palestrantes de 2020 conta com membros de *think tanks* como a *Heritage Foundation*, abordada no tópico 3.5 deste capítulo, membros de departamentos de Universidades e o atual ministro brasileiro de economia do governo de Jair Bolsonaro, Paulo Guedes, também alinhado à escola de Chicago.

3.3. PRÊMIO SVERIGES RIKSBANK DE CIÊNCIAS ECONÔMICAS EM MEMÓRIA DE ALFRED NOBEL 1969 – A INVENÇÃO DO PRESTÍGIO

> *"Todos os meus ativos realizáveis restantes devem ser desembolsados da seguinte forma: o capital, convertido em títulos, seguros por meus executores, deve constituir um fundo, cujo interesse será distribuído anualmente como prêmio àqueles que, durante o ano anterior, conferiram o maior benefício à humanidade[...]"*
>
> Alfred Nobel[246]

---

245 O site do evento com toda a programação, endereço de contato e link para inscrição para participação, está disponível no seguinte endereço: <https://www.mpshoover.org/>

246 Trecho da orientação de Nobel para a criação do Fundo para a realização do Prêmio Nobel. Texto disponível na íntegra no site do respectivo Prêmio, disponível no seguinte endereço: < https://www.nobelprize.org/alfred-nobel/alfred-nobels-will/>

> *É que o Prêmio Nobel confere a um indivíduo uma autoridade que, em Economia, nenhum homem poderia concentrar. Tal fato é irrelevante em Ciências Naturais. Nesse campo, a influência exercida por um indivíduo é, sobretudo, uma influência sobre seus pares especialistas[...] e esses logo o redimensionam, se ele for além de sua competência. Mas, a influência do economista, o que importa mais que tudo, é o alcance sobre os leigos: políticos, jornalistas, funcionários públicos e público em geral.*
>
> Friedrich August von Hayek[247]

As categorias a serem laureadas pelo fundo Nobel devem receber quantias exatamente iguais e, nas palavras do próprio doador, que assinou seu testamento em 27 de novembro de 1895, são as seguintes: física e química, a serem selecionadas pela Academia Sueca de Ciências, medicina ou fisiologia, pelo Instituto Karolinska em Estocolmo, literatura, pela Academia de Estocolmo, e paz, por um comitê de cinco pessoas, a ser selecionado pelo Norwegian Nobel Committee[248], e devem considerar os principais dignitários do prêmio, independentemente de seu local de origem. O primeiro prêmio Nobel se deu em 1901 e somente em 1968, por meio de uma doação feita pelo Sveriges Riksbank (mais antigo banco central do mundo, o banco central da Suécia) ao fundo Nobel, por ocasião de seu tricentenário, foi criado o Prêmio Sveriges Riksbank de Ciências Econômicas em memória de Alfred Nobel, concedido pela primeira vez em 1969[249].

---

[247] Discurso de Friedrich August von Hayek no Banquete de Gala por ocasião da Entrega do Prêmio Nobel, em 10 de dezembro de 1974.Traduzido do original em inglês para o português por Beatriz Caldas. Disponível em: < https://www.revistamises.org.br/misesjournal/article/view/689/383>.

[248] O Comitê Norueguês do Nobel. As regras sobre o prêmio estão disponíveis na página do próprio, no seguinte endereço: <https://www.nobelprize.org/nomination/peace/>

[249] Sobre a doação do Banco Central à Fundação Nobel, disponível em: < https://www.riksbank.se/en- gb/about-the-riksbank/the-tasks-of-the-riksbank/research/economics-prize/>

Considerado, pelo menos, controverso, pois suscita dúvidas sobre sua concordância com os objetivos genuínos estabelecidos por seu doador, que é o bem-estar da humanidade, conforme epígrafe supracitada, o "Prêmio Nobel de Ciências Econômicas", como é conhecido, por ter o mesmo procedimento de seleção e a mesma quantia em dinheiro para premiação, muitas vezes é confundido com as autênticas categorias de premiação, contudo, "nem sequer é um verdadeiro prêmio Nobel", nas palavras da economista Jayati Gosh em artigo escrito para o The Guardian (8 de outubro de 2009)[250]. Nas palavras de Lebaron[251], *"[...] essa simultaneidade é um elemento essencial da magia social que facilita a ilusão e a identidade social desse prêmio como todos os outros prêmios Nobel. Os economistas laureados são colocados em mesmo nível em que os físicos ou químicos e, às vezes, são convidados para o mesmo programa de TV, como os demais laureados do Nobel."*

Em artigo publicado no TAZ[252], Herrmann[253] diz que *"a intenção dessa encenação é óbvia: enobrecer a economia tornando-a uma variante da física, em que as leis da natureza se aplicam quase que igualmente. Criar a impressão de que os economistas proclamam verdades que estão longe de toda política e ideologia"*. Todavia, ainda nas palavras da mesma autora, a criação do prêmio foi meio de combate político às medidas do governo social-democrata na Suécia, que contrariaram as determinações do Riksbank, portanto, ao elevar a economia ao patamar de uma ciência exata, a consequência é tornar o economista o arauto de verdades referentes a leis do mercado, naturalizando o mercado, subordinando a política e, por consequência, os políticos, às determinações dos economistas[254].

De acordo com Lebaron, o fato do Nobel ter sido criado por meio da doação feita pelo banco central sueco, constitui um processo de

---

250 O artigo completo está disponível no site do The Guardian no seguinte endereço: < https://www.theguardian.com/commentisfree/2009/oct/08/economics-nobel-women-bailout-stockmarket>

251 (LEBARON, 2006, p.89)

252 Taz é um jornal alemão diário e independente, de cobertura mundial, que funciona como uma cooperativa. Está disponível no seguinte endereço: < https://taz.de/>.

253 Herrmann (2017) A matéria completa está disponível no seguinte endereço: <https://taz.de/Treffen-der- Wirtschaftsnobelpreistraeger/!5435218&s=herrmann+Ein+Preis%2C+der+nicht+nobel+ist/> .

254 (HERRMANN, 2017).

transferência de capital econômico para capital simbólico, atrelando essa premiação ao prestígio global do já estabelecido Prêmio Nobel, o que, nas palavras de Peter Nobel, um dos descendentes de A. Nobel, trata-se de um *"golpe de relações públicas dos economistas"*. A criação dessa categoria, em 1968, de acordo com Gosh[255], para além de ser um mecanismo de legitimação da economia como um campo independente no âmbito da ciência, de modo a equipará-la às demais ciências duras contempladas na premiação, é também uma maneira de orientar os economistas a produzirem teorias por veredas que tendem a ser laureadas, ou seja, é um mecanismo que altera a produção científica, pois passa a orientar os acadêmicos que, por sua vez, têm a possibilidade da premiação em seu horizonte.

"O efeito político do prêmio na profissão é inegável", ainda nas palavras de Gosh[256], e na década de 1970, a década da "contraofensiva libertariana" que tinha por público alvo, especialmente, os jovens intelectuais, nas palavras de Hayek durante as reuniões do ano de 1978, conforme abordada no tópico anterior desta pesquisa, dois membros da Mont Pelerin, Hayek (1974) e Friedman (1976), foram laureados.

Na década de 1980, outros três membros da Mont Pelerin receberam a premiação, George Stigler (1982), James M. Buchanan (1986) e Maurice Allais (1988), seguindo Ronald Coase (1991), Gary Becker (1992), Vernon Smith (2002), além de Mário Vargas Llosa que foi laureado com o Nobel de Literatura em 2010, sendo todos os anteriores na categoria "Nobel de Ciências Econômicas"[257]. Há forte presença de economistas estadunidenses ou que exerciam atividades nos EUA quando receberam a premiação, com recorrência de economistas da escola de Chicago, ainda de acordo com Gosh[258], entre 1990 e 1995 foram cinco economistas da escola de Chicago, entre os seis agraciados no período, de acordo com Felber[259].

---

255 GOSH (2009).

256 GOSH (2009).

257 A lista dos membros da MPS que foram agraciados com o Nobel está disponível no site da própria sociedade, no seguinte endereço: <https://www.montpelerin.org/notable-members/>

258 GOSH (2009).

259 O artigo do economista Christian Felber está disponível no "*The Mint – fresh thinking in economics*", publicação que promove o pluralismo em economia, ampliando a divulgação de perspectivas econômicas, no seguinte endereço:< https://www.themintmagazine.com/the-gold-medal>

De acordo com os editores da Monthly Review (MR)[260], em matéria de 1 de dezembro de 2016, o prêmio foi bem-sucedido em *"restringir a concepção do que constitui a economia – um campo que antes era muito mais amplo"*, de modo a validar a ideologia econômica que *"atende ao 1% mais rico da população, e ficou arraigada no discurso acadêmico, político e da mídia, com todas as outras abordagens sendo rebaixadas como excêntricas e 'não científicas'"*. Outro ponto relevante da relação entretecida entre a MPS e o "Nobel de Ciências Econômicas" é a presença de dois membros daquela, associados a Hayek e Friedman, no comitê de fundação do prêmio, além de outros, nos comitês posteriores.

Se a MPS é a consolidação ideológica de um grupo de intelectuais que atuam em defesa de um capitalismo de livre-mercado alegando que o estado de bem-estar social, além do comunismo, caracteriza um risco, a criação do "Prêmio Nobel de Ciências Econômicas" pelo Banco Central da Suécia é um instrumento do esforço para consolidar a economia como "autoridade científica", atuando para equipará-la às "ciências duras" que lidam com leis naturais, ou seja, é um esforço para corroborar as teses econômicas que afirmam a "lei do mercado", "mercado como manifestação da natureza humana", "capitalismo como a ordem natural da sociedade", "neodarwinismo".

Outro esforço ao criar tal categoria é em equiparar as ciências econômicas aos demais meios que elevam o bem-estar de toda a humanidade, embora venha privilegiando uma perspectiva econômica, funcionando como orientação ideológica nesse campo de pesquisa, ao fomentar o afã do prestígio advindo na obtenção de um "Nobel".

---

[260] A Monthly Review é uma Revista Mensal Socialista Independente, fundada em NY no ano de 1949 por Paul M. Sweezy (professor de economia em Harvard, e professor visitante em diversas outras universidades), junto com Leo Huberman. O texto completo a respeito da relação entre o Prêmio Sveriges Riksbank de Ciências Econômicas em memória de Alfred Nobel e a produção da hegemonia do neoliberalismo econômico, pode ser lido no seguinte endereço: < https://monthlyreview.org/2016/12/01/mr-068-07-2016-11_0/>.

3.4. *INSTITUTE OF ECONOMICS AFFAIRS* – HAYEK NA PRÁTICA

> *"Os políticos apenas seguem as opiniões predominantes. Se você deseja mudar os eventos, deve mudar as ideias."*
>
> Hayek a Fisher[261].

De acordo com o site da University of Chicago Press (UCP)[262], começando como um memorando escrito para a London School of Economics (LSE), posteriormente adaptado como artigo de revista, até se tornar a principal obra de F. Hayek, "O caminho da servidão" foi publicado pela Routledge Press, em 1944, para o público britânico, mas foi recusado por três editoras estadunidenses antes que a UCP aceitasse publicá-la. Walter Lippmann e Wendell L. Willkie[263] recusaram-se a escrever o prefácio da obra, o que foi feito por John Chamberlain[264]. Em abril de 1945, a "The Reader's Digest", que tinha uma circulação de 8.750.000, publicou uma versão condensada em vinte páginas da obra, cujo lançamento foi durante a turnê de Hayek pelos EUA[265].

---

261 Anedota recorrente nos sites de *think tanks*, nas biografias de Antony Fisher, no site do IEA e da *Atlas Network*. Citado literalmente do texto "Mudando o mundo mudando ideias" de Dr. Eamonn Butler, publicado no dia 16 de junho de 2015, no site da Atlas Network. Disponível na íntegra no seguinte endereço: <https://www.atlasnetwork.org/news/article/changing-the-world-by-changing-ideas>.

262 O texto sobre a publicação da obra de Hayek está disponível no seguinte endereço da University of Chicago Press:< https://www.press.uchicago.edu/index.html>.

263 Wendell L. Willkie foi candidato à presidência dos EUA nos anos de 1940, tendo sido derrotado por Franklin D. Roosevelt, por quem foi, posteriormente, convidado a ser embaixador informal. Informações disponíveis em: <https://www2.gwu.edu/~erpapers/teachinger/glossary/willkie-wendell.cfm>

264 John Chamberlain foi um jornalista estadunidense que se definia libertário desde que entrou em contato com autores como Ayn Rand, Isabel Paterson e Rose Wilder. Escreveu o prefácio de "The road of serfdom", em 1944, depois da recusa de Lippmann e Willkie. Posteriormente foi editor da The Freeman, abordada no capítulo dois desta pesquisa, a convite de Leonard E. Read, membro da Mont Pelerin e cofundador da FEE. Minibiografia de Chamberlain disponível em: < https://mises.org/profile/john-chamberlain>.

265 A FEE disponibiliza uma publicação que contém a versão condensada feita pela Reader's Digest. combinada com demais textos organizados pela Fundação. Disponível em: <https://fee.org/articles/the- essence-of-the-road-to-serfdom-in-cartoons/> .

A turnê foi planejada pela National Concerts and Artists Corporation[266], e muito além de palestras em universidades, conferiu fama para o autor que falava a grandes plateias. A obra também recebeu uma versão em quadrinhos, publicada pela Look Magazine, uma revista distribuída pela General Motors, em fevereiro de 1945[267].

Ainda durante essa turnê, Harold Luhnow, empresário do Kansas, procurou Hayek porque estava interessado em financiar um estudo sobre competitividade nos EUA, ocasião em que decidiram que o estudo se daria na Universidade de Chicago e, embora o estudo não tenha sido finalizado, o ensejo propiciou o intercâmbio entre aqueles que criaram a Escola de Economia de Chicago, como também contribuiu para angariar pessoas para a fundação da Mont Pelerin Society (EEC).

Antony Fisher, fundador do *Institute of Economics Affairs* (IEA), leu a versão condensada de vinte páginas, de "O caminho da servidão", entre abril e maio de 1945, entre junho e julho do mesmo ano, Fisher procurou Hayek no LSE para dizer que tinha o intuito de dar expressão para as ideias do economista e que para isso intencionava ingressar na política, contudo foi desencorajado por ele. Hayek disse a Fisher que o melhor caminho para difundir e produzir consenso pró livre-mercado era influenciar intelectuais e os formadores de opinião, numa guerra de ideias, evitando a ação política direta.

Concretizando as orientações de Hayek, Antony Fisher fundou em Londres, no ano de 1955, junto com Ralph Harris[268] e Arthur Seldon[269], o referido Instituto que, de acordo com o site, tem a *"mis-*

---

266 Empresa especializada em turnê de celebridades.

267 A FEE disponibiliza em seus arquivos a versão em quadrinho realizada pela revista da General Motors, no seguinte endereço: < https://fee.org/articles/the-essence-of-the-road-to-serfdom-in-cartoons/>.

268 Ralph Harris foi um economista britânico, convidado por Fisher para se unir a ele no combate ao socialismo e ao estado de bem-estar social, nos moldes da orientação de Hayek, ou seja, por meio de um *think tank*. Harris foi diretor do IEA, e de acordo com publicações de libertarianos, Harris foi indispensável na realização do thatcherismo. Mais sobre Harris em:<https://www.independent.co.uk/news/obituaries/lord-harris-of-high-cross-6230528.html>

269 Era economista, tendo estudado no London School of Economics quando ganhou uma bolsa em 1934, de acordo com matéria escrita por Douglas Martin para o New York Times, por ocasião de sua morte. Disponível no seguinte endereço: <https://www.nytimes.com/2005/10/15/obituaries/arthur-seldon- economist-is-dead-at-89.html>. Seldon

são de melhorar a compreensão das instituições fundamentais de uma sociedade livre, analisando e explicando o papel dos mercados na solução de problemas econômicos e sociais". O IEA disponibiliza um link que direciona exclusivamente para publicações de textos, feitas pelo instituto, de economistas vencedores do "Prêmio Nobel de Economia".

Na década de 1960, Margaret Thatcher, a primeira-ministra britânica, durante o século XX, que ocupou o cargo por mais, permanecendo entre 1979 e 1990, cuja política ficou conhecida como thatcherismo, atribuiu parte de sua formação política à influência da leitura que fez de "O caminho da servidão", aos dezoito anos, durante a graduação.

De acordo com o IEA, Thatcher passou a frequentar suas reuniões somente na década de 1960, mas antes disso já estava afinada com as teorias da liberdade econômica. De acordo com o site, o que o Instituto fez foi *"transformar o clima, fazendo com que a opinião pública passasse a buscar políticos de orientação pelo livre-mercado, em detrimento de políticos mais alinhados ao socialismo"*, portanto, o site alega que a primeira-ministra resultava de uma demanda da conjuntura. Todavia, o site da Atlas Network, também fundada por Fisher, diz que o IEA *"gradualmente ganhou credibilidade e lançou as bases intelectuais para o que mais tarde se tornou a Revolução Thatcher"*[270]. Sobre o IEA, Thatcher escreveu a Fisher dizendo que ele *"criou o clima de opinião que tornou possível a 'nossa' vitória"*, e para Ralph disse *"é principalmente o trabalho de sua fundação que nos permitiu reconstruir a filosofia sobre a qual nosso Partido teve sucesso"*. Todavia, quando Thatcher tornou-se primeira-ministra, o IEA sai da marginalidade e passou a ser o *mainstream*, e de acordo com o site da *Atlas Network, metathink tank* estudada no tópico 3.6 desta pesquisa, *"o IEA tornou-se uma poderosa força intelectual"* e "forneceu uma base intelectual profunda para a crença de Thatcher na liberdade" que, por sua vez, *"ajudou a dar a*

estudou no LSE no período em que Friedrich Hayek lecionava na Instituição (1931-1950), de acordo com o site do LSE, disponível em:< http://www.lse.ac.uk/about-lse/lse-people/Friedrich-von-Hayek>

[270] Texto completo sob o Título "The life and legacy of our founder: sir Antony Fisher, disponível em: <https://www.atlasnetwork.org/page/the-life-and-legacy-of-our-founder-sir-antony-fisher>

mesma profundidade a sua alma gêmea política, Ronald Reagan, quando ele se tornou presidente dos Estados Unidos em 1980"[271]. Para a educação, as propostas IEA vão na mesma direção que aquelas concernentes aos demais âmbitos, trata-se de promover a expansão da iniciativa privada no campo educacional, pela defesa do fornecimento de voucher feito pelo governo para que os pais possam escolher escolas privadas, sendo, ao menos parcialmente, subsidiado, de modo que o setor privado é fortalecido pela transferência de recursos provenientes da tributação. Os argumentos em defesa dos vouchers vão na mesma direção que aqueles feitos pelos *think tanks* abordados no capítulo dois e no capítulo quatro desta pesquisa, bem como os demais estudados ainda neste capítulo, a saber: alegam que a liberdade de escolher a escola privada gera competitividade entre os fornecedores do mercado educacional, levando a melhoria pela inovação; que a decisão sobre a melhor educação para os filhos cabe aos pais, deslocando a ênfase dos especialistas em educação, para os valores familiares, fortalecendo os argumentos de defesa da família nuclear em detrimento dos profissionais da educação, o que, por sua vez, caracteriza uma situação de ataque às ciências da educação; a alegação de que o estado, enquanto regula as diretrizes básicas da educação, exerce controle totalitário e há, inclusive, textos que defendem a desregulamentação total das diretrizes básicas educacionais, apontando que o estado funciona como um empecilho para iniciativas espontâneas do setor privado.

Interessante é que eles conjecturam que as análises podem encontrar soluções distintas para países ricos ou pobres, designados como países em desenvolvimento, pregando para alguns locais o minimalismo estatal, que pode incluir até a desobrigação da educação universal, enquanto para outros, apenas o fortalecimento do setor privado pela expansão do voucher educacional. De qualquer maneira, a resposta para quaisquer situações é o mercado.

Importa mencionar aqui que a proposta de voucher foi elaborada por Milton Friedman, economista que também exerceu forte influência

---

[271] O texto completo está disponível no site da Atlas sob o título "Mudando o mundo mudando ideias" de Dr. Eamonn Butler, publicado no dia 16 de junho de 2015. Disponível no seguinte endereço: <https://www.atlasnetwork.org/news/article/changing-the-world-by-changing-ideas>

no thatcherismo, e que foi instrumento de manutenção da oligarquia segregacionista quando adaptado por James M. Buchanan, na Virgínia, para criar meios de esquivar o estado da Virgínia da lei federal de dessegregação, que os libertarianos acusavam de "tirania federal" desencadeando um movimento que foi chamado de "resistência maciça" que incluía, entre outros métodos, o direito estatal de desacatar a lei federal de dessegregação, por meio do fechamento de escolas, todas públicas, que admitissem negros, conforme documentou Nancy Maclean.[272].

Buchanan, junto com Warren Nutter, vendeu a proposta de voucher, elaborada por Friedman, como "voucher da liberdade de escolha" e como ferramenta dos "direitos dos estados" para votação na assembleia, a ideia era *"autorizar qualquer condado, por meio do voto de seu povo, a abandonar inteiramente a escola pública e mudar completamente para uma concessão de bolsa de estudos"*, todavia a proposta perdeu, fato que afetou Buchanan. A partir daí o economista começou a desenvolver sua Teoria da Escolha Pública, nas palavras de MacLean[273], que posteriormente honrou-lhe com o "Nobel".

Antony Fisher foi cofundador do *Fraser Institute*, em 1974, no Canadá, do *Adam Smith Institute*, em Londres, no ano de 1977. Criou o *International Institute for Economic Research*, como uma instituição de caridade localizada na Inglaterra, em 1971, e em 2001 passou a ser denominada *International Policy Network* (IPN). O IPN tem relação com um *think tank* irmão nos EUA, o IPN US, que opera em Washington DC, e se define como *think tank* independente e apartidário, que teve filiais no Chile e na Índia. O IPN está relacionado a *Atlas Economic Research foundation*, criada por Fisher em 1980, e inicialmente localizada no Reino Unido, instituição que passou por variadas alterações no nome e hoje é a *Rede Atlas* cuja sede é nos EUA.

Criou o *Manhattan Institute* em New York, em 1977, além de ter ajudado a estabelecer mais de 150 *think tanks* ao redor do mundo, por meio, inclusive, da *Rede Atlas*, que fornece apoio financeiro e operacional para a instalação de *think tanks*. Entre os principais doadores

---

[272] (MacLEAN, 2016, p. 81).
[273] (MacLEAN, 2016, p. 92).

da Atlas estão os Koch, por meio de suas fundações e demais *think tanks* e Institutos de Pesquisa relacionados a eles, tais como o Cato e o Mercatus, ambos abordados no capítulo 2 desta pesquisa.

3.5. HERITAGE FOUNDATION – O CONSERVADORISMO ALIADO AO LIVRE MERCADO

"Não é genial como funciona a lei tributária?"

Richard Mellon Scaife[274]

A Heritage Foundation (HF) se vangloria de ser o *"bastião do movimento conservador desde 1973"*, quando foi fundada por dois assessores do Congresso, Edwin Feulner[275] e Paul Weyrich[276], que receberam de Joseph Coors[277], em 1972, a soma inicial de 250 mil dólares para sua criação, seguida de outra doação de 300 mil dólares, num momento em

---

[274] (MAYER, 2016).

[275] Ed Feulner foi presidente de da HF entre 1977 a 2013 e por um período em 2017 quando a influência da HF cresceu muito. Após a posse de Trump, houve várias vitórias políticas conservadoras e a HF foi determinante para isso. Trump adotou, no primeiro ano, quase dois terços das recomendações políticas das cinco publicações do "Mandato para Liderança" da HF. Atualmente é membro do Conselho Consultivo da Diplomacia Pública Colaborativa da Kennedy School of Government da Universidade de Harvard. Ex-diretor do Banco Sequoia, do Conselho de Política Nacional, do Instituto Acton, do Instituto Aequus, do Instituto Republicano Internacional, do Conselho Americano da Alemanha, do Instituto Lehrman e da Universidade George Mason. É oficial e diretor, há muito tempo, da Fundação Sarah Scaife e a Fundação Thomas A. Roe. Biografia completa disponível em: <https://www.heritage.org/staff/edwin-feulner>.

[276] Paul Weyrich foi cofundador da HF, do Committee for the Survival of a Free Congress, do Moral Mojority e foi presidente e diretor executivo até 2008, quando morreu, do Free Congress Foundation. Biografia disponível em: < https://www.britannica.com/biography/Paul-Weyrich>.

[277] Joseph Coors foi um herdeiro da cervejaria Coors que usou parte de sua fortuna para apoiar causas conservadoras e de livre-mercado. Suas doações possibilitaram a criação da HF e somadas às demais, entre elas as de Richard Scaife, fez da Heritage uma fundação com orçamento de 10 milhões de dólares anuais. Artigo de Wolfgang Saxon para o New York Times em 18 de março de 2003. Disponível em: <https://www.nytimes.com/2003/03/18/us/joseph-coors-sr-beer-maker-and-conservative-patron-85.html>.

que a oligarquia estadunidense resolveu se organizar indo no encalço do memorando escrito por[278] Lewis Powell[279].

A HF afirma que atua *"construindo uma América onde a liberdade, a oportunidade, a prosperidade e a sociedade civil florescem"*, e como missão ela formula e promove *"políticas públicas conservadoras baseadas nos princípios de livre empresa, governo limitado, liberdade individual, valores tradicionais americanos e uma forte defesa nacional"*.

Em 1975, conta Mayer[280], a *Scaife Family Charitable Trust Foundation*[281] doou 195 mil de dólares para a precursora da Heritage, que se chamava *Analysis and Research Association*, pois Richard Scaife[282], proprietário da fundação, estava desiludido com o financiamento político direto, e passou a financiar *think tanks*, seguindo os passos dos Koch e o ensinamento de Hayek.

Entretanto, a HF tem nuances novas no seu modo de atuação, pois, trata-se de um *think tank* ativista, um *advocacy think tank*, que é *"orientado para a ação, para exercer pressão sobre os congressistas, com o objetivo de fazer mais do que 'pensar'"*[283]. No site da instituição, o marco temporal tem início em 1977, quando Ed. Feulner tornou-se presidente e nomeou uma nova equipe de gerência, mas conforme dito acima, a história é bem anterior.

---

[278] Lewis Powell foi advogado corporativo de empresas como a Philips Morris, contestou dados científicos sobre a relação entre cigarro e o câncer, afirmava que os resultados omitiam os benefícios do cigarro. Powell dizia que o capitalismo estava em crise e as corporações deveriam retomar o controle, para isso escreveu um memorando para a Câmara de Comércio dos EUA em 1971 chamado 'O ataque contra o sistema estadunidense de livre-mercado', um documento "contrarrevolucionário", um "antimanisfesto" comunista, "anti-New Deal", e encontrou grandes empresários para financiar seu projeto. Mais tarde, ainda em 1971, foi nomeado juiz da suprema corte por Richard Nixon (MAYER, 2016). O Greenpeace disponibilizou o memorando no seguinte endereço: https://www.greenpeace.org/usa/democracy/the-lewis-powell-memo-a-corporate-blueprint-to-dominate-democracy/.

[279] (MAYER, 2016).

[280] (MAYER, 2016).

[281] Conjunto de fundações da família Scaife. Site disponível em: <http://www.scaife.com/sarah.html>.

[282] Richard Mellon Scaife foi um ativista conservador bilionário herdeiro da fortuna bancária de Mellon, um dos fundadores do neoconservadorismo e propulsores do impeachment de Bill Clinton. Morreu em 2014. Disponível em: <https://www.forbes.com/profile/richard-scaife/#4a139eb01f77> e < https://www.nytimes.com/search?query=Scaife%252C+Richard+Mellon>

[283] (MAYER, 2016).

A instituição se apresenta como uma instituição educacional e de pesquisa, localizada em Washington DC, a *"localização estratégica em Capitol Hill – os escritórios estão a 1.000 passos da Câmara e 500 do Senado – dá acesso a legisladores e funcionários públicos que precisam estar equipados com soluções políticas que representam princípios conservadores"*, que produz políticas públicas resultantes da realização de pesquisas oportunas, realizadas por um grupo que eles designam por especialistas.

As descobertas decorrentes, das pesquisas de tal grupo, passam a ser divulgadas e promovidas ao seu público alvo, que é composto por *"membros do Congresso, membros importantes da equipe do congresso, formuladores de políticas no ramo executivo, a mídia do país e os meios acadêmicos e políticos das comunidades"*.

Em 1980, o "Mandate for Leadership: Policy Management in a Conservative Administration", um projeto de políticas públicas de 1903 páginas, foi adotado por Ronald Reagan que, de acordo com o site, distribuiu cópias a todos os membros do seu gabinete, já na primeira reunião, e cumpriu dois terços do que estava contido ali. Mayer conta que havia 1270 propostas políticas específicas, concretas, entre elas, a abolição dos controles econômicos sobre o petróleo e o gás, controle que havia sido praticado por Nixon para lidar com a crise, e contra o qual os Koch reagiram de modo veemente, diz Mayer[284]. A popularidade da HF cresceu na era Reagan devido a influência determinante nas tomadas de decisão políticas, o que tornou fértil o ambiente para o nascimento de outros *think tanks* ativistas, um deles é a *Rede Atlas*, estudada no próximo tópico, e que se estabeleceu nos EUA em 1980.

Outro traço de sua atuação é o globalismo, de acordo com eles, a HF está "construindo uma presença global" e no seu *"décimo aniversário (1983) estabeleceu o Centro de Estudos Asiáticos, para servir como um programa de pesquisa permanente e dinâmico, destinado a estabelecer relações mais fortes entre os Estados Unidos e a Ásia"*. Em 1990, Reagan agradeceu a HF, em discurso proferido na reunião do conselho anual, pelo apoio na luta pela liberdade na Nicarágua, e por sempre estar presente quando ele precisava.

---

[284] (MAYER, 2016).

As políticas e educação da juventude são de extrema importância para a HF, que realizou em 1995 a New Member Conference com os estagiários do congresso, um dia considerado exitoso porque 13 recomendações da HF foram acatadas na sessão, e a conferencia concorrente, assim eles se referem a conferência organizada pela Harvard, ficou esvaziada. Em 1996 publicaram um artigo sobre a importância da religião para a estabilidade social, tratando-se de um resumo de dados científicos para argumentar a religião como política pública para a juventude, de acordo com eles, a repercussão foi tamanha, que em 2003 criaram o *Center for Religion and Civil Society.*

Ainda, de acordo com o site, disponibilizam o *"principal programa de estágio de Washington DC., o Young Leaders Program"*, que cumpre o propósito de levar a missão da HF para a próxima geração.

A respeito das propostas para políticas educacionais, há militância em defesa das escolas charter, como no texto de Jude Schwalbach[285], que afirma ser um mecanismo para que *"os líderes e professores da escola criem currículos inovadores que atendam às necessidades das famílias"*, pois, ainda segundo o autor, *"as escolas de distrito são oprimidas por regulamentos e mandatos burocráticos"*. Jonathan Butcher[286] escreve sua defesa da escola charter como uma alternativa contra as greves dos trabalhadores da educação, além de argumentarem que os pais têm primazia na escolha da finalidade a que se destina a escola, ou seja, intensa oposição à atuação do governo federal na educação, aos padrões nacionais, de modo a descentralizar e avançar na privatização da escola. A defesa do voucher para a educação também é recorrente.

Outro ponto é a preocupação com expansão da graduação e da pós-graduação, comparando, inclusive, os custos da formação superior em ciências humanas e engenharias, para depois comparar a remuneração em cada carreira, apontando que o financiamento estudantil para alguns cursos, especialmente em ciências humanas, não compensa nem para o aluno, nem para o governo, pelo risco de inadimplência. A proposta é restringir o acesso ao ensino superior por meio da privatização dos

---

[285] O artigo está disponível na íntegra no seguinte endereço: <https://www.heritage.org/education/commentary/combating-value-neutrality-and-creating-classrooms- character>

[286] O artigo está disponível na íntegra no seguinte endereço: <https://www.heritage.org/education/commentary/tired-the-teachers-strike-remember-charter-schools- are- option>

serviços de crédito estudantil que, uma vez administrado por um banco comercial, avaliará o risco antes da concessão da carta de crédito. Contudo, a realidade estadunidense se revela outra.

De interesse dos bancos, a expansão do crédito aumenta quando garantida pelo governo federal, aumentando, consequentemente, os custos da mensalidade e, no caso dos EUA, o custo já perfaz uma dívida trilionária, que se *"tornou uma bolha, prestes a explodir e capaz de desestabilizar o sistema financeiro do país[...] provocar um efeito dominó com o mesmo alcance da explosão da bolha do crédito imobiliário que esteve na origem da crise financeira mundial iniciada em 2008"*[287]. De acordo com Natalia Abrams, diretora do Student Debt Crisis[288], a João Fellet do BBC News[289], em vinte por cento dos casos, o endividamento é impagável, perdurando pelo resto da vida.

Já quando o risco de crédito é transferido para os bancos, a taxa de juros varia de acordo com a análise de crédito feita para cada pleiteante, afetando, sobretudo, os estudantes que mais dependem de políticas públicas e, nesses casos, a restrição do crédito funciona também como um mecanismo de seleção financeira para ingresso na universidade, indo na direção oposta ao direito à educação.

Outro aspecto relevante é que, no caso dos EUA, *"as grandes universidades norte- americanas recebem verbas expressivas do setor público, notadamente para pesquisa de armamentos e o setor energético"*, portanto, embora sejam particulares, seus grandes feitos também são devidos a presença do estado.

Com euforia, a HF propagandeia as reformas educacionais de Porto Rico, iniciadas em 2018 e modeladas de acordo com a proposta de "escolha da escola", que adotaram o sistema de voucher universal e vêm

---

[287] Matéria intitulada "Sistema universitário norte-americano: um modelo a ser seguido? A questão do crédito educativo" publicada no site da Associação de Docentes da UNICAMP (ADunicamp). Disponível em: < http://adunicamp.org.br/novosite/sistema-universitario-norte-americano-um-modelo-a-ser-seguido- a-questao-do-credito-educativo/>

[288] O Student Debt Crisis é uma ONG que atua pela gratuidade da educação em defesa dos alunos endividados. Site disponível no seguinte endereço: < https://studentdebtcrisis.org/>

[289] Matéria de João Fellet, publicada em 17 de agosto de 2016 sob o título "A vida dos estudantes americanos com dívidas acima dos R$ 500 mil": <https://www.bbc.com/portuguese/geral-37090687>.

expandindo o modelo de escolas charter. Além de contar com membros da Mont Pelerin Society (MPS) em posições de destaque, a HF também é um dos grandes receptáculos de doações das fundações ligadas aos Koch. Até 2012, as doações dos Koch para a HF já eram superiores a 3 milhões de dólares (PARK, 2012). De acordo com o Conservative Transparency[290], no ano de 2014, a Charles G. Koch Charitable Foundation foi sua principal doadora, destinando um total de duzentos mil dólares, somando a essa as doações de feitas pelo Freedom Partners[291], perfizeram 350 mil dólares.

E se o IEA teve estreita atuação com o governo de Margaret Thatcher, o HF teve com Ronald Reagan, financiados pelas oligarquias que atuam para promover o estado mínimo na economia, pela expansão da privatização, desregulamentação das leis de proteção ambiental, das leis trabalhistas, enfim, do livre mercado como única direção política. Mas, antes de Thatcher e Reagan, Hernán Büchi Buc, que foi ministro das finanças de Pinochet entre os anos de 1985 até 1989, escreveu em tom elogioso aos seus feitos um artigo para a HF em 2006[292] dizendo que Pinochet implementou privatizações sem precedentes no Chile, adotando a abertura comercial.

Pinochet governou aconselhado por membros da Mont Pelerin e economistas provenientes da escola de Chicago, tais como Hayek e Friedman, os economistas do libertarianismo, como se referiam a eles mesmos. E como o programa libertariano é global, no Chile tem o mesmo modus operandi, assunto abordado mais adiante, no tópico 3.8 deste capítulo.

---

290 "O Conservative Transparency é um banco de dados interativo que rastreia o fluxo de dinheiro entre doadores conservadores, grupos de defesa, comitês políticos e candidatos", de acordo com a autoapresentação. Disponível em: <http://conservativetransparency.org/about/>.

291 Informações disponíveis em busca realizada no Conservative Transparency, disponível em: <http://conservativetransparency.org/recipient/the-heritage-foundation/>.

292 O artigo está disponível na íntegra no seguinte endereço: <https://www.heritage.org/international- economies/report/how-chile-successfully-transformed-its-economy>

3.6. EL CATO – A AMÉRICA PARA OS LIBERTARIANOS

FIGURA 13: ***Recepção do Conselho Administrativo do* Cato Institute**
Na imagem os cofundadores do Instituto, Ed Crane (esquerda) e Charles Koch (direita)

Fonte: Disponível em: <https://www.cato.org/sites/cato.org/files/pubs/pdf/25th_annual_report.pdf> Acesso em 16 de dezembro de 2020.

O site exibe, em sua página inicial, em alternância, frases de J. Buchanan, Mises, Hayek, Adam Smith, Alberdi, Bastiat, e embora seja apontada como uma sucursal latino-americana do *Cato Institute*, está localizada em Washington DC. A história do *El Cato* é entrelaçada com a de sua matriz, porém, no ano de 1998 foi fundada a página em língua espanhola para publicar *"artigos de opinião, ensaios e estudos realizados por acadêmicos do instituto e por outros liberais conhecidos internacionalmente, sobre uma extensa gama de tópicos relevantes para américa latina e o resto do mundo de língua espanhola"*. O propósito declarado é promover *"políticas públicas orientadas pelos valores de uma sociedade livre"*.

Ponto crucial de seu funcionamento é o programa de estágios que, de acordo com o site, são destinados àqueles estudantes ensino médio, mestrado ou direito, que têm *"firme convicção nas liberdades individuais, propriedade privada, mercados livres, governo limitado e na filosofia do liberalismo clássico de mercado"*. O site do Instituto disponibiliza a biblioteca da liberdade, que disponibiliza a versão digital de obras proponentes do livre-mercado, de maneira geral; um link para as coleções especiais que reúnem artigos, entrevistas e uma ampla diversidade de material de autores e temas centrais, entre eles Milton Friedman, Manuel F. Ayau, o fundador da Universidad Francisco Marroquín que é abordada no tópico 3.8 desta pesquisa, e Mario Vargas Llosa, Nobel de literatura, membro da Mont Pelerin Society (MPS), e autor de artigos para *think tanks* libertarianos; infográficos cujo objetivo é mensurar a liberdade econômica como caminho para a prosperidade; um índice de liberdade econômica que possibilita comparação; uma biblioteca de multimeios, com vídeos e áudios, a maior parte deles protagonizada por Juan Carlos Hidalgo.

Juan C. Hidalgo é membro da MPS, mestre em política e comércio internacional pela George Mason University, analista político do *Center for Global Liberty and Prosperity*, a sucursal da *Rede Atlas*, estudada no tópico 3.8 desta pesquisa, e do *Cato Institute*, tópico 2.9 desta pesquisa. Produziu artigo de opinião sobre a necessidade do processo de deposição de Dilma Rousseff, para o CI[293], reproduzido pela *Foundation for Economic Education* (FEE) entre outros veículos de comunicação ligados aos *think tanks* libertarianos. Por meio do levantamento realizado pelo Desmog[294], Hidalgo passa a ganhar proeminência em assuntos políticos concernentes à América Latina, a partir de 2008.

Libremente é o Blog do *El Cato* que conta com dezenas de colaboradores, produtores de conteúdo, os autores e atores políticos da difusão do libertarianismo, eles transitam entre a ampla rede que vem se tecendo desde o raiar do libertarianismo. E, dos autores do Libremente, aportamos no PanAm Post (PP)[295], que é uma página da Web orientada pelo libertarianismo. Fundada em 2013, noticia e analisa as Américas, em conformidade com o "Panamericanismo", localizada em Miami na Flórida, fundada por Luis Henrique Ball. Embora situado nos EUA, o PP produz informação sobre a Venezuela, México, Colômbia, Chile, Brasil e Argentina, de maneira específica, em links para cada um desses países.

De modo geral, produz análise que insistem na importância da desregulamentação do comércio, retirada do estado na regulação da economia, de militância contra o que designam como um monopólio do governo sobre a educação, bem como, militam contra a própria caracterização da educação como bem público. Muitos dos artigos repercutem, ou são replicações, de artigos e autores de outros *think tanks* cuja existência e funcionamento é possível por meio da atuação, entre outros plutocratas militantes da defesa irrestrita do livre-mercado, dos Koch. Os autores

---

293 Artigo disponível na íntegra em Cato At Liberty, sob o título *Impeachment in Brazil: Myths and Facts*, publicado em 19 e abril de 2016. Disponível em: <https://www.cato.org/blog/impeachment-brazil-myths- facts>.

294 Estudo sobre o Cato Institute realizado pelo Desmog. Disponível em: < https://www.desmogblog.com/cato-institute>

295 Artigo escrito por Belén Marty, publicado em 28 de outubro de 2014. Disponível no seguinte endereço: <https://panampost.com/belen-marty/2014/10/28/dilma-rousseff-prevails-in-campaign-marred- by-violence/>

do PP transitam entre *think tanks* e departamentos de universidades, orientam sua pesquisa pela visão de mundo do libertarianismo, produzindo notícias ideologicamente orientadas sobre a América Latina, que são publicadas de sua sede em Miami. O próprio Luis Henrique Ball, fundador do PP, atua em colaboração com o CI e a *Rede Atlas*.

Sobre o Brasil, há produção de artigos contrárias ao Partido do Trabalhadores (PT), apontando a reeleição de Dilma Rousseff[296] como resultante de uma campanha violenta, e produzindo conteúdo de alerta para a fragilização do Brasil que decorreria da libertação de Luiz Inácio Lula da Silva que, juntamente com Pepe Mujica, é adjetivado como corrupto, além de serem reiteradas as associações de governos progressistas da América Latina ao terrorismo, ditadura e corrupção.

3.7. *REDE ATLAS* – A *METATHINK TANK* TRAVA A BATALHA DE IDEIAS AO REDOR DO MUNDO

A *Rede Atlas* foi criada por Antony Fisher, o mesmo fundador do *Institute of Economic Affair* (IEA), no ano de 1981 em São Francisco, com o intuito de replicar o que fora feito na Inglaterra por meio da realização de pesquisas, a produção de "inovações para políticas públicas baseadas na perspectiva de mercado" que, de acordo com o site, lançou as bases da "Revolução Thatcher". Grandes entusiastas da realização de Fisher foram Friedman, Hayek e Thatcher. Fisher é narrado como um grande empreendedor que prosperou inovando na criação de frangos, levando o modelo estadunidense para a Inglaterra, e investiu sua fortuna em *think tanks*.

Entretanto, a biografia carrega outras nuances que foram indispensáveis para a consolidação de Fisher como um realizador de *Think Tanks*. Em 1942, Fisher recebeu uma indenização do governo britânico por uma epidemia que acometeu seu rebanho, foi a mão do estado, por meio da intervenção decorrente de leis de regulação e de proteção social, que permitiu que ele viajasse para os EUA, onde conheceu F. A. Baldy Harper, o cofundador da *Foundation for Economic Education*

---

[296] Artigo por colaborador convidado do PanamPost, disponível em: <https://panampost.com/editor/2019/11/19/lulas-prison-release-weakens-institutions-in-brazil/>

(FEE, *think tank* que foi basilar para Charles Koch, vide capítulo 2.1), cofundador da Mont Pelerin Society (capítulo 3.1), fundador do *Institute for Human Studies*, que passou a Charles Koch, em 1973, quando Harper morreu (capítulo 2.5). Por meio de Harper ele conheceu Henry Hazlitt, colunista do New York Times que, pouco depois, em 1944, escreveu uma crítica ao "O caminho da servidão", publicada na primeira página, que impulsionou o livro a se tornar um *Best-seller* e ser condensado pela Readers Digest[297].

Em 1988, Fisher foi homenageado pela Rainha Elizabeth, e algumas semanas depois, ele morreu. No parlamento britânico recebeu uma homenagem de Oliver Letwin, dizendo que *"sem Fisher, sem IEA e suas réplicas, não haveria Thatcher e, muito provavelmente, não haveria Reagan. Sem Reagan, sem "Star Wars", sem o colapso econômico da União Soviética. Uma série de consequência para um criador de galinhas!"*.

E se Thatcher agradece a Fisher pela mudança do clima de que lhe permitiu ascender e implementar sua política de livre mercado, no curso básico de *think tank* oferecido pela Atlas Leadership Academy (ALA), Fisher agradece a Charles e David Koch, que estão entre os nomes a quem é devida a *"mudança mundial em direção a liberdade e ao livre mercado que estamos testemunhando"*, entre outros nomes como Leonard. E. Read (FEE, MPS e The Freeman) Baldy Harper (FEE, MPS, Rampart School, IHS), Hayek, Friedman, Mises e o Volker Fund, e a Heritage Foundation.

A oferta da *Rede Atlas* é mais que a de promover o livre mercado, mas é levar à "prosperidade fortalecendo uma rede de organizações parceiras independentes que promovem a liberdade individual e estão comprometidas em identificar e remover barreiras ao florescimento humano" para garantir um *"mundo em que princípios de liberdade individual, direitos de propriedade, governo limitado e mercados livres são garantidos pelo estado de direito"*. *"Para acelerar o ritmo da conquista dos parceiros da Atlas em suas comunidades locais"*, em direção à construção desse mundo idealizado por eles, a rede se expande por meio de parcerias com *think tanks* estabelecidos em outros países e geridas pelo modelo estratégico *"coach, compete, celebrate (CCC)"*

---

[297] Henry Hazlitt conta como sua experiência com a Mont Pelerin e Hayek. Disponível em: <https://fee.org/articles/the-mont-pelerin-society/>

A Atlas atua em suas parcerias para a expansão do libertarianismo sobre esse tripé CCC. O "coach", de acordo com eles, consiste no oferecimento de *"world-class seminars, oficinas, mentoria e outras oportunidades de aprendizado que ensinam o profissionalismo e constroem uma comunidade com os nossos parceiros independentes"*; o "compete" consiste em gerar competição entre os *think tanks*, de modo a incentivar a inovação e justificar doações e premiações; o "celebrate" visa a promover a camaradagem entre os parceiros, comemorando e divulgando as realizações, e estimulando a ambição, são oportunidades para o estreitamento de relações globais entre os agentes operacionais que são treinados pela Atlas para atuar em suas comunidades locais. É uma abordagem que *"fortalece o movimento de liberdade mundial, expandindo e energizando a rede global de líderes e funcionários dos think tanks, para inspirar e redefinir continuamente a excelência no avanço da causa da liberdade"*.

Ainda de acordo com as informações do site, nas primeiras três décadas eles desempenharam papel importante entre os *think tanks* de livre mercado pelo mundo, e entre alguns ali citados estão a Fundação Libertad na Argentina e o *Instituto Libertad y Desarrollo*, no Chile, além de outros ao redor do mundo, que foram notáveis na mudança da opinião pública referente aos principais tópicos da rede libertariana, em seus países. Atualmente a rede conecta mais de 450 *think tanks* em quase 100 países e "cada um está escrevendo sua própria história de como o trabalho para afetar a opinião pública, em nome das ideias de uma sociedade livre, pode melhorar a vida das pessoas".

A Atlas tem domicílios específicos em seu site para o *Center for African Prosperity*, para o *Center U.S and Canada* e para o *Atlas Network's Center for Latin America* ou *Centro para a América Latina* (CAL). O CAL foi lançado em 2018, está sob a direção de Roberto Salinas León e informa que a região recebe investimentos da Atlas há quatro décadas, por meio de treinamentos, mentorias, concursos que premiam com doações para financiamento de projetos e oportunidades de "network". Trabalham com Salinas, Gonzalo Schwarz, boliviano mestre pela George Mason University (A Universidade planejada por Buchanan e Charles Koch, estudada em 2.5 e 2.6) e Antonella Marty, argentina funcionária do congresso e diretora do *Centro de Estudos latino-americanos da Fundación Libertad.*

O oferecimento de subsídios para *think tanks* na América Latina vem atrelado à proposta de inscrever a instituição interessada como parceira da Atlas. Há favorecimento para aqueles que concluíram os dois cursos on-line gratuitos oferecidos no decorrer do ano pela *Academia de liderança da Atlas* (*Atlas Leadership Academy – ALA*), o *think tank basics* e o *think tank navigator*, e para aqueles que participam da ALA.

A ALA "leva ao próximo nível de liderança no movimento pela liberdade", por meio de treinamentos para "aprimorar as habilidades de gerenciamento, comunicação e captação de recursos, ao mesmo tempo em que constrói sua organização de livre- mercado" e seu apoio ativo se dá pela conexão com mentores, práticas recomendadas, estratégias e ferramentas em qualquer estágio da gestação do *think tank*, seja o início do projeto, passando pelo exercício da liderança à concretização, consolidação, e é voltado para pessoas que "querem mudar o mundo" em consonância com a visão de mundo da Atlas, que é a visão de mundo sintonizada com a de Fisher, de Thatcher e Reagan, de Harper e da FEE que, por sua vez, é a visão de mundo dos Koch.

É a tessitura de uma rede de libertarianos que vêm se realizando há décadas numa "força-tarefa" que opera pela divisão do trabalho, desde os ideólogos das teorias econômicas, que se promovem pela produção de um prestígio vindo no encalço dos esforços de outros campos das ciências e do conhecimento humano, como no caso do "Nobel de Economia", que se conectam com meios de difusão e comunicação e criam centros de convencimento da opinião pública, centros de ensino que se pautam na longevidade porque miram os jovens, bem como, delimitam as possibilidades da pesquisa científica alinhando ideologicamente departamentos de universidades ou buscando colocações para autores que escrevem em consonância com o propósito de difundir e criar consenso pelo libertarianismo.

Importa treinar a juventude local, mas também a juventude de países ao redor do mundo, tornando-os agentes operacionais locais, chamados de líderes quando atuam na própria comunidade infundindo e difundindo o conjunto de preceitos dos libertários, mas que são líderes submetidos à liderança dos *think tanks* centrais, que ensinam o que e como deve ser feito para a obtenção dos resultados pré-estabelecidos. *Think tanks* que só se tornaram possíveis pelo financiamento conjunto de plutocratas que doam grandes somas de dinheiro subtraídas ao bem público por meio de "fundos beneficentes de interesse público isentos de impostos".

Com a Atlas, a missão é formar os agentes operacionais que se empenham para construir o mundo em que o livre-mercado de estado mínimo, em que áreas consideradas direitos sociais passam a ser oportunidade de expansão de um mercado disponível para a livre-iniciativa, que vai determinar a prosperidade daquele que melhor "empreender", de acordo com a "meritocracia", melhorando a vida da população pela otimização que leva à inovação resultante da concorrência. Entretanto, trata-se da abertura do que foi construído com o empenho público, tanto por meio de tributação como de força de trabalho, para a apropriação privada daqueles que já concentraram capital suficiente para adquirir ainda mais, concentrando, deste modo, mais capital, enquanto a grande maioria da população, já despossuída, passará a ter que comprar serviços como a previdência (uma das bandeiras explícitas dos Koch desde a candidatura pelo Partido Libertário – LP), passando por outros, entre eles a educação, como aqui documentado.

Desregulamentação é outro termo reiteradamente ressonante, é chamado, muitas vezes, de "flexibilização", de "combate a burocracias", de "liberdade para escolher", trata-se de atuar pelo desmonte da legislação que regula as relações como as ambientais, as relações de trabalho, colocando patrões e empregados numa condição de igualdade que já parte da desigualdade, pois, um possui a oferta de trabalho e determina suas condições de jornada, de remuneração, enquanto o outro integra um contingente de trabalhadores maior que o de vagas de trabalho, e precisa competir com os demais para que a vaga seja sua, portanto, sem leis de salário mínimo, que limitam a jornada, que exijam a assinatura da carteira de trabalho, resta uma relação de "liberdade" que se pauta na necessidade, de um lado, e na busca por mais lucro, do outro.

Apontando as regulamentações e o status de bem público, que fundamentam direitos sociais garantidos pelo Estado, como entraves à liberdade causados pelo monopólio, apontando o estado mínimo como saída para o florescimento do "indivíduo livre para o *entrepreneuership*", ou empreendedorismo, que será recompensado pela prosperidade num mercado que premiaria de acordo com o mérito, precisam constantemente produzir o desconhecimento histórico de riquezas obtidas pela mão do estado, que se acumularam e se perpetuam hereditariamente, que se acumulam ainda mais no capitalismo financeiro, para reinventar uma "liberdade" e "igualdade" formais, em que todos são empreendedores. Dardot e Laval apontam que o *"entrepreneuership é o princípio de conduta potencialmente universal mais essencial à ordem capitalista"*[298].

Entre os latino-americanos parceiros da Atlas, figuram quatorze *think tanks* no Chile, cujo processo de expansão da rede libertariana é abordado no próximo tópico; na Guatemala, objeto de estudo no capítulo 3.9, figuram seis *think tanks*, sendo um deles uma Universidade, a Francisco Marroquín.

Figura 14: ***Atlas e MBL nas manifestações contra o governo de Dilma Rousseff***
Na imagem, à esquerda, o presidente da Atlas na ocasião, Alejandro Chafuen, e à direita Fábio Ostermann, membro do Movimento Brasil Livre (MBL), em manifestação contra o governo da então presidentaDilma Rousseff.

Fonte: Disponível em: < https://apublica.org/2015/06/a-nova-roupa-da-direita/> Acesso em 16 de dezembro de 2020.

Entre 1991 e 2018, Alejandro A. Chafuen foi presidente e CEO da *metathink tank*, ele também é membro da *Mont Pelerin Society* (1980) desde 1980. Em 2015 esteve no Brasil, entre diversas outras vezes, para participar do Fórum da Liberdade promovido pelo *think tank* porto-alegrense, *Instituto de Estudos Empresariais* (IEE), mas além de palestrar no evento do parceiro Atlas, Chafuen também participou do protesto contra a presidenta brasileira, Dilma Rousseff, em Porto Alegre, no dia 12 de abril de 2015.

298 (DARDOT e LAVAL, 2016, p. 134).

3.8. HAYEK, FRIEDMAN E BUCHANAN, NOS BASTIDORES DO GOVERNO DE PINOCHET

De acordo com Inzunza H.[299], o avanço do neoliberalismo em medidas concretas começou a ser introduzido na América Latina em meados do século XX, primeiro pelas missões econômicas do Fundo Monetário Internacional (FMI), a missão Klein-Sachs no Chile[300]. Outro evento determinante foi a criação da "sucursal chilena da escola de Chicago, por meio da assinatura do acordo entre a Universidade Católica do Chile e a Escola de Economia de Chicago, em 1955, financiada pela *Agency for International* Development (AID) até 1963, quando passou a ser financiado por empresários chilenos e de outros países, como conta Dreifuss[301]. De acordo com Moraes[302], o "Projeto Chile", como foi chamado nos Relatórios da AID, tratava de um "deliberado processo de transferência de ideias de um país para o outro, transmissão da economia da escola de Chicago para um grupo de estudantes chilenos.

O "Projeto Chile" da AID tornou pública a ligação entre Friedman e a ditadura de Pinochet, pois grande parte dos economistas nesse programa, retornaram adeptos ferrenhos da escola de Chicago e, de volta ao Chile, passaram a estabelecer sua presença ideológica por meio da ocupação do departamento de economia da universidade católica, da imprensa hegemônica, especialmente o El Mercurio (que apoiou o golpe contra Salvador Allende, o presidente socialista que fora eleito democraticamente) criaram o *Centro de Estudios Económicos y Sociales* (CEES) em 1964, e o *Centro de Estudios Sociales, Económicos y Culturales* (CESEC) em 1968, para difundir as teses econômicas da escola de Chicago, ficaram conhecidos como "Chicago Boys" e também tiveram papel preponderante na queda de Allende, ainda conta Dreifuss[303].

Muitos dos "Chicago Boys" trabalharam com Pinochet, entre eles, José Piñera, que foi ministro do trabalho e previdência social e ministro da mineração de Pinochet. Piñera foi o responsável pela

---

299 (INZUNZA 2013).

300 (INZUNZA, 2013, p. 66, 67).

301 (DREIFUSS, 1986, p. 227).

302 (MORAES,1995, p. 201).

303 (DREIFUSS, 1986, p. 227).

Figura 15: ***Encontro de Friedman e Pinochet***
Na imagem Milton Friedman ao centro e Augusto Pinochet à direita

Fonte: Disponível em < https://voyager1.net/wp-content/uploads/2017/08/pinochet-friedman.jpg> Acesso em 20 de janeiro de 2020.

privatização do sistema previdenciário, alterações das leis trabalhistas, desarticulação dos sindicatos, todas em direção a desregulamentação da economia para a consolidação do livre mercado. Em 1994 criou o "Centro Internacional de Reforma de Pensões" para promover o modelo chileno de capitalização no mundo, e em 1995 se tornou o copresidente do Projeto Cato de escolha da Seguridade Social[304] de Charles Koch. Tem artigos publicados na Foundation For Economic Education (FEE, tópico 2.1), e é citado nos relatórios de atividades da Atlas[305] em consultorias para a implementação das reformas de livre mercado em países do mundo.

Friedman é a faceta conhecida da atuação da *Mont Pelerin Society* (MPS) na ditadura chilena, pela formação dos Chicago Boys, por ter visitado o Chile a convite de Pinochet, em 1975, com a missão de fazer uma avaliação econômica do país que resultou numa gentil carta, datada de 21 de abril de 1975, enviada ao ditador, aconselhando medidas

304 Sobre o copresidente de do Social Security Choice e fundador do International Center for Pension Reform, José Piñera, disponível em: <https://www.cato.org/people/jose-pinera>.

305 "International Center for Pension Reform" Disponível em: <https://www.atlasnetwork.org/assets/uploads/misc/Roadmaps-Tax-Reform.pdf Acesso em 30 de janeiro de 2020>.

drásticas de austeridade fiscal e privatização[306], tendo, inclusive, sido alvo de protestos em 1976, por ocasião da premiação do "Nobel"[307], por sua atuação no Chile.

Hayek também demonstrou apoio público à ditadura, tendo visitado o Chile em 1977 e se encontrado com Pinochet, feito considerações elogiosas às medidas econômicas que vinham sendo tomadas, concedeu entrevista ao El Mercurio. E em 1981, quando concedeu duas entrevistas ao El Mercurio afirmou que *"em momentos de transição, para garantir a economia de mercado, pode ser necessária uma ditadura"* e dito que *"preferia (Hayek) uma ditadura liberal ao invés de um governo democrático que não assegurasse as liberdades individuais de seu povo"* (ANGELI e JUNIOR, 2018, p. 6).

Mas, mais que *Chicago Boy*, Piñera também era *"devoto da escola da Virgínia, e implementou as reformas estruturais não só na previdência"*, mas em diversas áreas, adotando medidas de Buchanan, que também desempenhou atuação crucial para a consolidação da economia de mercado no Chile, conta MacLean[308] que, em seguida, prossegue, *"Adotou na área da educação medidas assinaladas pela escola de Chicago e da Virgínia: vouchers para o ensino fundamental e médio, para o ensino superior aplicou o conselho de Buchanan sobre como combater protestos no campus. Forçou as Universidades públicas a se tornarem "autofinanciadas" e liberou empresas com fins lucrativos para lançar concorrentes sob pouca supervisão do governo, favoreceu cursos utilitários que produziam menos questionamentos que os cursos de Artes e Ciências Humanas, e cortes de financiamento para Universidades que tivessem 'alunos problemáticos' para a ditadura"*[309].

Em 1980 foi criado o *Centro de Estudios Publicos* (CEP), um *think tank* parceiro da Atlas que apoiava a ditadura e passou a traduzir diversas obras de Buchanan. Após as mudanças estruturais, o grupo BHC traduziu "Os limites da liberdade" de Buchanan, e em 1980 o

---

306 Texto introdutório de José Pinera e carta de Milton Friedman para Augusto Pinochet, disponíveis no site do El Cato, no seguinte endereço: <https://www.elcato.org/milton-friedman-y-sus-recomendaciones- chile>.

307 Milton Friedman interrupted by left-wing activist at the Nobel prize ceremony. Vídeo disponibilizado em 27 de setembro de 2010. Disponível em: https://www.youtube.com/watch?v=QwQioAwm-FI.

308 (MacLEAN, 2017, p. 194).

309 (MacLEAN, 2017, p. 196).

economista visitou o Chile a convite deles, pois, devido a sanções de Washington ao Chile, só eram permitidas visitas feitas por convites de atores privados. Buchanan foi convidado para contribuir na redação da nova constituição, a "Constituição da Liberdade", cujo nome inspirado em Hayek reflete a influência dos libertarianos, uma constituição que entravava o aumento de gastos e o funcionamento deliberativo do congresso, o aumento de impostos, que conferia independência total ao Banco Central, restringia a atuação sindical, e criminalizava, condenando ao exílio inapelável, qualquer atuação que configurasse "conflito de classe ou afronta à família", *"garantiu o poder das forças armadas a curto prazo e reduziu a participação popular a longo prazo"*[310]. MacLean (2017, p. 200), ainda diz que *"O documento garantia o domínio do general Pinochet e seus assessores até um plebiscito de 1988 que poderia estender seu mandato para 1997, quando 'uma nova geração', como observa Stern, 'teria aprendido o papel do cidadão em uma democracia restritiva'"*[311].

Inzunza[312] aborda a implementação do neoliberalismo no Chile em cinco etapas que, embora sejam localizadas em marcos temporais, em eventos, se interrelacionam e complementam, são elas: *"os primeiros passos (1959-1973); a repressão e o desmonte da estrutura participativa (1973-1975); a preparação da estrutura neoliberal (1975-1980); a implantação dos instrumentos neoliberais de educação (1980-1988) e o consenso privatizador"* (1988-1990).

A quarta etapa se realizou de acordo com os desígnios de Buchanan e mais que criar uma educação neoliberal, fez da educação um instrumental para formar o sujeito adequado ao neoliberalismo. O autor diz que *"O papel do Estado ficou restrito à entrega de subsídios às escolas privadas e públicas – em igualdade de tratamento-, e à fixação de normas gerais. Estes subsídios estatais assumiram as características dos vouchers propostos por Milton Friedman, mas não foram entregues aos pais, mas às escolas segundo a matrícula geral e assistência média mensal dos alunos. O marco geral do desenvolvimento das políticas educativas implicava proteger o direito privado ao empreendimento, setor que seria*

---

310 (MacLEAN, 2017, p. 200).

311 (MacLEAN, 2017, p. 200).

312 (INZUNZA, 2013, p. 67).

responsável pela criação de novas escolas que concorreriam com as públicas".[313]

Inzunza aponta que os resultados foram a diminuição pela metade dos subsídios estatais por aluno, feito por meio de voucher, entre 1982 e 1990, passando de 4,9% para 2,5%; foram criadas 70 escolas técnicas por organismos empresariais, o número de universidades privadas passou de 6 para 24, entre o período de 1980 e 1990, no mesmo período os institutos profissionalizantes foram de 23 para 46, e os de formação técnica de 2 para 43[314].

De acordo com a experiência do Chile, o modelo de voucher proposto pelo eixo Chicago/Virgínia, que prometia dois resultados, primeiro mercantilizar a educação, de modo que assim o mercado daria acesso aos mais pobres às mesmas escolas que os ricos, ou seja, "diminuiria as injustiças sociais por meio do livre mercado", entretanto, como os índices de pobreza causados pelas medidas econômicas adotadas chegaram a 30% em 1990, houve, na verdade, aumento da segregação educativa, pois apenas os mais ricos conseguiam coparticipar do pagamento das mensalidades, de modo a escolher as escolas, enquanto aos mais pobres restavam as escolas públicas, cujo gasto público foi diminuindo, deixando os prédios em deterioração, privadas de material didático e os professores numa situação salarial crítica. Apenas o primeiro propósito teve êxito, a educação foi mercantilizada[315].

Klees e Edwards Jr.[316], apontaram que outro efeito da implementação dos vouchers *"durante a repressão de Pinochet foi o de neutralizar os sindicatos docentes, pois a contratação e demissão de professores foi transferida para a esfera privada, sem qualquer proteção social"*. Portanto, a outra função da privatização é a desmobilização das categorias da área educacional, o desmonte de sindicatos e de direitos trabalhistas, além de transferir para empresas o controle ideológico.

Além disso, um terço dos alunos chilenos do ensino primário usam os vouchers, não obstante, após o controle dos aspectos socioeconômicos, de acordo Bellei[317], os resultados das pesquisas têm indicado

313 (INZUNZA, 2013, p. 70).
314 (INZUNZA (2013, p. 71).
315 (INZUNZA, 2013, p. 72).
316 (KLEES e EDWARDS JR 2015, p. 18).
317 (apud KLEES e EDWARDS JR., 2015, p. 18).

que os estudantes de escolas públicas saem melhor em testes de desempenho. Mesmo no programa "Escolha da Escola", implementado em Washington, nos EUA, com aporte do governo federal, as conclusões apontam que não há melhora no desempenho dos alunos que decorre do uso de voucher, mas há melhoras relacionadas quando os demais aspectos socioeconômicos são melhorados, ainda nas palavras de Kless e Edwards Jr[318].

Em dados recentes, a realidade chilena delineia com gravidade os efeitos perniciosos da reforma educacional "aos moldes dos economistas de livre-mercado" que, de acordo com Villarreal, *"tem como pano de fundo o desmantelamento da educação pública"*, pois, *"o Chile tem um dos níveis de segregação econômica entre as escolas mais altos do mundo, e a segregação escolar é ainda maior do que a segregação residencial. Pesquisas mostram que essa segregação é promovida, em parte, pela competição entre escolas, pela busca de nichos econômicos específicos da população e pela intenção de atrair estudantes "fáceis de educar" para alcançar pontuações mais altas em testes padronizados".*[319]

É válido ampliar as discussões oferecendo informações sobre as consequências da privatização da educação por meio do voucher, para submetermos a teoria ao teste da realidade, visto que a defesa incondicional do mercado autorregulado num sistema de intervenção estatal mínima é a de que a concorrência levaria a mais igualdade e prosperidade, promessa recorrentemente desmentida pela realidade.

No caso da Colômbia, por exemplo, embora o sistema de vouchers adotado não permita a contrapartida pelos pais, ainda assim, em 1990, 75% das famílias dos 20% mais ricos, enviaram seus filhos para as escolas vouchers, em contrapartida, apenas 28% das famílias dos 40% mais pobres o fizeram. Klees e Edwards discorrem que, apesar dos testes de desempenho não indicarem diferenças consideráveis, o fato de agrupar pares de mesma classe social gera "vantagens adicionais"

---

[318] (KLEES e EDWARDS JR 2015, p. 17).

[319] Frederico Guimarães entrevistou o professor da Pontifícia Universidade Católica do Chile, Ernesto Treviño Villarreal, que atualmente, também exerce o cargo de Assessor Sênior do Laboratório Latino-Americano de Avaliação da Qualidade da Educação, UNESCO-OREALC. Foi publicada 8 de outubro de 2019 na página online da revista Educação, sob o título "Pesquisador chileno critica sistema de vouchers escolares: tende a aumentar desigualdades e segregação". Disponível no seguinte endereço:
<https://revistaeducacao.com.br/2019/10/08/vouchers-escolares/>

para as camadas já mais ricas da população, aprofundando ainda mais a desigualdade[320].

É a realidade chilena uma "vitrine das políticas econômicas neoliberais" nas palavras de Klees e Edwards, ou "laboratório do neoliberalismo" para Naomi Klein[321], compondo um quadro regular com a realidade de outras experiências de implementação de voucher, um quadro empírico que refuta a promessa dos libertarianos.

3.9. UNIVERSIDAD FRANCISCO MARROQUÍN E OS ULTRALIBERAIS NA GUATEMALA

Em quatro de agosto de 2010, o *Cato Institute* publicou um artigo[322] dedicado a Manuel Francisco Ayau Cordobán, apelidado como Muso, que falecera. A homenagem faz um breviário. Ayau fora membro da Mont Pelerin Society (MPS), membro do conselho do Liberty Fund[323] e administrador da Foundation for Economic Education (FEE), contudo, seus feitos mais impactantes foram em seu país de origem, a Guatemala.

Na Guatemala ele fundou, em 1959, o think tank *Centro de Estudios Economicos-Sociales* (CEES) que promoveu o intercâmbio de guatemaltecos com os "liberais de mercado", como Ian Vasquéz, autor do artigo, define, alguns dos ideólogos do libertarianismo como, entre os que ele cita, Mises e Friedman. De acordo com Vasquéz, o clima político e intelectual da Guatemala era violentamente contrário àquilo que Ayau vinha introduzindo no país, entretanto, com o fim da guerra civil e o colapso da União Soviética, o clima de ideias já havia se alterado e *"o prestígio de Muso Ayau e do corpo docente da universidade e seus graduados bem treinados havia crescido, assim como a presença de suas ideias"*, e desde então, qualquer pessoa que visite a Guatemala *"pode atestar o fato*

---

320 (KLEES e EDWARDS JR 2015, p. 18).

321 (THE SCHOK, 2009).

322 Artigo intitulado "The Spirit and Influence of Manuel Ayau (1925-2010)", escrito por Ian Vasquéz, publicado no site do *Cato Institute*, no dia 4 de agosto de 2010, disponível na íntegra em: < https://www.cato.org/blog/spirit-influence-manuel-ayau-1925-2010>

323 Liberty Fund foi fundado em 1960 por Pierre F. Goodrich, advogado e empresário de Indianápolis, com o objetivo de dar alguma contribuição esperançosa à preservação, restauração e desenvolvimento da liberdade individual por meio de investigação, pesquisa e atividade educacional. Disponível em: <https://www.libertyfund.org/>.

de que ideias liberais de mercado podem ser encontradas todos os dias nas páginas e artigos publicados nos principais jornais do país e na mídia eletrônica". Muso *"entendeu como o poder das ideias pode influenciar a sociedade"*.

FIGURA 16: ***Glória Álvarez em protesto no Brasil***
Gloria Alvarez fez discurso em manifestação de 12 de abril de 2015 na Avenida Paulista.

Fonte: Disponível em https://www.sul21.com.br/ultimas-noticias/politica/2015/06/a-nova-roupa-da-direita/ Acesso em 20 de janeiro de 2020.

De acordo com a entrevista que a FEE[324] fez com Pedro Ayau, neto de Muso, ele era amigo de Leonard E. Read (cofundador da FEE, cofundador da MPS) há muito, quando decidiu fundar a *"universidade liberal mais clássica do planeta"*, a UFM, que trabalha estreitamente, de maneira formal e informal, com a FEE, onde Ayau integrou o conselho administrativo.

O CEES foi criado em 18 de novembro de 1959 para estudar e difundir as ideias sobre liberdade, a defesa da liberdade individual é prioritária e se afirma apolítica e não religiosa, não obstante, conforme a leitura de artigos avança, há um escoramento da defesa econômica na defesa da família. Publicado na Prensa Libre e replicado pelo CEES[325], o texto de Carroll Ríos, membro do conselho diretivo, exemplifica a família pelo modelo cristão, e cita Gary Becker, "Nobel de economia" e membro da MPS, que teria alertado sobre a urgência de *"evitar políticas públicas que comprometam a integridade familiar"*. A declaração dos princípios do CEES, que teria sido seu marco filosófico,

---

[324] Entrevista publicada pela FEE em 28 de janeiro de 2013, intitulada "Reflections on My Grandfather "Muso" – An Interview with Pedro Ayau", disponível na íntegra em: < https://fee.org/articles/reflections- on-my-grandfather-muso-an-interview-with-pedro-ayau/>.

[325] Fortalecer a família é um artigo escrito por Carroll Ríos de Rodriguez, replicado pelo CEES em 6 de janeiro de 2020. Disponível em: <https://www.cees.org.gt/articulos/fortalecer-a-la-familia-las-familias- integradas-contribuyen-al-bienestar-socioeconomico>

afirma que a base da harmonia social não se assenta somente no cumprimento das leis, mas nos princípios morais do cristianismo, de modo que a afirmação de não religiosidade é antagônica a declaração de princípios.

O apoio moral e intelectual recebido da FEE conferiu ânimo e segurança para o prosseguimento dos trabalhos do CEES, que faz a defesa radical da liberdade econômica, da qual quaisquer outras liberdades dependem, e é indissociável do individualismo radical que promete a prosperidade individual e coletiva por meio do interesse individual, recompensando o esforço de acordo com a meritocracia; do estado mínimo e a liberdade de escolha para consumir, todos princípios elencados entre os nove da declaração.

Em 2019, o CEES passou a publicar artigos de oposição a educação pública, escritos por Luis Figueroa, que argumenta de maneira contrária à própria existência do sindicato da educação, embasando seus textos em autores como Mises e Hayek, diz que o sindicalismo é uma estratégia para minar a sociedade livre, tornando-se uma categoria que possui prerrogativas e alicia os estudantes como instrumento para a implantação do socialismo[326]. Juntamente com a oposição que faz à existência do sindicato, escreve depreciando a educação pública que "serve para enganar os alunos e os pais", tomando como justificativa o desempenho em linguagem e matemática nos testes padronizados[327]. A respeito de dados sobre o alto índice de abandono escolar em regiões mais pobres, Figueroa escreve um texto contraintuitivo dizendo que o abandono decorre da desvalorização da educação, que não oferece perspectiva de melhores condições de vida, afirmando que não se trata de promover políticas públicas de permanência, mas de promover o livre mercado que gerará ofertas de trabalho que, por sua vez, demandando estudo, levará as pessoas a valorizarem a educação, pois, segundo ele, já há investimento bastante em educação e o abandono escolar é opcional, pois valorizar algo é subjetivo, e depende do momento da vida em que cada um se encontra[328].

---

326 Artigo intitulado "Joviel, el malentendido", escrito por Luis Figueroa e disponível na íntegra em: <https://cees.org.gt/blogs/joviel-el-malentendido>.

327 Artigo intitulado "el engano de la educacion", escrito por Luis Figueroa e disponível na íntegra em: <https://cees.org.gt/articulos/el-engano-de-la-educacion>.

328 Artigo intitulado "ninos que abandonan la escuela", escrito por Luis Figueroa e disponível na íntegra em: <https://cees.org.gt/blogs/ninos-que-abandonan-la-escuela>

Ou seja, de acordo com a exposição de Figueroa, as condições sociais que impedem a permanência escolar da população mais pobre não existem, a população escolhe não estudar, desconsiderando dados que apontem para a necessidade de crianças e jovens, em situação de pobreza, precisarem abandonar os estudos para ingressar em trabalhos desqualificados que tendem a se prolongar por toda a vida porque elas passam a não ter chance de aprimorar suas qualificações para postos de trabalho melhor remunerados. Há completa obliteração a respeito da educação, embora seja um direito formal, ainda se caracterizar um privilégio, e a partir dessa obliteração, um argumento se erige para que não haja mais investimento em educação pública, mas uma crença que o empresariado e o mercado hão de ensinar os mais pobres o valor da educação, quando eles ofertarem suas vagas de trabalho que levarão a mão de obra a se aperfeiçoar.

Desde 1961, o CEES passou a promover conferências em que participaram diversos intelectuais do libertarianismo, entre eles Hayek, Mises, Friedman, Read, entre outros, passou a fazer uma publicação bimestral baseada na The Freeman (capítulo 2.1), criaram um programa de rádio e uma coluna semanal chamada "El Imparcial", e devido ao grande intercambio com a MPS, decidiram fundar a UFM.

"A UFM é a única do mundo que há mais de três décadas forma seus alunos na filosofia da liberdade", já tem campus em Madri e no Panamá, no programa chamado de "uma missão, dois continentes", com carreiras em áreas das ciências humanas, educação, artes, arquitetura, ciências médicas e odontológicas, biológicas, direito e ênfase em economia e ciências políticas, todos alinhados com os princípios da missão nascida há quarenta anos "ensinar e difundir os princípios da liberdade", pois seus fundadores entendiam muito bem que "as ideias têm consequências".

Uma aluna entre os egressos da UFM é Gloria Ivette Álvarez Cross, libertariana que faz oposição ferrenha ao que designa por "populismo latino-americano", ao se referir aos governos que de alguma maneira atuam pela garantia de direitos sociais. Além de ser ideóloga do libertarianismo, Álvarez é militante política nas Américas, ganhou notoriedade no final de 2014, quando um vídeo em que ataca o populismo na América Latina, em exposição durante o Parlamento Íbero Americano da juventude, viralizou nas redes sociais – aliás tem experiência como radialista e tem programa na TV[329] –, além de grande repercussão em redes sociais, tendo intensificado sua atuação no Brasil durante as manifestações de oposição à presidenta Dilma Rousseff, assunto abordado no quarto capítulo desta pesquisa.

Atualmente tem canalizado boa parte de sua atuação política desgastando, na Guatemala, o governo da Venezuela, apoiando a expulsão da embaixada venezuelana em confronto com estudantes da Universidad de San Carlos de Guatemala que convidaram Adão Chávez, irmão de Hugo Chávez, para seminários da instituição. Álvarez afirma que combate o populismo e o "vitimismo" latino-americano e, afirma que a disputa não é entre esquerda e direita, mas entre populismo e república, sendo populismo todo governo que se proponha a garantir direitos sociais.

Assim como Fred Koch, Álvarez faz da sua biografia um testemunho para se opor ao estado de bem-estar social, colocando-o sob a pecha de comunismo, pois descende de avô paterno cubano e avô materno húngaro, ambos teriam sofrido sob governos comunistas. O que não costuma aparecer em sua biografia é a ligação de seu avô com a ditadura de Fulgêncio Batista, motivo pelo qual emigrou, *"integrando uma conexão contrarrevolucionária cubana que se estabeleceu na Guatemala em 1960 e com o ultraconservador e contrarrevolucionário setor terrateniente"*. Seu avô ingressou no ramo televisivo, seu pai também, posteriormente, com um grupo de exilados políticos cubanos que operavam em diversos setores empresariais, expandindo sua participação na mídia e publicidade guatemalteca. Álvarez foi impulsionada na mídia por Armando de La Torre[330], colunista e comentarista que também foi diretor da Escola Superior de Ciências Sociais da UFM.

Álvarez recebeu treinamento em diversos *think tanks*, entre eles o *Institute for Human Studies* (IHS) e o *Institute for Economic Studies Europe* (IESE)[331], palestrante no Liberty Fórum & Freedom Dinner

---

329 (AMARAL, 2015).

330 Armando de La Torre é doutor em Filosofia e Sociologia, diretor da Escola Superior de Ciências Sociais da UFM e especialista em Teoria da Escolha Pública. Disponível em: < https://newmedia.ufm.edu/autor/armando-de-la-torre/>

331 O Institute for Economic Studies Europe (IESE) é um *think tank* criado em 1989 com o objetivo de estar centro de uma rede de estudantes, acadêmicos e intelectuais por meio da organização de seminários de verão na Europa, uma universidade de verão

2015[332], da *Atlas Network*, ao lado de Alejandro Chafuen (abordado no tópico 3. Deste capítulo) e diversos outros intelectuais orgânicos do libertarianismo em expansão. Tem destaque na Reason TV, que é a atuação televisiva do libertarianismo produzida pela *Reason Foundation*[333] da Califórnia, parceira da Atlas, num programa que tem como objetivo produzir consenso de que o socialismo democrático reduz a dignidade e a prosperidade humana. Em 2018 ganhou o Hayek Lifetime Achievement Awards, um prêmio oferecido pelo *Hayek Institute*[334] em parceria com o LGT Bank, o Austrian Economic Center e o Swarovski Kristallweltenaos campeões da liberdade, junto com Richard W. Rahn[335].

Na Guatemala, Álvarez começou sua atuação política como dirigente do Movimiento Cívico Nacional (MCN), uma espécie de juventude de direita que surgiu em 2009 militando pela renúncia do então presidente Álvaro Colom, com raízes no antigo Movimiento de Liberacion Nacional (MLN), partido de extrema-direita da elite guatemalteca que é, de acordo com Cuellar[336], um *"movimento neofascista, classista e racista, financiado por setores oligárquicos do país"*. Desligou-se do MCN, posteriormente, e passou a atuar como ideóloga da juventude da nova direita, repetindo frases como "não existe almoço grátis", para argumentar pela

---

Aix-em-Provence e pelo patrocínio de pesquisadores e tradução de livros que promovam o ensino do liberalismo clássico. Está registrado no estado da Virgínia, EUA. Disponível em: < https://ies-europe.org/about/>

332 Liberty Fórum & Freedom dinner 2015 é o Fórum anual da liberdade que "reúne os incríveis defensores da liberdade, para compartilhar estratégias e celebrar sucessos" em direção ao livre –mercado. Sobre o Fórum de 2020, informações no seguinte endereço: <https://www.atlasnetwork.org/events/liberty-forum-freedom- dinner/2020>

333 A Reason foundation é um *think tank* que "promove uma sociedade livre, desenvolvendo, aplicando e promovendo princípios libertários, incluindo liberdade individual, livre mercado e Estado de Direito", por meio da Reason Magazine e Reason TV. Parceira da Atlas Network, está disponível no seguinte endereço: <https://reason.org/about-reason-foundation/>

334 Hayek Institute é um *think tank* que se define como escola de economia austríaca, localizado em Viena e parceiro da Heritage Foundation, Cato Institute, Atlas Network e European Students for Liberty, entre outros. Disponível em: < https://www.hayek-institut.at/impressum/>

335 Notícia sobre a premiação com a fala dos ganhadores, disponível em: <https://www.austriancenter.com/their-case-for-liberty-alvarez-rahn/>

336 Artigo de David Pavón-Cuellar, publicado sob o título "Los más jóvenes líderes de la derecha latinoamericana: libertarismo, neofascismo e injerencia estadounidense", em 11 de outubro de 2017, no Rebelión. Disponível no seguinte endereço: < https://www.rebelion.org/noticia.php?id=232614>.

privatização de todos os âmbitos sociais, transformando direitos em serviços, bem como alegando que a causa da pobreza é a "mentalidade dos pobres", tendo como fundamento de suas afirmações a defesa da meritocracia do indivíduo que, segundo ela, tem no corpo sua primeira propriedade privada, e as demais ele deve adquirir por esforço próprio no livre-mercado, sem depender do paternalismo de governos populistas, sendo que governo populista, para a guatemalteca, é qualquer governo que garanta direitos sociais[337].

Militante que faz oposição às comunidades indígenas de seu país, e endossa discursos anti-imigratórios, inclusive os de Donald Trump, enquanto Álvarez mesma é uma imigrante na Guatemala, tendo aportado ali durante a onda migratória da elite cubana ligada aos EUA, em decorrência da revolução de 1959. Assim como os ideólogos originários, de onde ela sorve seu conjunto de preceitos, Álvarez afirma que o *"livre mercado é o remédio para todos os males"*, e para ela o estado só deve se incumbir de "garantir a segurança e a justiça"[338].

Para e educação da Guatemala, Álvarez escreveu seu projeto em um trabalho final de mestrado realizado na escola do governo que ela mesma disponibilizou em suas redes sociais[339]. Estruturado em cinco eixos, sendo que quatro deles exerce a dupla função de aumentar a esfera de influência do libertarianismo no currículo escolar, atacando a base comum nacional, por meio de medidas de descentralização, agindo em nome da suspeita constantemente levantada pela direita sobre o um suposto controle ideológico exercido pelo estado por meio de professores e da democratização do acesso ao ensino, nesse sentido ela faz duas propostas: a descentralização do gasto, municipalizando-o e a descentralização curricular.

---

337 "Gloria Álvarez Cross y la quiebra intelectual de la Universidad Michoacana", escrito por David Pavón- Cuelar. Disponível em: <https://davidpavoncuellar.wordpress.com/2017/10/08/gloria-alvarez-cross-y-la- quiebra-intelectual-de-la-universidad-michoacana/>

338 Helen Mendes entrevistou Gloria Álvarez. Publicada pelo site Gazeta do Povo, em 12 de abril de 2019, sob o título '"O problema é que muita gente tem pavor da liberdade", diz a antipopulista Gloria Álvarez'. Disponível em: <Leia mais em: https://www.gazetadopovo.com.br/mundo/o-problema-e-que-muita-gente- tem-pavor-da-liberdade-diz-a-antipopulista-gloria-alvarez/>

339 Proposta de Álvarez disponível em sua página na rede social no seguinte endereço: <https://www.facebook.com/GloriaAlvarez/posts/967281826621308/>

Impulsiona o processo de privatização, ao propor a medida de resgaste e aceleração dos programas de voucher, e a medida de concessão de bolsas estudantis para os que queiram prosseguir os estudos em nível secundário, encolhendo a responsabilidade do estado em garantir a educação e de modo a transferir verba pública para a esfera privada, bem como de inserir a educação na lógica empresarial que desempenha importante função na produção da hegemonia neoliberal.

Em um debate promovido pelo Centro Mackenzie de Liberdade Econômica, mais detalhado no próximo tópico, Álvarez e Leandro Narloch, entre outros temas, acusaram as Universidade públicas de executar um processo de doutrinação comunista, defendendo mesmo o fim desse tipo de instituição, apontando as universidades privadas como ambientes mais livres dessa "obsessão igualitarista", como ela chama as políticas de redistribuição de renda e de acessos sociais. Álvarez diz que um defensor de direitos sociais em uma universidade privada, seria uma espécie de *hipster,* um deslocado.

Logo, a preocupação em tornar a visão de sujeito e sociedade do libertarianismo precede a própria função científica da universidade, que antes de qualquer coisa, deve corroborar com tal visão de mundo, e a partir disso formar seus alunos e realizar suas pesquisas. Trata-se da construção de um idealismo que tenha prerrogativa a dados da realidade.

Capítulo 4

O LIBERTARIANISMO NO BRASIL

4.1. APLICANDO O MODELO DE HAYEK

Em 11 de abril de 2019, assisti ao debate promovido pelo Centro Mackenzie de Liberdade Econômica (CMLE)[340], que recebeu a ativista libertariana guatemalteca, Gloria Álvarez, para discutir com Leandro Narloch as alternativas para a América Latina que, segundo ela, vive um movimento pendular elegendo, ora presidentes favoráveis ao livre mercado, ora presidentes à esquerda. Tal oscilação a governos de esquerda, para ela, como um dos arautos do libertarianismo, precisa ser definitivamente superada e *"a história infelizmente mostra que a América Latina vive em um pêndulo medíocre acreditando que as coisas mudam quando mudamos de presidente"*. Para Álvarez, o pêndulo em direção aos governos socialistas tem a ver com a "psicologia" do povo latino-americano.

No 28º Fórum da Liberdade, em 2015, que aconteceu em Porto Alegre, como acontece anualmente, ela exortou a plateia a contrapor a *"visão de mundo que 'vitimiza os latino-americanos', 'joga a culpa nos ianques', mina a 'autoestima' e a coragem de assumir riscos que exige o espírito empreendedor"*[341], pois, segundo a militante, a pobreza mental é pior que a pobreza material, e não o contrário, como costumeiramente pensado.

Para Álvarez, sempre endossada por Narloch, os presidentes populistas chegam ao poder porque oferecem serviços grátis, impedindo que a população seja responsável pelo próprio destino, que seja protagonista e desenvolva a resiliência e a inteligência emocional, que só se desenvolvem num mundo em que nada interfere no livre mercado, em que todas as coisas são comercializadas e as pessoas livres empreendam e

---

[340] Gloria Álvarez debate populismo. Disponível em: <https://www.mackenzie.br/noticias/artigo/n/a/i/gloria-alvarez-debate-populismo-na-america-latina/>

[341] (AMARAL, 2015).

se esforcem para comprar de acordo com a prosperidade decorrente do mérito, pois "não existe almoço grátis".

Continua dizendo que a luta por direitos sociais e igualdade deve ser superada, pois o "ser humano" é egoísta e tem fascínio pelo assassinato, fascínio esse que diminui na disputa comercial, no intercâmbio mercantil, portanto, o livre-mercado é a forma mais evoluída de expressão da natureza, como exemplo do "feito maravilhoso" que é o intercâmbio comercial, Narloch e Álvarez concordam com o encontro de europeus e indígenas no "descobrimento" da América, evento que, segundo eles, possibilitou o intercâmbio livre entre os povos, e o discurso do "vitimismo" tenta manchar a história, de modo que quaisquer evidências históricas que contestem a versão de que foi um encontro livre e todo o desdobramento resultou de livre negociação, para eles é, "ideologizar a história". Novamente, no 28º Fórum: *"Imaginem que, nesse auditório, alguns queiram o direito à educação, outros o direito à saúde, outros o direito à moradia. Então, se eu dou a vocês a educação, todos aqui vão pagar por isso, e vocês vão ser VIPs, e eles, cidadãos de segunda categoria. Se eu dou a eles a saúde, todos neste auditório vão pagar pela saúde deles, e eles vão ser VIPs. Se eu dou a esses as moradias, vou ter que tirar de todos vocês para dar moradia a eles, e eles vão ser esses VIPs. Isso não é justiça social, é desigualdade perante a lei', conclui novamente sob risos e aplausos."*[342]

A declaração acima nada tem de novo ou original, mas exprime, de maneira coloquial, afirmações de ideólogos organizados desde meados do século vinte, e mesmo de afirmações feitas pelo avô Koch, o Harry, lá em seu jornal, o Quanah Tribune-Chief. MacLean[343] conta que para Buchanan, assim como para os Koch, o pagamento de impostos é resultado de um "gangsterismo" resultante da união daqueles que fracassaram por si mesmos, enquanto indivíduos, e que unidos em movimentos sociais, tais como sindicatos, passaram a exigir o pagamento de impostos, usurpando a riqueza conquistada por méritos. Outro ponto é que ele considera que os movimentos sociais, inversamente a ser a luta por direitos coletivos, como uma imposição da minoria sobre a maioria[344]. O político, por sua vez, que adote políticas de direitos sociais, de acordo

---

342 (AMARAL, 2015).

343 (MacLEAN, 2017).

344 (MacLEAN, 2017).

com a teoria da escolha pública de Buchanan, não passaria de alguém interessado apenas em sua reeleição, de modo que mesmo afirmando agir em nome da coletividade, estaria apenas despendendo impostos para se beneficiar, e isso o torna um "populista". E Álvarez declara que *"'Há uma verdade que todo ser humano deve alcançar para ter paz, se não quiser viver como um hipócrita. Todos nós, 7 bilhões e meio de seres humanos que habitamos este planeta, somos egoístas. É essa a verdade, meus queridos amigos do Brasil, todos somos egoístas. E isso é ruim? É bom? Não, é apenas a realidade', diz, definitiva."*[345]

Narloch faz a abertura do debate comentando seu próprio livro, lançado em 2009, e reflete o que ele chama de grande transformação operada na mentalidade brasileira que, de acordo com ele, era completamente avessa às teses defendidas no impresso, temas como privatização eram inaceitáveis, tendo se tornado, no intervalo entre a publicação e o debate aqui analisado, tema corriqueiro, gradualmente ganhando consenso. Diz que Álvarez é um dos grandes resultados do movimento que está "salvando a América Latina". De fato, o ideário do libertarianismo, como planejaram seus intelectuais orgânicos e financiadores, vem permeando o tecido social como vai ficando evidente no percurso desta pesquisa.

Santos e Chagas[346] apontam dois eventos que deram ímpeto ao movimento de expansão do libertarianismo, dizendo que *"essa proliferação de institutos e grupos jovens é compatível com a alteração na estratégia de agências que financiam think tanks, registradas em documentos como o memorando confidencial de Lewis Powell (1971)*[347] *e no The Structure of Social Change, de Richard Fink (2012)"*. Embora o documento de Fink, enquanto presidente da *Charles G. Koch Charitable Foundation*, carregue a data de 2012, trata-se de uma estratégia publicada pela primeira vez na Philanthropy Magazine em 1996[348]. Mayer (2016) afirma, no entanto, que a estratégia foi elaborada por Fink no final da década de 1980, quando este substituiu Ed Crane na condição de representante

---

345 (AMARAL, 2015).

346 (SANTOS e CHAGAS, 2018).

347 Sobre Lewis Powell consultar a nota de rodapé 152.

348 De acordo com o Kochdocs o documento passou a circular na década de 1996 e a investigação sobre o documento, bem como o registro de 2012, estão disponíveis no seguinte endereço: <https://kochdocs.org/2019/08/19/1996-structure-of-social-change-by-koch-industries-executive-vp-richard-fink/>

político de Charles Koch. O fato é que há um conjunto de ações que constitui a contraofensiva libertariana, diante do avanço dos direitos civis e fortalecimentos das organizações sindicais.

Powell enviou o memorando de sua autoria para a Câmara do Comércio[349], com o objetivo de diagnosticar o *"ataque ao sistema americano de livre mercado"* e propor estratégias de atuação, indicando que uma parte intelectualmente consistente do ataque se originava nas Universidades, especialmente na predominância do pensamento de esquerda ou liberal, tendo o termo "liberal" o sentido estadunidense corrente, que é usado em contraposição ao termo republicano, nas faculdades de ciências humanas, entre os historiadores, cientistas políticos e economistas. De acordo com ele, causado por membros das faculdades de ciências humanas, geralmente não são simpáticos às causas corporativas, e cita Herbet Marcuse como um exemplo. Ao dimensionar o que chama de ataque, cita uma série de palestras intitulada *"a guerra ideológica contra a sociedade ocidental"*, para uma delas, inclusive, segundo Powell, Friedman escreveu um prefácio.

Para lidar com a alegada hostilidade acadêmica à liberdade irrestrita que ansiavam as corporações, Powell propôs uma série de medidas, como o estabelecimento de uma equipe de acadêmicos altamente qualificados no campo das ciências sociais, que fossem afinados ao sistema, a promoção de palestrantes e palestras de alta qualidade, que fossem pró-sistema de livre mercado, avaliação contínua de livros didáticos para garantir que os intelectuais do livre mercado aparecessem tanto quanto os "esquerdistas", estabelecendo como critério para figurar em livros didáticos o fato de promoverem o livre-mercado, desconsiderando sua caracterização como ciência, criar escolas de negócio e programas de pós-graduação em administração de negócios, bem como estender tais medidas, tanto quanto possível, ao ensino secundário.

Ainda no memorando Powell disse que "Esse cenário de "ricos" contra "pobres", de negócios contra o povo" é produção política. No evento de 2019, do Centro Mackenzie, citado anteriormente, Álvarez fez a seguinte afirmação *"os populistas colocam ricos contra pobres, como se os ricos fossem os culpados pela pobreza"*, isso soaria como uma citação, mas que na verdade é afirmação permanente entre os libertarianos.

---

349 Consultar rodapé 152, para acesso ao memorando enviado em caráter confidencial, mas que o Greenpeace conseguiu disponibilizar para a sociedade.

As teses de Powell organizaram as ações dos líderes empresariais e impulsionaram os *think tanks advocacy*, como abordado no capítulo 3. Todavia, foi Richard Fink que elaborou a estrutura para a mudança social incluindo mais um agente operacional na construção do libertarianismo. Se Powell mirou os acadêmicos, e os oligarcas trataram de financiar os *think tanks*, Fink incluiu os grupos de pressão, os agentes militantes da causa. Mayer[350] conta que essa estratégia integrada, vertical e horizontalmente, para operar a mudança social, foi apelidada de *Kochtopus*.

Fink chama a atenção para a seguinte questão, os doadores são instados por três grupos, as universidades, os *think tanks* e os ativistas, e o modo de atuação de cada um deles difere entre si, porque sua natureza difere. Fink aponta que nas universidades são geradas as grandes ideias que fornecem a estrutura intelectual para a mudança social, no entanto, as ideias, muitas vezes, restringem-se à comunicação entre pares, dada a abstração e especificidade, e as mudanças ali geradas tendem a ser de longo prazo; Os *think tanks* traduzem a informação para a mídia e as esferas políticas, todavia há projetos de lei propostos por eles, que muitas vezes fracassam por inabilidade no mundo prático da política, e parte de sua produção intelectual acaba sendo tão simplista que pode ser veiculada para o leitor em geral; Já os grupos de pressão estão na trincheira, lutando diariamente para a concretização do que a academia gesta e o *think tank* difunde, são os grupos ativistas.

A argúcia de Fink consiste em apontar que, embora às vezes esses grupos se considerem em disputa por financiamento, para os doadores do libertarianismo, os três grupos são complementares, como uma linha de produção, ou "estrutura de produção", usando a nomenclatura que ele incorporou de Hayek. O primeiro estágio da linha de produção é a universidade, que muitas vezes produz teorias ininteligíveis para os leigos, o segundo estágio é o tratamento dado às ideias pelos *think tanks*, e o estágio final é a coalização de cidadãos e grupos de interesse para exercer pressão por mudança política, ou seja, é a produção das "manifestações populares".

E por que a tese de Fink é tão significativa? Quem é Richard Fink para o movimento libertariano?

---

[350] (MAYER, 2016).

Como abordado em 2.6, Fink levou o Mercatus Center para a George Mason University, em 1980, mesmo ano em que Antony Fisher fundou a *Rede Atlas*, depois de tê-lo, inicialmente, fundado como o Centro de Estudos para processos de mercado, em 1977, na Rutgers University. Foi professor de economia da Mason, trabalhou com os dois "Nobel" Buchanan e Vernon Smith, mas além de sua atuação acadêmica, Fink foi vice-diretor executivo da Koch Industries até se aposentar em 2016. Atualmente é membro do conselho administrativo da *Charles Koch Foundation* e do *Charles Koch Institute*, presidente da *Stand Together* e diretor da *Fred C. e Mary R. Koch Foundation*.

Com exceção do Chile que, de acordo com Klein[351], como já dito anteriormente, foi o primeiro laboratório para concretização do programa econômico neoliberal, sistematizado pela Mont Pelerin e economistas formados pelo intercâmbio na escola de Chicago, os Chicago boys, e implementado pelo golpe militar de 11 de setembro de 1973 que derrubou o governo eleito democraticamente, o pensamento neoliberal se tornou hegemônico na Inglaterra e EUA nos governos de Reagan e Thatcher, expandindo-se para outros países, e se esgotou na América Latina ao final da década de 1990, seguido pela ascensão de governos progressistas[352]. Sobre o fenômeno da ascensão dos governos progressistas, Álvarez se referiu como um círculo vicioso latino-americano decorrente da pobreza mental, que fez com que o socialismo se intensificasse na região no início do século XXI.

Freitas[353] ainda complementa dizendo que a ascensão da esquerda após os anos neoliberais de 1990 criou a ilusão de que a onda havia passado, mas além disso produziu outro efeito na nossa relação com o neoliberalismo, *"chamou nossa atenção para o lado das reformas econômicas e seus impactos, retirando nossa atenção do lado obscuro do neoliberalismo – sua ligação com os conservadores, seu significado ideológico e os métodos pelos quais se propaga e resiste. Não levamos a sério o fato do liberalismo econômico retornar como um movimento de resistência mundial às teses progressistas e não ter compromisso com a democracia, mas apenas com a instauração do livre-mercado – o que*

351 (THE SHOCK, 2010).
352 (FREITAS, 2018).
353 (FREITAS, 2018).

surpreendeu o "socialismo democrático" e a "social-democracia", que tinham na democracia liberal seu parâmetro constitutivo"[354].

Vale ressaltar que sobre a ditadura militar chilena, Hayek disse que a finalidade de um governo é garantir a liberdade econômica, a democracia pode ou não ser um meio[355]. Em suma, trata-se da falência da democracia liberal, para garantir a acumulação de capital, "nesse sentido, a democracia é apenas 'desejável', mas não é uma condição necessária ao neoliberalismo. Os direitos políticos não gozam de garantia incondicional sob o novo liberalismo econômico"[356], mas são revestidos pelo rito democrático, por meio de golpes, no caso do Brasil em 2016, um golpe "jurídico, parlamentar e midiático", a prática de "*lawfare*", no caso do Brasil a prisão política do candidato do Partido dos Trabalhadores para impedi-lo de disputar a eleição presidencial em 2018, e a produção de "movimentos aparentemente espontâneos" como se referem Santos e Chagas a respeito das Jornadas de Junho em 2013 no Brasil[357].

Ainda tomando como fio condutor o debate do *Centro Mackenzie de Liberdade Econômica,* importa citar o agradecimento proferido por Narloch, dito da seguinte maneira: *"Às vezes esquecemos do valor da liberdade econômica e é ótimo que o Centro Mackenzie de Liberdade Econômica (CMLE, organizador do evento) resgate esse debate de qualidade. Que bom que muitas coisas que escrevi em meu livro 10 anos atrás ficaram datadas e velhas, é ótimo para o Brasil ter tido o fim do imposto sindical e abertura a privatizações, por exemplo. É bom que hoje possamos denunciar os populistas que jogam parte da população contra a outra, que dizem ser salvadores e ter todas as soluções. No entanto, não estamos livres deste mal e temos de temer novos populistas que se escondem sob outras máscaras".*

O Centro Mackenzie de Liberdade Econômica divulga a *Rede Atlas* como parceira. Em 2019, três professores do Centro foram admitidos na *Mont Pelerin Society* (MPS), o professor Vladimir Fernandes Maciel, Liliane Cristina Segura e Roberta Muramatsu, em um "espaço estendido a pouquíssimos brasileiros até hoje", de acordo com o site. O quarto professor participante do MPS 2019 no Texas, foi Lucas Grassi Freire

---

[354] (FREITAS, 2018, p. 14).
[355] (FREITAS, 2016; HAYEK, 2003).
[356] (FREITAS, 2018, p. 14).
[357] (FREITAS, 2018, p. 190).

que apresentou um artigo no Young Scholars (jovens pesquisadores), "intitulado '*A Christian View of Limited Government, Community and the Market Economy*', analisa a visão cristã sobre os limites do governo e a relação dele com a comunidade e a economia de mercado".[358]

Já a Atlas, em seu site, na seção *Center for Latin American (CFLA)*, lista quatorze parceiros em seis capitais do Brasil. Organizados por estados, são os seguintes: *o Instituto Atlantos, Instituto Liberdade* e o *Instituto de Estudos Empresariais* (IEE), em Porto Alegre; O *Instituto de Formação de Líderes* (IFL), em Santa Catarina; O IFL, o *Instituto Liberal* (IL), *Instituto Ludwig Von Mises* (Mises Brasil), *Mackenzie Center For Economic Freedom* ou *Centro Mackenzie de Liberdade Econômica* (CMLE) e o *Students for Liberty Brasil* (SFL), em São Paulo; IFL, em Belo Horizonte; o *Líderes do Amanhã,* em Vitória; o *Instituto Liberal* (IL), *Instituto Millenium* (Imil) e o *Livres* no Rio de Janeiro.

4.2. MAPEAMENTO DAS AÇÕES DOS PARCEIROS DA ATLAS NO BRASIL PARA A FORMAÇÃO DE UMA JUVENTUDE LIBERTARIANA

4.2.1. Instituto Atlantos

O *Instituto Atlantos* é um *think tank* fundado em 2015 para *"disseminar a filosofia liberal dentro da academia e na sociedade através das mídias digitais"*, tocado por jovens, publica semanalmente em sua página no Facebook e age difundindo o que eles chamam de "ideias e valores da liberdade – dos direitos individuais ao livre comércio – a milhões de pessoas ao redor do país". Eles realizam palestras e eventos, todos eles gratuitos, nas Universidades de Porto Alegre e citam as cinco maiores como exemplo da sua atuação, são elas a Universidade Federal do Rio Grande do Sul (UFRGS) a Pontifícia Universidade Católica (PUCRS), a Escola Superior de Propaganda e Marketing (ESPM), a Fundação de Articulação e Desenvolvimento de Políticas Públicas para Pessoas com Deficiência e com Altas Habilidades no Rio Grande do Sul (FADERS) e a Fundação Escola Superior do Ministério Público.

---

[358] Comunicação, CMLE. 20 de maio de 2019. Disponível em: <https://www.mackenzie.br/en/noticias/artigo/n/a/i/professores-do-clme-sao-admitidos-na-mont-pelerin-society/>

Eles coordenam clubes estudantis e grupos de estudos que organizam de maneira específica para faculdades e cursos em que estão permeando para promover a "filosofia da liberdade". Publicam artigos traduzidos de *think tanks* como a *Foundation for Economic Education* (FEE) e o *Mises Institute*, além de artigos exclusivos escritos por militantes do libertarianismo. O site não conta a história do Instituto, apenas divulga seu objetivo, não toda a composição da hierarquia e a identificação dos sujeitos só é feita na assinatura dos artigos. Um deles é João Pedro Bastos[359], que foi fundador do Clube Empreendedorismo e Liberdade, em 2015, é membro do International Executive Board do SFL e em 2016 entrou no Atlantos como diretor de Ativismo, passando também pelo cargo de diretor de projetos, até se tornar presidente do Atlantos em abril de 2017. João Pedro também é membro da "La banda loka liberal"[360], fundada em 2015 para tocar marchinhas nas manifestações contra o governo de Dilma Rousseff e o Partido dos Trabalhadores.

A conexão imediata, com as matrizes que recebem doações dos Koch e atuam como mantenedoras das suas sucursais na América Latina, é a intelectual, por meio das fontes de publicações, mas o site do Atlantos não divulga a parceria com a Atlas Network, diferente do site da Atlas. Hayek, Mises, Friedman e Ayn Rand, estão no guia de estudos que inclui também um vídeo de introdução ao libertarianismo.

Há mais sobre o Atlantos no site da Atlas, que o inverso. Em 2017, eles receberam os três mil dólares como premiação do "Smith Student Outreach Award" pela conferência realizada entre 8 e 9 de abril, que contou com 600 participantes presenciais e 15.000 participantes na transmissão ao vivo, cujo tema foi "1917-2017: Da Revolução do Estado à Revolução do Mercado", e como conta a Atlas "usou o 100º aniversário da Revolução Russa como ponto de partida para apontar e discutir como as ideias e instituições evoluíram e mudaram desde então".

---

359 Sobre João Pedro Bastos. Disponível em: <https://atlantos.com.br/author/jpbastos/>.

360 Banda do MBL criada para tocar marchas carnavalescas nos protestos contra a presidenta Dilma. Sobre a atuação da banda nas manifestações pela destituição da presidenta Dilma, disponível em: <https://gauchazh.clicrbs.com.br/geral/noticia/2016/04/la-banda-loka-liberal-o-grupo-que-canta-o-fora-dilma-5777584.html>.

Figura 17: ***Premiação da Atlas Network em 2017***
João Pedro Bastos, presidente do Instituto Atlantos, recebendo o Smith Student Outreach Award no Liberty Forum & Freedom Dinner 2017.

Fonte: Disponível em: <https://www.atlasnetwork.org/news/article/brazils-instituto-atlantos--wins-atlas- networks-2017-smith-student-outreach> Acesso em 16 de dezembro de 2020.

4.2.2. Instituto Liberdade

Instituto Liberdade (IL) é como foi renomeada, em 2004, a ONG que tem sua gênese no *Instituto Liberal do Rio Grande do Sul,* criado em 1986 e tem como missão e objetivos *"promover a cultura da liberdade no sul do país"*. Sua realização mais recente é o lançamento da Coleção "Desbravando o mundo livre" que *"ajuda a introduzir as grandes ideias dos filósofos da liberdade aos seus filhos, colaborando para a formação das novas gerações"*, para *"ajudar os pais que não sabem por onde começar"*.

Os dois primeiros volumes da coleção lançada em maio de 2019 são adaptações de "A lei" de Frédéric Bastiat, e "Eu, o Lápis" de Leonard E. Read (cofundador FEE e da MPS). A preocupação com a formação das crianças está em conformidade com os preceitos do libertarianismo, assim como analisado em textos da FEE, e nos objetivos dos demais *think tanks* fundados, ou que recebem doações dos Koch, é similar também em seu objetivo de prolongar a duração dessa visão de mundo, é a busca por prolongamento de libertarianismo, por conservação de um conjunto de ideias que moldam a disposição e orientam ações. Também é uma

Figura 18: ***Coleção "desbravando o mundo livre"***
Imagens dos dois primeiros volumes.

Fonte: Disponível em: < http://institutoliberdade.com.br/ideias/lancamento-desbravando--o- mundo-livre/> Acesso em 16 de dezembro de 2020.

maneira aumentar a possibilidade de infundir essa visão de mundo, valendo-se da instituição familiar.

4.2.3. Instituto de Estudos Empresariais

Fundado em 1984 por Willian Ling, o Instituto de Estudos Empresariais (IEE) perfaz a *"articulação e conexão de think tanks nacionais determinantes para a formação de valores que sustentam uma reforma intelectual e moral regressiva e uma reorganização do Estado e da economia, sob princípios liberais, foi indispensável para a expansão da rede de empresários, intelectuais e comunicadores"*[361].

De acordo com sua página, o IEE *"tem como objetivo incentivar e preparar novas lideranças, com base nos conceitos de economia de mercado e livre iniciativa. Uma das principais atribuições do IEE é a formação de lideranças com capacidade empreendedora"*. O treinamento das

[361] (BARBOSA, 2017).

lideranças é feito por meio do chamado "ciclo de formação" de modo a atingir as competências que eles estruturam no "hexágono da liderança" que incluem, entre outros pontos, a "rede de relacionamentos", por meio da qual se expande o ideário libertariano, e a "comunicação" que deve acontecer com *"persuasão e assertividade para transmitir mensagens aos diferentes públicos; empatia; disposição para ouvir; sensibilidade para dar e receber feedback"*. Há uma grade de leitura que inclui Adam Smith, F. Hayek, M. Friedman, Ayn Rand, Mises, Murray Rothbard, todos os economistas que convergem na *"naturalização ou necessidade do livre mercado e do estado mínimo em seu funcionamento"*.

Barbosa[362] ainda nos diz que *"Ling é outro importante personagem na história política brasileira contemporânea e na arqueologia dos think tanks liberais no Brasil. Seu ativismo merece destaque pela fundação da organização promotora do 'Fórum da Liberdade'. Seu irmão, Wiston Ling, é fundador do Instituto Liberdade do rio Grande do Sul. Seu filho Antony Ling, é um dos fundadores dos 'Estudantes da Liberdade Brasil"*.

Em 2007, o Instituto recebeu o Templeton Freedom Award Grant, maior premiação da *Atlas Network* na categoria que considera os vencedores na promoção do livre mercado, também por região. Para concorrer ao prêmio são considerados os seguintes critérios *"Impacto estratégico alcançado (em áreas de impacto político, social, acadêmico, midiático ou estudantil, etc); contribuiu de forma inovadora para o campo da educação empresarial gratuita ou pesquisa de políticas; estabeleceu as bases para o progresso futuro na melhoria das pontuações dos países nas classificações de liberdade econômica"*. Atualmente o vencedor ganha cem mil dólares e é homenageado no Freedom Dinner.

Em 2013, foi reconhecido pela revista Forbes como o *think tank* que realiza o maior evento de discussão de ideias da América Latina, o "Fórum da Liberdade". Foi classificado também como uma das 150 organizações que mais influência transformações políticas, sociais e econômicas do mundo no ranking 2013 do Global Go to *Think Tanks*, organizado pela Universidade da Pensilvânia.

De acordo com a Associação Comercial de Porto Alegre, que homenageou o IEE em 2019, o *think tank "é a principal entidade voltada à educação e às discussões da ideologia liberal do País"* e promove,

---

362 (BARBOSA, 2017, p. 5).

anualmente, o Fórum da liberdade, que é o maior evento da América Latina para debater temas da sociedade, dos âmbitos políticos, sociais e econômicos, pela perspectiva de liberdade promovida pelos *think tanks* parceiros da *Rede Atlas.* Entre a temática de relevância para pautar o fórum estão "economia, desenvolvimento, aspectos sociais e políticos e educação". Embora não publiquem institucionalmente artigos específicos sobre a educação, trata-se de uma instituição de treinamento, que se diz educacional, para expandir a ideologia do livre mercado.

Na página do IEE, como propaganda consta uma consideração de Paulo Hartung (ex-governador do Espírito Santo) dizendo que é a *"instituição que inspirou o meu estado, inspirou a nossa juventude capixaba a organizar o Líderes do Amanhã (4.2.8) [...] que está preenchendo o déficit de liderança[...] Formando boas lideranças, com bons valores e bons princípios para um novo Brasil".* A fala de Hartung é significativa porque traz exemplos concretos dos frutos da missão desempenhada pelo IEE, que é formar uma juventude de líderes libertarianos de modo a expandir a rede global em parceria com os *think tanks* matriciais.

4.2.4. Instituto de formação de líderes de Santa Catarina, São Paulo e Belo Horizonte

> *"Nossa geração tem a obrigação de ajudar na formação da juventude para construir um país que nós não conseguimos".*
>
> Salim Mattar[363]

O Instituto de Formação de Líderes de Santa Catarina (IFL-SC) destina-se a *"formar jovens que tenham como uma de suas missões transformar a sociedade brasileira em uma sociedade que respeite as*

[363] "Salim Mattar é um empresário, dono da Localiza, maior empresa de aluguel de carros do Brasil e a mais valiosa do segmento no mundo. A Localiza abriu capital na B3 em 2005. Ele também é secretário de Privatizações do governo de Jair Bolsonaro. Salim Mattar foi o quarto maior doador das eleições. Ele doou mais de R$ 2,9 milhões, distribuídos a 28 candidatos, incluindo o ministro da Casa Civil Onyx Lorenzoni e Rodrigo Maia. Ele apoiou também o governador eleito de Minas Gerais Romeu Zema, do partido Novo. O convite a Salim Mattar foi feito pelo ministro da Economia Paulo Guedes". Dados disponíveis em: <https://www.sunoresearch.com.br/tudo-sobre/salim-mattar>.

liberdades individuais", e fazem isso por meio de um ciclo de formação que inclui *"debate com grandes lideranças empresariais, políticas e intelectuais, estudos de livros e eventos internos de debate entre seus associados... para desenvolver todos os traços que formam um destacado líder, sempre com os valores do Instituto em sua essência"*. Livre mercado, iniciativa privada, propriedade privada, são alguns dos pilares sobre os quais se funda o Instituto, que difunde a necessidade desses princípios serem tornados princípios da sociedade por meio de jovens que são treinados para atuar como agentes de multiplicação desse ideário, e cuja atuação seja no sentido de moldar o mundo de acordo com a visão do libertarianismo.

Em março de 2019, realizou o 4º Fórum da Liberdade e democracia, tendo entre seus palestrantes Lawrence Reed, então presidente da FEE.

O IFL-SC é inspirado no IFL de Belo Horizonte (IFL-BH) e São Paulo (IFL-SP), o próprio instituto vem se multiplicando pelas capitais brasileiras seguindo uma regularidade de princípios e atuação. O IFL-SP afirma como um dos objetivos *"formar líderes com grande potencial de impacto em sua atuação profissional, empresarial, política ou no terceiro setor, comprometidos com a construção de uma sociedade verdadeiramente livre"*. Entre os projetos do IFL-SP estão um blog no Infomoney, o "Acelera São Paulo" que é, de acordo com eles, uma *"iniciativa que busca melhorar o ambiente de negócios e impulsionar o empreendedorismo na cidade de São Paulo com a proposta de políticas públicas junto ao poder público municipal"*, o IFL na mídia que é o *"trabalho constante para disseminar nos principais veículos brasileiros os ideais de liberdade e democracia defendidos pelo IFL"* e o "Educação Política e Empreendedora" que leva os princípios do livre mercado para jovens de baixa renda. Aqui a formação também é estruturada no desenvolvimento de competências compreendidas no "Hexágono".

Há no site um curto vídeo sobre o "Educação Política e Empreendedora", em que alguns jovens participantes fazem depoimentos sobre a experiência. Em geral eles repetem que aprendem coisas não ensinadas na escola, "visões da história" alternativas à "visão" ensinada na escola, falam sobre liberdade para escolher seus caminhos e empreendedorismo.

O IFL-BH afirma trabalhar *"com uma rede de parceiros e mantenedores que estão juntos na missão de disseminar os valores de liberdade na sociedade brasileira"*, atua predominantemente fortalecendo a rede nacional de militantes pelo livre mercado, atuante, segundo eles, *"em Belo Horizonte, São Paulo e Rio de Janeiro, e é construído e integrado por jovens empreendedores dos mais variados segmentos... também presente em Vitória e Porto Alegre, através dos institutos correspondentes em tais estados, promovendo, assim, uma rede nacional sólida e conectada"*.

Figura 19: ***Atlas e MBL no Evento IFL-BH***
Alejandro Chafuen, CEO da Atlas Networ entre 1991 e 2018 e membro da MPS.

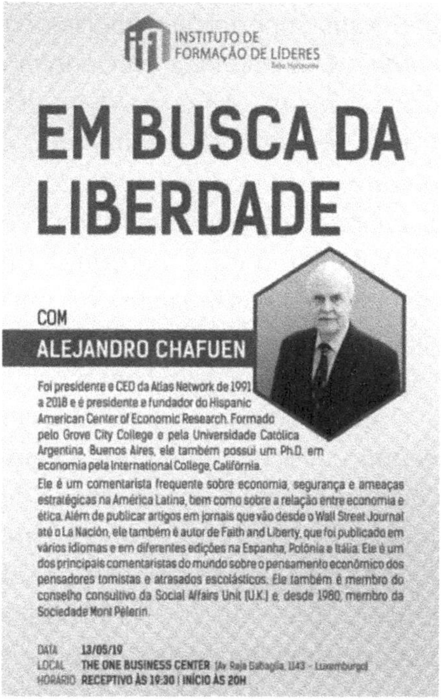

Fonte: Disponível em: <https://www.iflbh.com.br/eventos-1> Acesso em 16 de dezembro de 2020.

Entre os artigos publicados pelos seus colaboradores em veículos diversos de comunicação, ficam ali, de modo permanente, três deles do ano de 2015, que configuram a movimentação daquele ano, exaltando o "justo panelaço pela busca da liberdade" e a divulgação de eventos daquele ano, em que participaram libertarianos que ganharam proeminência naquele momento, tais como Gloria Álvarez, Leandro Narloch, Rodrigo Constantino, Ronaldo Caiado, Luis Alberto Lacalle Herrera (ex-presidente do Uruguai), apontando a forte atuação da rede no Brasil no ano de 2015.

4.2.5. Instituto Liberal – A "Atlas brasileira"

Barbosa[364] destaca que o Instituto Liberal (IL) foi criado em 1983 no Rio de Janeiro por *"Donald Stewart Jr., que foi membro da MPS e*

---

[364] (BARBOSA, 2017).

se destacou em sua trajetória pela articulação de iniciativas com o intelectual de origem argentina, o estadunidense Alexandro Chafuen, também membro da MPS", e ainda prossegue *"este último, foi realizador de importantes iniciativas empresariais, como a criação de instituições de ensino superior na América Latina, voltadas ao proselitismo liberal, como a Universidade na Guatemala, da qual se origina Gloria Álvarez, ativista pelas "ideias da liberdade" e uma das lideranças do movimento Cívico Nacional da Guatemala. Alexandro Chafuen, por sua vez, chegou ao posto de Presidente da já citada Atlas Network, ligada a Atlas Economic Reserch Foundation"*[365].

Atua como uma *metathink tank* nacional, tendo se expandido em diversas capitais brasileiras e constituído núcleos municipais no interior dos diferentes estados, filiados aos respectivos Institutos das capitais estaduais e de acordo com o princípio federativo.

Iniciou sua atuação de difusão do pensamento libertariano promovendo palestras, colóquios e seminários, além de ter sido pioneiro na *"tradução, edição e publicação de livros e panfletos, já que eram muito poucos os textos sobre liberalismo existentes no Brasil"*, de autores da Escola Austríaca, como Mises e Hayek, Frédéric Bastiat e Ayn Rand, entre muitos outros. Na produção intelectual nacional do libertarianismo, publicou Alberto Oliva e Ricardo Vélez-Rodríguez (este último foi ministro da educação de Jair Bolsonaro entre janeiro e abril de 2019). Atua com sucursais e parcerias, entre os parceiros figuram o Instituto Liberdade do Rio Grande do Sul (4.2.2) e o Instituto de Estudos Empresariais (4.2.3). Como êxito na sua atuação, divulgam que *"A partir de 2007, a semente plantada pelo trabalho de décadas do IL gerou formidáveis frutos, com a criação de diversos outros institutos autônomos em defesa da liberdade, como o Instituto Mises Brasil, os Institutos de Formação de Líderes, o Instituto Millenium, o Instituto Liberal do Nordeste, o Instituto Ordem Livre e o Estudantes pela Liberdade, todos parceiros institucionais do IL"*.

Outro evento no modo de atuação são as mudanças a partir dos usos das novas tecnologias, a partir de 2013, e a ofensiva na mídia, focada em desenvolver "um grande número de colunistas para avaliar, quase que diariamente, os acontecimentos. Tais alterações são devidas a chegada

---

[365] (BARBOSA, 2017, p. 4).

do economista Rodrigo Constantino[366] na liderança do Instituto, e Bernardo Santoro, advogado e professor universitário, primeiro presidente da diretoria executiva.

O site da Atlas conta a biografia de Constantino como presidente do IL e membro fundador do Instituto Millenium, além de ganhador do Prêmio Libertas, no XXII Fórum da Liberdade, realizado anualmente pelo IEE, em 2009. O XXII Fórum teve como tema "Cultura da Liberdade", que contou com Charles Murray, colunista da National Review[367], e Tom G. Palmer[368].

Entre outros pontos abordados no evento, afirmaram haver um perigo rondando como uma ameaça à liberdade, originada em manifestações *"transvestidas em aquecimento global e ditadura das maiorias"*. Afirma que a crise econômica deflagrada em 2008, "de proporções inimagináveis", não pode ter como culpados apenas alguns banqueiros de Wall Street, mas resulta da falência do "capitalismo de estado" que precisa ser superado para dar licença à liberdade irrestrita dos mercados.

São abundantes os artigos sobre a educação, que "está em crise, é ruim, precisa ser solucionada" e a solução é unívoca, precisa ser privatizada, dito por Ivan Dauchas[369], *"a melhor saída para a educação no Brasil está na privatização"*. O argumento categórico do autor se baseia

---

[366] Rodrigo Constantino é Presidente do Instituto Liberal e membro-fundador do Instituto Millenium (IMIL), Rodrigo Constantino atua no setor financeiro desde 1997. Colunista de jornais como "Valor Econômico" e "O Globo".

[367] "Revista de opinião conservadora fundada por William F. Buckley Jr. em 1955 (Na casa de Buckley foi redigida a declaração de Sharon que originou o *Young Americans for Fredoom* – 2.4). Desde então, a revista definiu o movimento conservador moderno e desfruta da maior lealdade entre os conservadores americanos." (Comunicadores da National Review participaram da criação do CLS – 2.7 – a convite de Charles Koch).

[368] "Tom G. Palmer é presidente da George M. Yeager para o avanço da liberdade e vice-presidente executivo de programas internacionais da Atlas Network e é responsável por estabelecer programas operacionais em 14 idiomas e gerenciar programas para uma rede mundial de *think tanks*. Ele também é membro sênior do Instituto Cato e diretor da Universidade Cato. Antes de ingressar na Cato, ele foi bolsista da HB Earhart no Hertford College, Universidade de Oxford e vice-presidente do Instituto de Estudos Humanos da George Mason University". Informações disponíveis em: <https://www.cato.org/people/tom- palmer>

[369] "Uma solução liberal para o problema da educação no Brasil", por Ivan Dauchas, publicado em 12 de novembro de 2016. Disponível em: <https://www.institutoliberal.org.br/blog/uma-solucao-liberal-para-o- problema-da-educacao-no-brasil/>

em dados levantados por Friedman, por ocasião da proposta de voucher, em 1978 sobre os gastos federais com a educação nos EUA, e já vem com um alerta, o de que *"esse tipo de política certamente encontraria grande resistência por parte de alguns "educadores". Não porque ela não seja boa ou viável, mas porque tende a reduzir privilégios de uma "aristocracia da educação". Para esse grupo, quanto mais centralizada, burocrática e estatizada a educação, tanto melhor".*

Ou seja, fomentando um sentimento de desconfiança com relação aos críticos da privatização, o autor insinua que as motivações são devidas a busca por vantagens pessoais, desconsiderando toda literatura científica resultante de pesquisas que se debruçaram detidamente sobre as consequências da reforma empresarial da educação e, em contrapartida, sem apresentar nenhum dado que possa confirmar que a privatização é a solução para os problemas da educação brasileira. Outro ponto do argumento que gera um desconforto no leitor é a insinuação moralizante de que há interessses pessoais em manter seus privilégios no modelo educacional vigente, ao passo que, o fundamento das teorias de livre mercado, de maneira geral, converge quanto a defesa do interesse pessoal como motor da liberdade e harmonia, entre os mais variados intelectuais. Portanto, a defesa do interesse pessoal, para os ideólogos da liberdade individual, parece só ser válida se corroborar com os anseios da rede libertariana em expansão. É mais um conjunto de preceitos que uma tentativa de teoria científica, até porque desconsidera como irrelevantes os dados empíricos.

Afirmações de que o "estado está exercendo coação" ao democratizar o acesso por meio do ensino público, e até exortações do tipo *"você é um ser humano, não deseja ser transformado no mascote obediente da sociedade, deseja?"*[370] Esta última provocação foi escrita por Roberto Rachewsky, empresário e articulista em diversos *think tanks* brasileiros, entre eles o *Instituto Millenium* e o *Mises*, e que também é apresentado como fundador do IEE.

---

[370] Artigo escrito por Roberto Rachewsky sob o título "O governo não deveria se envolver com a educação", publicado em 25 de março de 2019. Disponível em: <https://www.institutoliberal.org.br/blog/politica/o- governo-nao-deveria-se-envolver-com-a-educacao/>

4.2.6. Centro Mackenzie de Liberdade Econômica – O libertarianismo na academia

O Centro Mackenzie de Liberdade Econômica (CMLE) é um *"think-tank liberal acadêmico, único no Brasil baseado numa Universidade"*. Declara-se como uma iniciativa do *"Instituto Presbiteriano Mackenzie (IPM) em conjunto com a Universidade Presbiteriana Mackenzie (UPM) e faz parte da unidade "Centro de Ciências Sociais e Aplicadas" (antiga Faculdade de Ciências Econômicas, Contábeis e Administrativas)"*.

Seu modo de atuação declarado é *"em todas as frentes do tripé ensino (mestrados e curso de pós-graduação lato-sensu); pesquisa (efeitos setoriais da regulação, empreendedorismo, inovação, indicadores de liberdade econômica); extensão (cursos, palestras, seminários, fóruns, vídeos, entrevistas etc.)"*. Entre os parceiros estão o Austrian Economics Center, a George Mason University, The University of Chicago, exibindo fotos de Mises, Hayek, Friedman e Buchanan, o CMLE fornece material para compreendermos os pressupostos teóricos das respostas que serão elaboradas a questões econômicas e sociais referentes à realidade social brasileira.

Inaugurado em 9 de maio de 2016, com a palestra "A importância da Liberdade Econômica para a Ação empreendedora produtiva e o desenvolvimento", ministrada pelo professor Benjamin Powell, que parabenizou a Universidade por criar o Centro como uma *"realização rara no ensino superior"*, pois, *"ter uma universidade com a missão de difundir a liberdade econômica, é um modelo de ensino não só para o Brasil, mas para o mundo inteiro"*. A respeito do propósito do CMLE, o então reitor Benedito Guimarães Aguiar Neto declarou o seguinte: *"Queremos, por exemplo, criar uma linha de alunos da graduação voltados para o estudo da Liberdade Econômica, ou seja, a partir da graduação desenvolver o empreendedorismo, o protagonismo estudantil, voltado para uma nova realidade que nós pretendemos que seja implantada no Brasil nos próximos anos"*[371].

Benjamin Powell é diretor e professor de economia do *Free Market Institute* (FMI) da Texas Tech University (TTU). Powell obteve seu

---

[371] Inauguração do Centro Mackenzie de Liberdade Econômica. Disponível em: <https://www.mackenzie.br/noticias/artigo/n/a/i/mackenzie-inaugura-centro-de-estudos--em-liberdade- economica/> .

mestrado e doutorado pela George Mason University, onde estão localizados o *Institute for Humane Studies* (IHS, abordado em 2.5), o Instituto que passou a Charles Koch em 1973, quando "Baldy" Harper, seu fundador, morreu, e o Mercatus Center (2.6), fundado por Richard Fink, o estrategista da nova ofensiva de difusão do libertarianismo (4.1).

De acordo com o Texas Tribune, o FMI recebera, até abril de 2018, a soma de US $ 5,5 milhões da *Charles Koch Foundation*, além de outras fundações mecenas da causa libertariana, como a *John Templeton Foundation*. De acordo com o UnKoch My Campus[372], Powell é um dos *"menos de vinte membros listados como 'corpo docente', 'bolsistas seniores' ou 'acadêmicos associados', do Mises Institute, que receberam diretamente ou administraram financiamento acadêmico da Fundação Charles Koch desde 2005"*.

Tabela 2: ***Doação de valores para acadêmicos***

Acadêmicos associados ao Mises Institute	**Charles Koch Foundation**	**The Association of Private Enterprise Education**
Benjamin Powell, Texas Tech	US$5.527.800 (2013-16): *Director Free Market Institute*, aumentou de US$2,034.500, em 2015, para US$3.368.300, em 2016. Ph.D. GMU, Suffolk, membro da Mercatus Center's Global Prosperity Initiative	Ex-presidente da APEE

Fonte: Dados disponíveis em: http://www.unkochmycampus.org/los-ch2-part-2-the-people Acesso em 28 de janeiro de 2020.

Em 2018, o CMLE ganhou três mil dólares por obter o primeiro lugar no "The Miguel Kast Award for Free Market Solutions to Poverty", oferecido pela *Atlas Network*, que consiste em premiar propostas de solução

[372] É uma campanha para apoiar estudantes, professores e comunidades, para expor a influência dos Koch nos departamentos de universidades dos EUA. Tornou-se independente do Greenpeace em 2017. Declaração de independência e apoio do Greenpeace disponível em: <https://www.greenpeace.org/usa/unkoch-my-campus-internship-dc/>. Site do Unkoch my campus disponível em: <http://www.unkochmycampus.org/>

para a pobreza de acordo com o livre mercado, ou seja, apenas propostas de soluções que estejam ideologicamente alinhadas com o libertarianismo e sejam aplicadas para abordar a pobreza, de modo que quaisquer relações observadas entre a adoção de preceitos do livre mercado com o aumento da pobreza, são recusadas de antemão. Nesse sentido, dados da realidade que não caibam nas respostas de livre mercado, são negados de saída.

4.2.7. Instituto Ludwig Von Mises – Redes Sociais como laboratório

O Instituto Ludwig von Mises – Brasil (IMB) *"é uma associação voltada à produção e à disseminação de estudos econômicos e de ciências sociais que promovam os princípios de livre mercado e de uma sociedade livre"*.

Nas palavras deles: *"Acreditamos (IMB) que nossa visão de uma sociedade livre deve ser alcançada pelo respeito à propriedade privada, às trocas voluntárias entre indivíduos, e à ordem natural dos mercados, sem interferência governamental. Portanto, esperamos que nossas ações influenciem a opinião pública e os meios acadêmicos de tal forma que tais princípios sejam mais aceitos e substituam ações e instituições governamentais que somente: a) protegem os poderosos e os grupos de interesse; b) criam hostilidade, corrupção e desesperança; c) limitam a prosperidade; d) reprimem a livre expressão e as oportunidades dos indivíduos "*.

A orientação ideológica do Mises, elencada na citação acima, é o oferecimento de um discurso que não se realiza. Em sociedades cujas riquezas foram erigidas sobre variados modos de exploração do trabalhador, invasões territoriais, êxodos forçados, massacres, que permitiram acumular riquezas que se perpetuam por sistemas de herança, isenção de impostos sobre fortunas, mecanismos se esquivar da tributação, ao passo que os bens essenciais são rigidamente tributados, bem como mecanismos de manutenção das desigualdade entre as nações por políticas imperialistas e, diante disso, considerando que políticas governamentais de garantia de direitos sociais e no sentido de diminuir desigualdades, decorreram de longas marchas populares por direitos, pela conquista do direito ao voto que possibilita a eleição de representantes da classe trabalhadora, para governarem no sentido de diminuir a desigualdade brutal, torna-se contraintuitivo afirmar que políticas públicas defendem os interesses de minorias, dado que a privatização absoluta tende a aumentar a concentração de riqueza, enquanto despoja as classes trabalhadoras.

A regulação das leis de trabalho limita as possibilidades de exploração, que se torna ilimitada na ausência delas. A privatização da saúde e educação tende a excluir os pobres que, na sociedade da ética do empreendedorismo, passam a ser tratados como fracassados, de modo que mina a solidariedade social, ou torna-os dependentes da caridade individual, que para o libertarianismo só pode ser motivada pela vontade, a mesma vontade que é pregada como "naturalmente egoísta".

O Mises ministra um programa de pós-graduação em Escola Austríaca. Outras duas modalidades de formação, o Mises Summer School e o Winter School Seminário Acadêmico, que funcionam como uma imersão nos princípios da liberdade, à maneira da formação imersiva organizada por LeFevre e Charles Koch no Rampart College (2.3). No corpo docente, entre outros, está o economista Hélio Beltrão, fundador e presidente do IMB, fundador do Instituto Millenium (abordado no tópico 4.2.9).

Rocha[373] aponta que o IMB culminou com um processo iniciado em discussões políticas nas comunidades do Orkut, que permitiu formar um "contrapúblico ultraliberal" que foi se delineando. Beltrão foi uma liderança que tateou a formação desse grupo "ultraliberal" que vê no mercado a solução para todos os problemas, por meio das redes sociais, mas como fundava comunidades que alimentava com ideias nas discussões, também atuou formando esse "contrapúblico". Para ele, não havia nenhuma instituição que representasse o radicalismo que se expressava nas discussões, por isso ele decidiu criar a comunidade "Liberalismo (verdadeiro)", em 2006, com o objetivo de angariar pessoas para fundar um novo *think tank*, inspirado no Mises estadunidense. Desse modo, em 2007, com o apoio de Cristiano e Fernando Chiocca, Beltrão fundou o IMB.

Para o surgimento do IMB, as redes sociais desempenharam papel crucial. Em primeiro momento o Orkut que como "ferramenta logo foi apropriada por entusiastas do liberalismo econômico; alguns dos

---

373 (ROCHA, 2019, p. 11 e 12).

quais já possuíam blogs, participavam de listas de e-mails, frequentavam fóruns de discussão na internet, traduziam textos e procuravam encontrar outras pessoas que pensassem de modo parecido por meio da criação e/ou participação em comunidades variadas funcionando como ambiente de associação – atuando como um difusor do ideário[...]"[374].

Entre os temas para os quais a resposta é o livre mercado, sem dúvida, figura a educação. Tomando como base o livro de Murray Rothbard, "Educação: Livre e compulsória", a argumentação do artigo se desdobra em consonância com os artigos da FEE, apontando que a educação pública é "a religião cívica", que o estado tem interesse em garanti-la para exercer controle ideológico, sempre sem definir estado, tomando o termo "Estado" como o nome de algo estático, desconsiderando as possibilidades de configuração do governo, o conjunto de forças implicado, a participação de grupos civis nas decisões sobre currículo escolar, as demandas democráticas, afirma que a única forma de libertação da *"doutrinação ideológica estatal que se exerce por meio da educação pública e gratuita"* é o *homeschooling,* desvinculado do Ministério da Educação, ou seja, desmonte do serviço público, privatização, primazia da família nuclear em detrimento dos profissionais formados que atuam na educação. Algo que conflui no ataque à ciência em seus fundamentos, dado que qualquer familiar poderia decidir qual o conhecimento a ser ensinado a novas gerações.

Outra consequência é a privatização até mesmo do currículo escolar, não apenas da verba pública destinada à educação, como no caso dos vouchers, ou da gestão escolar, como no caso das escolas charter, mas a vitória da disputa pelo currículo, o que pode significar a hegemonia do libertarianismo, que se apoia em teses revisionistas da história, na naturalização do mercado como o último estágio da sociedade, como algo que funciona regido por leis tão imutáveis como as das ciências duras. Naturalizando o mercado, naturaliza-se a ética empresarial da concorrência universal, determinando como modo de agir no mundo, o empreendedorismo, que funciona exacerbando o individualismo, ingrediente essencial para a desagregação de quaisquer lutas coletivas. Ou seja, trata-se da disputa pela produção de uma visão de mundo que encontra potência na educação.

---

[374] (ROCHA, 2019, p. 9).

4.2.8. Líderes do Amanhã – Formando a liderança empresarial

> *"Não, a desigualdade econômica não é ruim, se ela for uma desigualdade para cima[...]"*
>
> Caio Ferolla Silva[375]

É uma associação cujo objetivo é formar líderes empresariais para atuar na região do Espírito Santo e fazer dos resultados regionais propaganda para ações nacionais, como *"referência na formação de jovens lideranças empresariais"*. O Líderes do Amanhã (LA) tem raízes no Espírito Santo em Ação (ESA), que surgiu em 2003, com o intuito de lidar com o descompasso no alinhamento estratégico entre o setor público e o privado, bem como alegações de improbidade no governo.

De acordo com eles, o ESA possibilitou a constatação de *"valores e embasamento empresariais sólidos"* que deram material para a criação do LA em 2011, para *"desenvolver e capacitar lideranças empresariais capixabas"* por meio de duas ações, a formação (conjunto de palestras, cursos, estudos de livros, visitas técnicas e etc.) e os projetos (Seminários de Inverno e de Verão, Seminário Universitário, Fórum Liberdade e Democracia de Vitória e Projetos de Mentoria). O objetivo é *"disponibilizar apoio ao amadurecimento da classe empresarial capixaba, por meio de um espaço para discussão de diversos temas de interesse, proporcionando aos jovens empresários formação política, filosófica, econômica, gerencial e ética. A proposta consiste num método de formação diferenciado de jovens líderes empresariais, desvinculado do sistema formal de educação, visando fomentar a construção de uma democracia mais madura e livre"*.

Seus valores são "liberdade", "economia de mercado", "estado de direito", "responsabilidade individual", "propriedade privada". Na bibliografia básica constam Mises, Friedman, Hayek, Ayn Rand, Llosa e Locke, entre alguns outros, com ênfase nos malefícios do socialismo e reiterada associação entre capitalismo, liberdade e natureza humana.

---

[375] Trecho do artigo "Desigualdade econômica é ruim?" de Caio Ferrolla Silva, disponível na íntegra em: <https://blogs.gazetaonline.com.br/lideres/2020/01/29/desigualdade-economica-e-ruim>.

Promovem o fórum anual "liberdade e democracia" que tem divulgação, entre outros locais, no site da *Atlas Network*, e segundo a associação, é o maior debate de ideias do Espírito Santo, e em 2019, no 7º Fórum, concederiam o Prêmio Liberdade para Paulo Guedes, mas o prêmio foi cancelado. O ingresso na formação é por meio de processo seletivo, que selecionou, em 2020, 31 alunos entre os 127 inscritos, para receber uma formação "desvinculada do sistema formal". Publicam quase diariamente artigos sobre temas variados com o intuito de dar respostas de mercado para quaisquer questões que se apresentem. A ênfase dos artigos está na reafirmação do conjunto de preceitos do libertarianismo, e não nas questões sociopolíticas que surjam da realidade, toda ocasião é ensejo para repetir as fórmulas dos autores da Mont Pelerin Society (MPS), de modo que a análise dos autores é feita por um marcado "viés ideológico".

Entre os mantenedores, a Vale, empresa de mineração, a Rede Gazeta, empresa de comunicação, escritórios de advocacia, setor de publicidade e propaganda, entre outros, com destaque para o Centro Universitário FAESA, uma universidade privada com forte atuação na região.

Como conteúdo para formação da opinião pública, à maneira dos *think tanks*, publicam o Blog Gazeta Online, e "A Gazeta", bem como divulgam a Rádio CBN de Vitória. Entre o conjunto de artigos, a militância pelo estado mínimo, o empreendedorismo, da privatização e os alertas para os males do "coletivismo", do "intervencionismo estatal", além de reflexões sobre a necessidade de "eficiência na gestão escolar", com argumentos que passam pela afirmação de que a educação não precisa de mais verba, ou que verba para educação não significa melhoria da qualidade, tendo sempre como base o desempenho em testes padronizados tomados como objeto descolado da realidade social. Embora o LA não faça nenhuma menção à *Rede Atlas*, a Atlas divulga-o como parceiro.

4.3. AGENTES OPERACIONAIS NAS BASES

Em 1984, colocando em prática o que Charles Koch propôs em 1976, *"utilizar as mais recentes técnicas de venda e motivacionais"* para alavancar o libertarianismo, os executivos da Koch Industries, com David Koch e Richard Fink, criaram um novo grupo conservador sem

FIGURA 20: ***David Koch discursando em evento do Americans for Prosperity***
David Koch, presidente do Americans for Prosperity, discursando na cúpula do Defending the American Dream, no Greater Columbus Convention Center em Columbus, Ohio.
(AP Photo / Paul Vernon, File)

Fonte: Disponível em: < https://www.yahoo.com/news/latest-koch-remembers-brother--giant- 135043459.html> Acesso em 30 de janeiro de 2020.

fins lucrativos, para militar pelo defender a redução do estado, o Citizens for a Sound Economy (CSE), sob a aparência de ser um grupo de cidadãos descontentes, uma manifestação de massas, era na verdade um *"novo tipo de arma no arsenal das maiores empresas estadunidenses"*, criado por patrocinadores corporativos, nas palavras de Mayer[376]. O grupo mobilizou 50 trabalhadores de campo para incitar os eleitores em torno da agenda dos Koch, redução de impostos, da regulação e dos gastos públicos. Mobilizaram apoio em pautas como suprimir impostos progressivos e privatizar serviços públicos, inclusive a previdência[377].

De acordo com o Greenpeace, as doações dos Koch para o CSE foram de US$ 6.510.375 das fundações de Koch, entre 1997 e 2002, US$ 1.750.000 de David Koch e US$ 1.702.500 da Koch Industries. Além das seguintes doações não declaradas, encontradas por pesquisadores e repórteres, não reveladas pelas indústrias Koch e David Koch: uma quantia de US$ 4.978.000 não incluída na tabela abaixo dos gastos da Fundação Koch; US$ 750.000 de David Koch e US$ 626.500 da Koch Industries em 1998; US$ 1.000.000 de David Koch e US$ 952.500 da Koch Industries em 2001. A lista de doadores da CSE para o IRS indica US$ 750.000 adicionais da Koch Industries, 2001[378].

O grupo esteve envolto em inúmeras controvérsias, desde a criação de uma filial que negava a chuva ácida e as questões ambientais,

---

376 (MAYER, 2016).

377 (MAYER, 2016).

378 Artigo intitulado "Citizens for a Sound Economy", disponível na íntegra em: <https://www.greenpeace.org/usa/global-warming/climate-deniers/front-groups/citizens-for-a-sound- economy-now-freedomworks/>.

ostentação de um número de membros que não se comprovava, bem como foi o protótipo dos grupos de oposição a pautas progressistas, financiados por verbas empresariais, pioneiro durante o governo de Bill Clinton, mas que se multiplicou no governo de Obama[379].

Em 2003, o CSE se fragmentou em *Americans for Prosperity* (AFP) e *Freedom Works*, por uma série de desentendimentos na cúpula do grupo. O Freedom Works foi criado por Dick Armey, a partir de um agrupamento com outros dissidentes do CSE[380], e com a ruína do CSE, David Koch e Richard Fink criaram o AFP, com um braço denominado *Americans for Prosperity Foundation* (AFPF) que fora estabelecida como uma fundação educativa mantida por doações dedutíveis de imposto e não poderia atuar diretamente na política eleitoral. O outro braço do grupo foi denominado apenas *"Americans for Prosperity"* (AFP), que sendo estabelecido como um grupo de previsão social, poderia atuar em atividades políticas eleitorais, sempre, desde que fossem atividades "primárias", e receber doações anônimas não dedutíveis de imposto, escreveu Mayer[381].

Com um site em que jovens sorridentes convidam todos os "americanos" a se engajarem na luta pela liberdade, o AFPF afirma que *"tem educado e treinado os cidadãos para serem defensores da liberdade, criando mudanças reais em níveis local, estadual e federal...os programas da Fundação compartilham conhecimento e ferramentas que incentivam os participantes a aplicarem os princípios de uma sociedade livre e aberta em suas vidas diárias – sabendo que isso leva à maior prosperidade e bem-estar de todos."*

Já o AFP atua por questões políticas concretas, mas não pode fazer campanha para candidatos, apenas para as causas, embora estejam implicados em ataques na mídia convencional e digital a candidatos que apresentam propostas de políticas públicas de defesa de direitos por meio do estado, ou que significam um obstáculo ao avanço das causas defendidas pelos Koch. Entre os ocupantes do alto escalão estão os membros do Partido Republicano e pessoas que passaram pelo governo de Reagan e da Foundation for Economic Education (FEE)[382].

---

379 (MAYER, 2016).

380 (MAYER, 2016).

381 (MAYER, 2016).

382 (COHEN, 2014).

Tabuchi[383], em artigo publicado para o The New York Times sobre a cruzada contra o investimento governamental em transporte público, conta como os ativistas do AFP atuam de porta em porta e por telefonemas pessoais, orientados por um sofisticado serviço de dados, o i360, que indica eleitores propensos a aderir as suas causas, "educando eleitores" a votar com eles. *"O i360, é a operação de dados da Koch Ind., que analisa os americanos com base em suas informações de registro de eleitores, dados do consumidor e atividades em rede social"*[384]. Ao mudar drasticamente resultados obtidos por pesquisas, Tori Venable, diretora estadual do AFP no Tennessee, que fez quase 42 mil ligações e bateu em mais de 6 mil portas, disse: *"é por isso que as bases funcionam"*.

Os argumentos do AFP vão no sentido de que o transporte público infringe as liberdades individuais de ir e vir, além de significar desperdício de dinheiro público em meios de transporte "ultrapassados", como trens e ônibus, no entanto há aspectos não mencionados pelos agentes do AFP, as indústrias Koch estarem entre os principais produtores de gasolina, asfalto, cinto de segurança, pneus e outras peças automotivas, assim como não haver indignação quando os gastos públicos são feitos com rodovias e estradas[385]. O fato é que o trabalho de base funciona. E o AFP é a principal força social nos bastidores do "*Tea Party*" (TP).

"Consensualmente se diz que o movimento TP surgiu nos EUA de maneira espontânea, livre de interesses econômicos. Entretanto, como ocorre com a maioria dos mitos de criação, a realidade oferece outra versão"[386]. Desde a chamada "contraofensiva libertariana", desde que intelectuais orgânicos e empresários vinham somando esforços para alterar a estrutura social, contudo ainda faltava abarcar a massa, o eleitorado em defesa da causa.

---

[383] (TABUCHI, 2018).

[384] O i360 é mais um dos receptáculos dos grandes investimentos dos Koch. Trata-se de uma empresa que desenvolveu um banco de dados que traça o perfil de 250 milhões de estadunidenses, relacionando aspectos eleitorais, de consumo e informações de redes sociais. Relação entre os Koch e a i360 publicada no artigo *"Inside the Koch data mine"* de Allen e Vogel, publicado em 12 de agosto de 2014, no Politico. Disponível no seguinte endereço: < https://www.politico.com/story/2014/12/koch-brothers-rnc-113359> O site da empresa está disponível em: < https://www.i-360.com/>.

[385] (TABUCHI, 2018).

[386] (MAYER, 2016).

O estopim do movimento *Tea Party* é atribuído a uma manifestação indignada de Rick Santelli[387], colaborador da CNBC News, direto da bolsa mercantil de Chicago, concernente ao plano Homeowners Affordability and Stability Plan[388] de Obama, insinuando a irrupção de um novo *Tea Party* caso o governo decidisse *"salvar as famílias endividadas que corriam o risco de perder suas casas"*, a manifestação se deu menos de um mês após o início do mandato presidencial. Esse é, frequentemente, apontado como evento propulsor, todavia Mayer (2016) aponta que Charles Koch fazia alusões a um novo *Tea Party* para desencadear uma revolta libertariana contra o estado, desde que passou a elaborar as ofensivas da década de 1970. O CSE já vinha sendo o precursor de protestos anti-impostos desde a década de 1990, seguido pelo AFP.

Após a declaração indignada, Matt Drudge, conservador e dono da Drudge Report, um site de compilação de notícias com três milhões de leitores, veiculou a declaração de Santelli como uma grande "emergência política" e poucas horas depois surgiu na internet o "TaxDayTeaParty"[389] cujo domínio foi registrado por Eric Odom[390], membro do National Libertarian Party (NLP) e ex-diretor de mídia da Sam Adams Alliance[391], fundada por Eric O'Keefe e Howard Rich, ambos multimilionários leitores e frequentadores de palestras de Friedman e Hayek que integraram a junta diretiva do *Cato Institute* com David Koch. A proximidade entre Sam Adams Alliance e os Koch era tão estreita que o IHS da George Mason University, enviava seus alunos para cursos de verão lá.

---

[387] A fala de Santelli está disponível no YouTube no seguinte endereço: < https://www.youtube.com/watch?v=zp-Jw-5Kx8k>.

[388] O Homeowners Affordability and Stability Plan foi a proposta de apoio governamental em medidas como refinanciamento às famílias para evitar a execução de hipoteca, como medida para lidar com a contração econômica decorrente da crise de 2008. O plano está disponível no site do departamento do tesouro. Disponível em: <https://www.treasury.gov/press-center/press-releases/Pages/tg33.aspx> .

[389] O site está disponível no seguinte endereço: < https://www.taxdayteaparty.com/>.

[390] Eric Odom é um dos precursores no uso da internet e redes sociais para promover a agenda da direita, criando grupos e manifestações. O NY Times publicou o artigo de Daniel Libit "For the *Tea Party* Movement, Sturdy Roots in the Chicago Area" em 18 de fevereiro de 2010. O artigo aborda a trajetória de Odom e está disponível no seguinte endereço: <https://www.nytimes.com/2010/02/19/us/19cncodom.html>.

[391] Sobre a relação entre Eric Odom, SAA e o *Tea Party*, o Huffpost publicou o artigo de Dawn Teo, em 18 de março de 2010, *"Anatomy of the Tea Party Movement: Sam Adams Alliance"* disponível em:<https://www.huffpost.com/entry/anatomy-of-the-tea-party_b_380662>

Figura 21: ***Protesto contra a venda do Los Angeles Times aos Koch***
Protesto de membros da coalizão "Save Our News" antes de entregar uma petição de 500.000 assinaturas pedindo à Tribune Co. que rejeitasse qualquer oferta dos irmãos Koch para comprar o jornal Los Angeles Times em Los Angeles, 29 de maio de 2013. Foto de Damian Dovarganes.

Fonte: Disponível em: < https://www.peoplesworld.org/article/the-koch-brothers-latin-america-libertarian- roadshow/> Acesso em 16 de dezembro de 2020.

Em 2008, O'Keefe, observando a iminência de Obama à presidência, passou a experimentar na Sam Adams Alliance o uso da internet com os seus alunos, tais experimentos, posteriormente, ajudaram a mobilizar a direita. Odom e seu amigo blogueiro, Rob Bluey, criaram o movimento DontGo!, no Twitter, e passaram a divulgar chamados para protestos nas ruas, as manifestações foram se proliferando, com a colaboração da Heritage Foundation, *Cato Institute* e o Americans for Prosperity, que enviavam palestrantes, pontos de debate, notícia para a imprensa, transporte e apoio logístico.

Durante as manifestações que se inflamavam a medida que o governo de Obama avançava, expressões de racismo e ódio eram frequentes, outro aspecto foi a adesão da classe média alta e dos investidores, além de publicações na internet que igualavam Hitler e Obama, afirmavam que Obama era comunista, associavam-no à feitiçaria por causa de sua afrodescendência. Até mesmo Richard Fink se declarou envergonhado com o racismo constituinte das manifestações da direita, enquanto David Koch declarou que Obama era o presidente mais radical que os EUA já tiveram e que o radicalismo tinha gênese em sua herança africana.

De acordo com Mayer, o número de ativistas do *Tea Party* era mais de três vezes maior que o número de ativistas da John Birch Society (JBS) na década de 1960, o que não significa um crescimento tão grande ao longo do tempo transcorrido, entretanto, *"a profissionalização da infraestrutura oculta, o avanço dos meios de comunicação alinhados e financiados, e o intenso influxo de dinheiro financiando desde as bases, tiveram consequências de proporções imensas"*[392].

4.3.1. Students For Liberty Brasil – Globalizando a educação libertariana

"Essa é a geração libertariana..."
Alexander McCobin
(cofundador e ex-presidente do SFL)

Sob a liderança de Alexander McCobin, cofundador e ex-presidente da *Students For Liberty* (SFL), *"a instituição se tornou a maior organização libertariana de estudantes do mundo, com mais de 1.574 líderes treinados no ano letivo de 2015-16 e 1.916 grupos de estudantes ativos"*. McCobin trabalhou no *Cato Institute* e atuou no Conselho Consultivo da Atlas Society, bacharelado em filosofia e economia na Universidade da Pensilvânia, e mestre em filosofia na Georgetown University[393]. Ao HeadCountBlog[394], em entrevista para Perri (2011), McCobin contou que o SFL é "uma organização sem fins lucrativos, cuja missão é fornecer um fórum de apoio unificado e orientado ao aluno, para estudantes e organizações estudantis dedicadas à liberdade".

McCobin era bolsista da *Reason Foundation* por meio do Koch Summer de 2007, patrocinado pelo *Institute for Humane Studies* (IHS)[395],

---

[392] (MAYER, 2016).

[393] Página sobre Alexander McCobin, cofundador e ex-presidente do Students for Liberty. Disponível em: <https://studentsforliberty.org/north-america/blog/staff/alexander-mccobin/>.

[394] Entrevista de Alexander McCobin. <http://www.headcount.org/interview-alexander-mccobin-of- students-for-liberty/>

[395] Elo entre Studants for Liberty e Institute for Humane Studies por meio de Alexander McCobin. <https://www.desmogblog.com/reason-foundation>.

e em contato com outros bolsistas que administravam organizações estudantis pró-liberdade em seus campi, organizou uma mesa redonda sobre as melhores práticas para organizações estudantis dedicadas à liberdade. Em 2008, realizaram uma conferência que atraiu 100 alunos de 42 escolas em 3 países e fundaram o SFL.

O *Students for Liberty* (SFL) é sediado em Arlington, na Virgínia, e *"é a maior organização estudantil pró-liberdade do mundo, em termos de número de líderes, eventos e países com representantes"*. Diz-se apartidário e com a missão de *"educar, desenvolver e empoderar a próxima geração de líderes da liberdade"*, para criar um "futuro mais livre".

O lema do instituto sintetiza a longa marcha dos libertarianos, que afirma ter dois fatores necessários para mudar o mundo, as "ideias e as pessoas". Pretendem, por meio da educação que forma líderes para operar mudanças no mundo, atuar de acordo com a cultura invariável da instituição, apresentada como uma grande comunidade que, embora esteja presente em mais de cem países, é uma rede global que conecta a todos em torno da mesma visão de mundo.

O treinamento consiste em perfazer a "Jornada do líder", estruturada da seguinte maneira: 1- Educação (treinamento básico do SFLB em tópicos como liderança, gestão, marketing, e organização de eventos); 2- Vire um líder (Como líder, você educará, evoluirá e empoderará a próxima geração de líderes da liberdade); 3- Crie uma comunidade (crie uma comunidade que defenderá a liberdade e está unida pelos nossos valores comuns); 4- Avance e Cresça (Avance para papéis mais especializados de acordo com seus interesses) 5- Mude o mundo (Como alumni do SFL, você pode mudar o mundo abrindo um *think tank*, seu próprio negócio, e muito mais).

A "Jornada" é ensinada pelo SFL Academy, *"plataforma de educação e treinamento da Students For Liberty, que impulsiona a missão de educar, desenvolver e capacitar a próxima geração de líderes da liberdade"*, e o Learn Liberty, que disponibiliza vídeos no YouTube para difundir ideias de "sociedade livre". O principal referencial teórico do SFL é o "objetivismo" de Ayn Rand. Embora ser graduando ou graduado não seja um pré-requisito para ingressar no treinamento do SFL, há uma preferência em angariar adesões entre a juventude universitária, pois, *"os coordenadores locais da SFL, estudantes de graduação e pós-graduação, são a face da liberdade em seus campi universitários, são a força do movimento, capacitando os estudantes a defenderem em suas áreas as ideias de liberdade"*.

O SFL Brazil é a sucursal do SLF e, em números do site, o impacto do SFLB foi de 444 eventos, 27.264 participantes e 332 líderes formados em 2019[396], pois, de acordo com eles, é a maior "rede de libertários do mundo" e está em rápido crescimento. Afirma que sua estrutura não é vertical e que não possui filiais, sendo uma em expansão global. Diferente de organizações de livre-mercado com apelo neoconservador, o SFL milita pela liberdade de imigrar, pelo fim de intervenções militares, pelo fim da guerra às drogas e da violência policial, publica um Blog chamado "Peace, Love, Liberty", que o aproxima do "Free Keene" abordado em 2.8 desta pesquisa, e se coloca como uma organização educacional supranacional, ou global, para a criação de uma visão de mundo capitalista, tendo o capitalismo como uma "ideia moral" em que mercados livres estão associados a mentes livres, em concordância com Ayn Rand.

De acordo com o Greenpeace, o SFL recebeu US $ 704.025 das fundações de Koch no período entre 2009 e 2017, pois "é um braço das numerosas operações de recrutamento, treinamento e networking de Charles Koch, para desenvolver profissionais que operam sob sua "cultura" do "Market Based Management (MBM)", abordado em 1.1, que defende o poder corporativo irrestrito. Ainda em dados do Greenpeace, a Conferência Internacional do SFL de 2012, *"recebeu um patrocínio de US$ 10.000 do Instituto Cato, US$ 5.000 cada um da Rede Atlas e do Instituto de Estudos Humanos e US$ 2.500 cada um do Instituto Charles Koch e da Fundação para a Educação Econômica (outros patrocinadores financiados pela Koch ajudaram pagar a conta também)"*. Nos altos quadros do SLF há membros que transitam entre os *think tanks* e fundações criadas ou mantidas pelos Koch.

---

396 Os dados sobre a abrangência do programa da Atlas estão disponíveis em seu próprio site, no seguinte endereço: <https://studentsforliberty.org/brazil/sobre-nos/>

4.3.2. "Quando o gigante acordou"[397] – Students for Liberty, Estudantes pela liberdade e Movimento Brasil Livre

> *"Espero que estas conferências sejam lidas não só por especialistas na área, mas também pelos muitos admiradores de meu marido que não são economistas. E espero sinceramente que este livro venha a tornar-se acessível a um público mais jovem, especialmente aos alunos dos cursos secundários e universitários de todo o mundo".*
>
> (Margit von Mises Nova York Junho, 1979)

Em 6 de fevereiro de 2018, o People's World publicou o artigo "The Koch Brothers Latin America 'Libertarian' Show"[398] do antropólogo Emile Schepers, o artigo aborda que, embora os estadunidenses estejam familiarizados com o uso do poder pelas transnacionais e os super-ricos, em especial os Koch, que atuam para moldar a vida das pessoas, influenciando as eleições e a legislação, há menos familiaridade com o fato de que eles replicam suas ações em "dezenas de outros países", sempre falando sobre levar "liberdade" ao povo, contra a opressão dos governos, quando se trata, na verdade, de "remover todos os obstáculos à obtenção de lucros corporativos máximos e ilimitados", disse Scheper[399].

Em 08 de abril de 2019, o *Afro-Midle East Centre* (AMEC) publicou o *"Connecting de Networks: Putting the Koch into race relations"*[400]

---

397 Um dos principais gritos de ordem e *hashtag* das jornadas de junho de 2013, como ficaram conhecidas as manifestações cujo estopim foi o aumento em 0,20 centavos nas tarifas de transporte público, convocadas pelo Movimento Passe Livre (MPL). Entretanto, em votação, no 21 de junho o MPL anunciou o fim das convocações e as mobilizações se tornaram palco para outras reivindicações, além de Estrutura de Oportunidade Política para o surgimento de outros atores sociais. (PERUZZO, 2013).

398 Artigo disponível no seguinte endereço: https://www.peoplesworld.org/article/the-koch-brothers-latin- america-libertarian-roadshow/

399 (SCHEPER, 2018).

400 O artigo completo está disponível no seguinte endereço: <https://www.amec.org.za/all-analyses-in- chronological-order/item/1585-connecting-the-networks-putting-the-kochs-into-race-relations.html> Acesso em 24 de janeiro de 2020.

que aponta para uma visão de mundo racista no empenho da direita neoconservadora para moldar o mundo, escrito por Salma Sayyid. Mas, mais que tratar do mesmo assunto, ambos artigos abordam um dos braços ativistas dos irmãos Koch no Brasil, o Movimento Brasil Livre (MBL), que foi determinante na destituição do governo de Dilma Rousseff, democraticamente reeleito em 2014, pois é um movimento composto por jovens treinados e financiados por *metathink tanks* como o *Students for Liberty* e a *Rede Atlas*. Amaral[401] publicou uma rigorosa investigação na reportagem sobre a rede libertariana, que se expande dos financiamentos de *think tanks* conservadores estadunidenses para o treinamento da juventude latino-americana contra os governos progressistas.

A atuação nas ruas está planejada no programa de Richard Fink, em sua "estrutura da mudança social", fundamentada em Hayek, e é o terceiro apoio do tripé, a fabricação de um "movimento de massas", um "movimento de rua", à maneira, também, do Tea Party. Uma das ferramentas é o uso ostensivo das redes sociais, como também fez Hélio Beltrão na formação do "contrapúblico ultraliberal" para criar o Instituto Mises Brasil (IMB), e como Eric Odom, do Sam Adams Alliance (SAA), foi aperfeiçoando enquanto fazia experimentos para cooptar os "outsiders" em defesa de interesses da plutocracia estadunidense.

É a essa plutocracia que interessa o estado mínimo e o fim dos serviços públicos. A ela interessa a privatização, porque dispõe de dinheiro para comprar o que antes era direito e passa a ser mercadoria, é a quem interessa a desregulamentação e o combate aos impostos, mas que se apresenta como um movimento pela construção de um mundo "libertariano" contra a "intromissão do Estado" e difunde sua visão de mundo para outros países financiando e fornecendo material ideológico para os *think tanks* locais, treinando agentes operacionais que voltam para suas regiões como "lideranças jovens locais", e se associando às elites locais. É uma atuação que se dá em três frentes para tornar sua ideologia a composição do tecido social.

---

401 Reportagem de Marina Amaral disponível em: < https://apublica.org/2015/06/a-nova-roupa-da-direita/>

TABELA 3: ***Doações para a Atlas e o STF em 2014***

Atlas Economic Reasearch Foundation		**Students For Liberty**	
John Templeton Foundation	US$ 4.111.989	Donors Capital Fund	US$ 225.412
Earhart Foundation	US$ 4.071.988	Claws Foundation	US$ 170.000
Sara Scaife Foundation	US$ 2.645.000	Atlas Economic Reasearch Foundation	US$ 165.178
The Carthage Foundation	US$ 1.415.000	DonorsTrust	US$ 138.500
Exxom Mobil	US$ 967.500	The Rodney Fund	US$ 114.532
Willian H Donner Foundation	US$ 674.869	Charles G. Koch Charitable Foundation	US$ 105.328
Chiaroscuro Foundation	US$ 600.000	Dun's Foundation for the Advancement of Right Thinking	US$ 63.000
Smith Richardson Foundation	US$ 591.830	Lowndes Foundation	US$ 45.000
DonorsTrust	US$ 559.800	Pierre F. and Enid Goodrich Foundation	US$ 44.000
Chase Foundation of Virginia	US$ 428.820	Searle Freedom Trust	US$ 30.000

Fonte: Infográfico de Marcelo Grava em Amaral (2015) com dados obtidos na plataforma Conservative Transparency. Disponível em: https://apublica.org/2015/06/a-nova-roupa-da-direita/ Acesso em 28 de janeiro de 2020.

A tabela acima ilustra o fluxo do dinheiro que é injetado diretamente no SFL e na Atlas, mas também da Atlas para o SFL, de modo para tornar mais nebulosa a origem do dinheiro e, portanto, dos objetivos de seus doadores, porém, como disse Scheper (2018), tem se tornado conhecido seu modo de atuação nos EUA e, *"dada a maneira como o capitalismo corporativo funciona hoje, não é de surpreender que os irmãos Koch e seus grupos funcionem não apenas economicamente, mas também politicamente em nível internacional"*. As fundações Koch são as maiores suspeitas de despejar dinheiro nos fundos Donors Trust (DT), que está entre os maiores doadores da Atlas, e Donors Capital fund (DCF), que é o maior doador do SFL, sendo que ambos dispensam os doadores de ter o nome exposto em formulários 990, e O DT é o maior doador do DCM e vice-versa, informou Amaral[402].

O *Estudantes Pela Liberdade* (EPL) aparece no relatório anual da *Atlas Network* como um dos dezesseis novos *think tanks* fundados em 2012[403]. *"A fundação da EPL no Brasil veio depois de Juliano (Torres) ter participado de um seminário de verão para trinta estudantes patrocinado pela Atlas em Petrópolis, em 2012"*, então ele diz que "fez um rascunho, um planejamento e daí, depois, a gente entrou em contato com a Students for Liberty para oficialmente fazer parte da rede", ainda na reportagem de Amaral[404].

Entretanto, de acordo com Débora Gois Torres, esposa de Juliano Torres e diretora de captações e operações do grupo em 2017, o grupo tenha surgido no ano de 2010, em Belo Horizonte, para fazer oposição a suposta *"hegemonia de socialista nas universidades"*, num enfrentamento aos grupos de esquerda e ao movimento estudantil, como concorrente da União Nacional dos Estudantes (UNE) na venda de carteirinhas e, em artigo de Müller[405] à Gazeta do Povo, seu parecer era de que a mudança começava a ser operada, mas os objetivos do EPL se tornaram mais ambiciosos, passaram a se tratar da formação de indivíduos atuantes na promoção da visão de mundo do instituto, que pode ser sintetizada na "filosofia objetivista", abrangendo um número cada vez maior de jovens, cuja previsão era, até aquele dezembro, de cinco mil.

Ainda de acordo com Débora Torres, o EPL "sobrevive de 'ajuda' de empresas privadas, organizações internacionais e pessoas físicas, e nega doações provenientes do SFL, que apenas teria servido como inspiração. Entretanto, Juliano Torres, o diretor executivo do Estudantes pela Liberdade (EPL), na mesma entrevista concedida a Amaral, informou que *"o MBL é a marca criada pelo EPL para participar das manifestações de rua sem comprometer as organizações americanas que são impedidas*

---

402 (AMARAL, 2015).

403 Relatório anual da Atlas, 2012. Disponível em: <https://www.atlasnetwork.org/assets/uploads/annual-reports/Annual_Report_2012.pdf>

404 (AMARAL, 2015).

405 Bruni Raphael Müller. "Estudantes pela liberdade desafia hegemonia da esquerda", Em 22 de junho de 2017 em Gazeta do Povo. Disponível em: https://www.gazetadopovo.com.br/educacao/estudantes-pela-liberdade-desafia-hegemonia-da-esquerda-9qk7kw1vsghnu6ulrnup1s6kq/ACESSO.

pela legislação da receita americana (IRS) de doar recursos para ativistas políticos".

Juliano Torres disse da seguinte maneira: *"Quando teve os protestos em 2013 pelo Passe Livre, vários membros do Estudantes pela Liberdade queriam participar, só que, como a gente recebe recursos de organizações como a Atlas e a Students for Liberty, por uma questão de imposto de renda lá, eles não podem desenvolver atividades políticas. Então a gente falou: 'Os membros do EPL podem participar como pessoas físicas, mas não como organização para evitar problemas. Aí a gente resolveu criar uma marca, não era uma organização, era só uma marca para a gente se vender nas manifestações como Movimento Brasil Livre. Então juntou eu, Fábio [Ostermann], juntou o Felipe França, que é de Recife e São Paulo, mais umas quatro, cinco pessoas, criamos o logo, a campanha de Facebook. E aí acabaram as manifestações, acabou o projeto. E a gente estava procurando alguém para assumir, já tinha mais de 10 mil likes na página, panfletos. E aí a gente encontrou o Kim [Kataguiri] e o Renan [Haas], que afinal deram uma guinada incrível no movimento com as passeatas contra a Dilma e coisas do tipo. Inclusive, o Kim é membro da EPL, então ele foi treinado pela EPL também. E boa parte dos organizadores locais são membros do EPL. Eles atuam como integrantes do Movimento Brasil Livre, mas foram treinados pela gente, em cursos de liderança. O Kim, inclusive, vai participar agora de um torneio de pôquer filantrópico que o Students For Liberty organiza em Nova York para arrecadar recursos. Ele vai ser um palestrante. E também na conferência internacional em fevereiro, ele vai ser palestrante", disse em entrevista por telefone na sexta-feira passada"*[406].

Surgido em 2013, mas alegado como estabelecido somente em 2014, o MBL se vangloria de ter sido "peça fundamental" na destituição de Dilma Rousseff. Ainda de acordo com o artigo de Müller, o MBL procurou a "Gazeta do Povo" negando que sua relação com o EPL tenha ido além do uso de uma página criada por eles e abandonada, do Facebook, para divulgar manifestações contra a presidenta.

Müller[407] veicula que o SFLB não tem relações com o EPL, com os quais teriam tido desentendimentos por má gestão, e diz que, embora

---

[406] Matéria de Marina Amaral. Disponível em: https://apublica.org/2015/06/a-nova-roupa-da-direita/

[407] MÜLLER (2017).

tenham o mesmo objetivo de difundir o libertarianismo entre a juventude, Fernando Miranda, diretor executivo do SLFB, é mais "radical" afirmando que "nas universidade há aparelhamento de esquerda em alguns cursos de ciências humanas e doutrinação por parte de professores, bem como silenciamento das opiniões de livre mercado" e eles precisam "combater" essa situação. O SFL informa que o SFLB surgiu a partir de quando Fábio Ostermann foi apresentado, na Universidade de Cato, ao Alexander McCobin, seu cofundador[408]. *"Fascinado pela ideia de apoiar os estudantes dedicados à liberdade e convencido da necessidade de lutar pela liberdade em seu país, Fábio decidiu criar a filial da SFL no Brasil"*. Enquanto fazia o mestrado na Georgetown University, Fábio *"se envolveu com o maior movimento global de liberdade e lançou, com sucesso, um capítulo da SFL em sua região em 2010"*.

O fato é que o Brasil figurava preocupante para a *Rede Atlas* já no relatório de 2006, nesse momento, o quadro libertariano brasileiro era ocupado, basicamente, por Margaret Tsé, do *Instituto Liberdade* (4.2.2), ainda não havia o investimento em treinamento ideológico de um quadro jovem de agentes operacionais para atuar como líderes em suas regiões, isso começa a acontecer para lidar com os governos do Partido dos Trabalhadores (PT).

"Nos últimos doze meses, vários países latino-americanos continuam a reverter antigas políticas populistas e retórica, muitas vezes contra os Estados Unidos e as instituições de mercado livre. Muitos especialistas afirmam que a América Latina está inclinada à esquerda com as recentes vitórias nas eleições presidenciais de Michelle Bachelet no Chile, Alan García no Peru, Evo Morales na Bolívia e as atuais presidências de Hugo Chávez da Venezuela, do presidente Lula no Brasil e Nestor Kirchner, da Argentina. Contudo, algumas boas notícias para quem defende as economias da liberdade e do mercado livre são as vitórias de Alvaro Uribe, na Colômbia, e Felipe Calderón, no México".

Alex Chafuen, presidente da *Atlas*, afirmou em um artigo recente: *"Com cinco candidatos disputando a presidência, as eleições de 2 de julho confirmaram que a regra de partido único está no passado do México, não faz parte do seu futuro. E essas são boas notícias para mexicanos e*

[408] Informações sobre Ostermann no site do SFL: <https://studentsforliberty.org/north- america/blog/success-stories/fabio-ostermann/>

os americanos". Nesse contexto, a Atlas continua trabalhando para construir uma forte rede de *think tanks* na América Latina com o objetivo de espalhar as ideias de liberdade individual, propriedade privada, estado de direito e ordem de mercado. A *Atlas* trabalhou com dez novos empreendedores intelectuais latino-americanos de países como Argentina, Brasil, Honduras, México e Venezuela. Cada um desses parceiros está explorando oportunidades para iniciar um novo *think tank* de livre mercado em seus países"[409]

Em 2007, o então ministro do meio ambiente de Jair Bolsonaro, Ricardo Salles, que foi introduzido nos eventos da Atlas por Margaret Tsé, figura no relatório da Atlas como reconhecimento pela fundação do Movimento Endireita Brasil (MEB), que trabalhou para impedir que o governo Lula se alinhasse *"ainda mais com os demais governos de esquerda da América Latina, por meio da organização de reuniões, debates na televisão, publicações em veículos da mídia hegemônica e 'manifestações de rua' em defesa dos princípios do livre mercado"*[410].

Como repete Gloria Álvarez, lidar com os governos progressistas da América Latina é uma constante para os libertarianos que, investindo altas somas, criaram um quadro nativo de cada país, para operar na construção de seus interesses além das fronteiras dos EUA.

Já em idos de 2013, Fábio Ostermann se tornara uma figura de projeção no movimento, aparecendo no relatório como "Atlas Leadership Academy Graduates 2013", passou a receber prêmios e ser divulgado nas páginas desses *think tanks* por desempenhar o papel para o qual foi treinado.

Ainda em 2013, no ensejo das mobilizações contra o aumento da Tarifa do transporte público, convocadas pelo Movimento Passe Livre (MPL) que, entretanto, em votação, no 21 de junho o anunciou o fim das convocações e da sua participação, as mobilizações se tornaram palco para outras reivindicações, porque configurou uma Estrutura de Oportunidade Política (EOP)[411] para o surgimento de outros atores

---

[409] Relatórios anuais da Atlas. Relatório de atividades do ano de 2006. Disponível em: < https://www.atlasnetwork.org/assets/uploads/annual-reports/2006_fall_yir.pdf>.

[410] Relatórios anuais da Atlas. Relatório de atividades do ano de 2007. Disponível em: < https://www.atlasnetwork.org/assets/uploads/annual-reports/22210101-Atlas-Year-in-Review-2007_%281%29.pdf>

[411] (PERUZZO, 2013)

sociais, individuais e coletivos, após deflagrado o ciclo de protestos de grande abrangência, designado por *Jornadas de junho*[412].

Configurou uma situação em que atores mais mobilizados difundiram rapidamente suas pautas para setores menos articulados politicamente, e detonaram mobilizações de grande abrangência com marcos multitemáticos, mobilizando as pessoas mais rapidamente, porque passaram a usar as Tecnologias da Informação e Comunicação (TICs) em suas chamadas para os protestos, sobretudo as redes sociais, angariando, além dos atores já engajados, os *outsiders*, pessoas de diferentes classes e posições políticas, unificando, em um primeiro momento, indivíduos e grupos diversos[413].

Nas primeiras manifestações, a ação repressiva da polícia foi ostensiva, mas dado o surgimento de novas identidades coletivas, a violência policial diminuiu e a mídia hegemônica passou a dar visibilidade a três grandes grupos com orientação liberal, no que tange a economia, e apelo conservador, no que tange aos costumes, mas unificados numa pauta, a pauta contra o governo petista, tais grupos são: Vem Pra Rua, Revoltados Online e, um dos grupos representativos que surgiu nessa EOP, o Movimento Brasil Livre (MBL), diz Machado[414]. Baggio chama a atenção para a escolha do nome do MBL, que demonstra sua articulação prévia: *"Chama atenção, também, o oportunismo do Movimento Brasil Livre MBL, que, evidentemente, inspirou-se no nome do Movimento Passe livre MPL, que teve grande importância no desencadeamento das manifestações de junho de 2013, em defesa da melhoria e da gratuidade do transporte público, ou seja, uma pauta de esquerda, totalmente contrária a do MBL, que é privatista e defensora do Estado mínimo[...]"*[415].

O MBL foi criado, especificamente, para atuar no ensejo que se configurou naquele momento, as *Jornadas de Junho*[416], *"se apresentou como um movimento que é para todos os brasileiros"*[417], e participou do processo de deposição da presidenta pela internet e nas ruas com o apoio de corporações da mídia[418].

---

412 (BAGGIO, 2016, p. 21).
413 (MACHADO, 2017, p. 21).
414 (MACHADO, 2017, p. 35).
415 (BAGGIO, 2016, p. 11).
416 (BAGGIO, 2016, p. 21).
417 (ARALDI, 2017, p. 3).
418 (BAGGIO, 2016, p. 21 e 22).

Sua prática discursiva é reiteradamente de oposição ao PT e à esquerda, de modo geral, num discurso ideológico que se afirma "anti-ideológico" e contrário à prática política da esquerda. Sua atuação, pautada pela criação de consenso, possui um caráter conservador, e procura galgar espaço no campo das elites políticas tradicionais, ainda que no início negasse isso. Segundo Araldi, *"O método discursivo utilizado para tecer críticas ao governo, generalizar e criminalizar os movimentos à esquerda e reforçar o antipetismo, é o uso de termos agressivos e depreciativos, a simplificação de notícias, a ocultação de fatos e as reduções linguísticas que se comportam como slogans"*.[419]

Ainda com Araldi, o MBL reproduz e se apropria dos sistemas de dominação da imprensa hegemônica como instrumento para fomentar o antipetismo[420] e é uma alternativa de financiamento para difusão de ideologias de interesse de grupos empresariais e empresas estadunidenses no Brasil[421].

Para Amaral[422], Juliano Torres declarou que os membros do Estudantes pela liberdade queriam participar das manifestações, mas por receberem recursos da *Atlas Network* e do *Students For Liberty*, por questões de imposto de renda no exterior, eles não poderiam se envolver em atividades políticas no Brasil. Então foi criada uma marca, o MBL, que passou a participar ativamente de manifestações de cunho político, propor pautas e cooptar outsiders por meio da internet para as ruas[423]. Torres ainda disse que *"os resultados obtidos pelos brasileiros têm impressionado a sede nos Estados Unidos. Em 2004, 2005 tinha umas dez pessoas no Brasil que se identificavam com o movimento libertário. Hoje, dentro da rede global do Students for Liberty, os resultados que a gente tem são muito bons. Uma das maneiras de medir o desempenho das regiões é o número de coordenadores locais. Em todas as regiões, contando a América do Norte, a África, a Europa, a gente tem mais coordenadores que qualquer região separadamente. Nos Estados Unidos, a organização existe há oito anos; na Europa, há quatro; aqui, há três*

---

419 (ARALDI, 2017, p. 2).
420 (ARALDI, 2017, p. 8).
421 (BAGGIO, 2016, p. 14).
422 (AMARAL, 2015).
423 (BAGGIO, 2016).

anos. Então, a gente está tendo mais resultado em muito pouco tempo que acaba traduzindo em maior influência na organização".[424]

Em 1 de abril de 2015, a Rede Atlas publicou uma matéria em que elogia a atuação do MBL, que já tinha *"à frente do movimento, Kim Kataguiri, uma estrela libertária em ascensão que trabalha com o parceiro da Atlas Network, Estudantes Pela Liberdade"*[425], nos protestos contra a presidenta Dilma Rousseff, e contando que muitos dos membros do movimento foram treinados pela *Atlas "e agora estão aplicando o que aprenderam no terreno onde vivem e trabalham"*.

"A Academia de Liderança da Atlas oferece diversos treinamentos com foco no desenvolvimento de missões, ensinando como alcançar seu público e a importância de obter impacto", disse Cindy Cerquitella, diretora da Academia de Liderança da Atlas, e ainda *"Foi emocionante trabalhar com defensores da liberdade no Brasil e em 90 países em todo o mundo, e ainda mais emocionante vê-los colocando essas lições em prática"*[426].

Em 3 de agosto de 2016, a Reason TV[427] publicou o documentário *"How Brazil's Libertarian Movement Helped Bring Down a President"*[428], com o intuito de mostrar como o MBL ajudou a derrubar a presidenta e é guiado pelo crescimento vertiginoso do libertarianismo no Brasil. No filme, Kataguiri declara que, *"mais que entender suas ideias, as pessoas precisam gostar delas"*, *"eles querem mostrar aos jovens que para ser popular não precisam ser de esquerda, podem ser 'legais' participando do grupo dos libertarianos"*, diz Alexandre Santos, incluindo os jovens no grupo dos libertarianos, eles objetivam mais que criar um grupo ideológico, que eles criem vínculos de amigos, integrem um grupo, e sejam 'legais', para que além disso, de participar de um grupo, eles

---

[424] (AMARAL, 2015).

[425] Artigo sobre a atuação de Kim Kataguiri nas manifestações pela deposição e Dilma Rousseff, disponível no seguinte endereço: <https://www.atlasnetwork.org/news/article/students-for-liberty-plays-strong-role- in-free-brazil-movement>

[426] Artigo sobre a atuação de Kim Kataguiri nas manifestações pela deposição e Dilma Rousseff, disponível no seguinte endereço: <https://www.atlasnetwork.org/news/article/students-for-liberty-plays-strong-role- in-free-brazil-movement>

[427] A Reason TV é a extensão da Reason Magazine, a principal revista libertariana dos EUA, pertence a Reason Foundation, parceira da *Rede Atlas*.

[428] O documentário completo está disponível no seguinte endereço: <https://www.youtube.com/watch?v=eaRyvgbHCV4> Acesso em>

sejam amigos lutando contra o "estado que se intromete na vida deles, sufocando a economia com assistencialismo".

O documentário mostra que "um grupo de jovens legais, trabalha tocando violão e fazendo upload de vídeos e conteúdo em redes sociais, pensando em estratégias. Eles fumam, têm cabelos compridos, barba, incluem negros, mulheres e homossexuais, porque eles querem mostrar que mesmo sem ser de esquerda eles gostam de pessoas negras, de pessoas pobres, de gays", diz Alexandre Santos. Eles são politicamente ativos, trabalham, mas também são amigos, e todos têm que ser amigos para trabalhar ali na sede do MBL. Mas, sobretudo, eles não são de 'esquerda', e o grito de guerra do ativismo deles é "Fora PT".

De acordo com a Reason, a deposição da presidenta teria fracassado sem a força propulsora do MBL, e ela chama a revolta do povo brasileiro como uma revolta de cunho libertariano, porque eles dizem que as pessoas são libertarianas quando eles perguntam se elas querem que o governo se "intrometa na vida delas", há um uníssono dizendo não, portanto, elas passam a se identificar com o libertarianismo. O documentário fala sobre a marcha de São Paulo até Brasília, quando o MBL foi entregar ao então líder da Câmara dos Deputados, Eduardo Cunha[429], um pedido de impeachment, afirmando que era a pauta das ruas e ápice da luta contra o socialismo, por meio da "democracia".

Ponto importante para desemaranhar a atuação do libertarianismo é a afirmação da Reason de que a população deriva sua orientação política de aspectos culturais, e não do raciocínio, de modo que é preciso criar uma nova "identidade cultural", uma em que as pessoas possam ser "cools" sem ser de esquerda. E Santos declara que o jovem não precisa mais ser de esquerda, ele pode ser do grupo deles, o MBL. O vídeo aponta que eles são o oposto da esquerda, mas não se colocam como direita, mas sim como "libertários", sempre em defesa do livre mercado.

Ferramenta crucial para promover a nova identidade cultural é atuar como um canal de mídia alternativa, produzindo vídeos e conteúdo de maneira paralela, porque não recebem dinheiro público, como a mídia

---

[429] Eduardo Cunha, atualmente, cumpre pena por corrupção, mas foi peça chave para a abertura do processo contra a presidenta. Sobre o papel de Cunha no golpe, Leonardo Fernandes publicou o artigo "Golpe" no Brasil de Fato, em 17 de abril de 2019. Disponível no seguinte endereço: <https://www.brasildefato.com.br/especiais/ha-tres-anos-eduardo-cunha-comandava-o-inicio-do-fim-do-governo-dilma>

tradicional, embora, como documentado no decorrer da pesquisa, o escoamento do dinheiro seja feito de outra maneira. Eles "tornam jovem e 'cool' coisas como privatizar os serviços públicos, como na campanha de Paulo Batista, em que o candidato aparece como um super-herói que solta o raio privatizador sobre prédios públicos, tornando-os 'modernos e bonitos'. Um deleite de Kataguiri é dizer que escuta nas ruas gritos pedindo privatização das empresas públicas "Já!".

Segundo Sérgio Praça, cientista político da Fundação Getúlio Vargas (FGV) e militante do libertarianismo, sendo o Brasil um país tão pobre, é difícil explicar aos pobres que cortar gastos com direitos sociais, que ele chama de "conservadorismo fiscal", é bom a longo prazo. Para convencer os pobres, o movimento conta com a "estrela libertária" da Atlas, Kim Kataguiri, que é apresentado como "especialista em comunicar os benefícios das reformas de livre mercado para os pobres". Kataguiri diz que consegue a adesão dos pobres de maneira mais hábil porque ele diz que seu objetivo não é fazer as pessoas entenderem suas ideias, pois a maioria das pessoas não entenderá mesmo, mas, sim, fazer com que elas gostem da ideia.

Sobre o sistema de voucher para a educação, bandeira do MBL ensinada por Friedman e Buchanan, ele diz que não se trata de explicar que o sistema funciona bem em outros países, afirmação que, inclusive não se sustenta. De acordo com Inzunza[430] *"o aumento da segregação ou apartheid educativo; o abandono do direito à educação da população por parte do Estado; a iniquidade e reprodução dos resultados educativos e seus privilégios associados"* estão relacionados à implementação de voucher em larga escala. Tampouco de explicar que a iniciativa privada é melhor para gerir uma escolha, outra afirmativa controversa, mas de usar perguntas de efeito em meio a multidões em protestos:

"Você quer que os pobres estudem na mesma escola que os ricos?" pergunta aos brados Kim Kataguiri. E, como ele diz, embora seja análogo ao discurso de esquerda, trata-se da defesa do voucher para a educação. Ele afirma que vende ao povo não somente a liberdade, mas também a igualdade, que é a bandeira da esquerda. Trata-se de uma promessa que mostrou não poder ser cumprida.

De acordo com Freitas *"A ideia dos vouchers usada para manter processos de segregação racial nos anos de 1950 foi vendida pelo*

---

[430] (INZUNZA, 2013, p. 73).

neoliberalismo como "direito democrático dos pais a escolher a escola de seus filhos", mais tarde remasterizado também como o *"direito dos pobres de escolher estudar nas mesmas escolas particulares que os ricos frequentam"* (como promete Kataguiri e o MBL). Como veremos, a experiência mostrou que esta proposta continuou seu caminho original de amplificar a segregação das escolas (não só por raça, mas por gênero e o nível socioeconômico), criando "trilhas" que escolhem os estudantes segundo o dinheiro que carregam no bolso: uma elite (branca e mais rica) estuda em escola privada e quando necessário tem os vouchers para pagá-la com dinheiro público; uma classe média branca estuda em escolas privadas de menor custo ou públicas terceirizadas e pode também pagá-las com voucher, adicionando algum pagamento extra; e os muito pobres (e negros) continuam estudando nas escolas públicas que sobrevivem à privatização, ou nas terceirizadas de baixa qualidade."[431]

Novamente a narrativa da Reason aponta o EPL como o braço brasileiro do SFL, e afirma que o crescimento do libertarianismo no Brasil é exponencial. Enquanto filma jovens universitários "alternativos" tomando cerveja num barzinho, numa quinta-feira à noite, e alegando que o libertarianismo cresce por medo do intervencionismo do estado arruinar as vidas das pessoas, usando como exemplo de ruína intervencionista o caso da Venezuela, de acordo com Mariana Lion do EPL. Mas também cresce com tal velocidade porque há boas táticas de recrutamento de jovens, uma delas é a de Roni Stefanuto Rodrigues, que passa pelo menos duas horas por dia recrutando jovens para converter ao libertarianismo e assumir a missão de difundi-lo, por meio de discussões em redes sociais, como um "caçador de talentos".

Outra causa do sucesso crescente do movimento no Brasil é a semente lançada há anos pelos *think tanks*, entre eles o IMB (tópico 4.2.7). E, tendo consumado o afastamento de Dilma, o fato de Michel Temer ter assumido, mesmo estando envolvido em diversos escândalos de corrupção e sendo um político profissional há anos vivendo do que os libertarianos mas temem, o estado, tudo isso passou a ser secundário, porque ele passou a implementar as reformas econômicas.

Até mesmo a teoria da escolha pública, de Buchanan, de que os políticos apenas querem maximizar seu tempo na política e, portanto,

---

431 (FREITAS, 2018, p.18).

sempre atuam em causa própria, deixou de ser obstáculo para apoiar um estado governado por Temer ou qualquer outro que não governe por causas e direitos sociais. Para eles, uma vez destituído o governo petista, os políticos passaram a ser aliados e, inclusive, muitos dos membros do libertarianismo galgaram cargos no estado.

Embora a gênese do EPL, SFLB E MBL seja nebulosa, os veículos internacionais abordam como facetas de um mesmo movimento, cujo financiamento material e ideológico já foi traçado.

Por fim, são relacionadas as propostas para a educação definidas no 1º Congresso do MBL, em 2015, e o movimento Escola sem Partido (EsP).

4.4. A "ESCOLA SEM PARTIDO DOS DEFENSORES DA LIBERDADE"

Nos dias 28 e 29 de novembro de 2015, o MBL realizou seu primeiro congresso nacional, após o êxito que tiveram, em sua atuação formada e operacionalizada pelos *think tanks* de matriz estadunidenses, em destituir a presidenta Dilma Rousseff para "estruturar e se preparar para o Brasil pós-impeachment. O convite no Facebook[432] foi feito da seguinte maneira *"venha debater e participar do processo de criação da agenda positiva do MBL para o Brasil nos próximos anos"*, também foi veiculado pela Revista Veja[433]. O congresso resultou na aprovação de pautas para as seguintes áreas: saúde, economia, reforma política, transporte e urbanismo, justiça, sustentabilidade e educação, sendo essa a área que encabeça o documento disponível no site[434].

Para a área da educação foram propostas quinze medidas que compõem o programa libertariano de reforma da educação, aqui analiso dez delas. Há variações na denominação para o programa de reforma orientado pelo mercado, a opção feita aqui está em consonância com Freitas que usa a designação "Reforma Empresarial da Educação",

---

[432] Convite para o 1º Congresso Nacional do MBL. Disponível em: <https://www.facebook.com/mblivre/posts/primeiro-congresso-nacional-do-movimento-brasil-livrenos-dias-28-e-29-de-novembr/316589908465159/ >.

[433] Convite para o 1º Congresso Nacional do MBL <https://veja.abril.com.br/blog/reinaldo/mbl-faz-seu- primeiro-congresso-nacional-nos-dias-28-e-29-veja-como-participar/> .

[434] Propostas aprovadas no 1º Congresso Nacional do MBL: <https://mbl.org.br/propostas/>

a *"Corporate Reform"* proposta por Ravitch, que tem uma perspectiva crítica da palavra reforma, pois considera que o termo é usado por suas conotações positivas, omitindo o fato de que não se trata de uma reforma, mas de uma transformação total da educação enraizada numa *"ideologia radical que tem uma desconfiança fundamental em relação à educação pública e uma hostilidade ao setor público em geral"*, nas palavras de Freitas[435].

De acordo com a documentação, trata-se, de fato, de uma desconfiança radical com relação à educação pública pelo reconhecimento de seu potencial de maximização da democracia e, assim como a *"direita só renovou sua roupa para apresentar as velhas ideias"*, parafraseando Amaral[436] ou, nas palavras de Freitas[437] trata-se do fenômeno da "nova direita, velhas ideias", as medidas para a "renovação da educação no Brasil" são extraídas das velhas cartilhas de libertarianos estrangeiros, ou de novas cartilhas com as mesmas ideias, dos *think tanks* que difundem o ideário, dos mandamentos do eixo Chicago/Virgínia, as mesmas implementadas por meio de um golpe militar no Chile e a respeito das quais Inzunza faz a seguinte consideração ao analisar os resultados concretos dessas medidas: *"O crescimento do setor privado tem sido acompanhado pelo aumento da segregação socioeconômica do sistema escolar: as escolas públicas concentram os alunos mais pobres, as escolas privadas com subvenção do Estado, os alunos da classe média – e crescentemente vão ocupando espaços na educação dos mais pobres –, e as escolas privadas educam os 7% mais ricos do país. Essa segregação correlaciona-se positivamente com os resultados brutos das provas padronizadas, isto é, os mais ricos das escolas privadas apresentam o melhor rendimento, enquanto as escolas públicas que atendem os mais pobres apresentam o rendimento mais baixo do sistema"*[438].

Mesmo nos casos em que a expansão do ensino privado tenha se dado sem a adoção de um programa governamental deliberado, como no caso da Argentina, mas como uma tendência crescente entre a população de classe média, os resultados são análogos aos resultados recorrentes nos demais países. Narodowski afirma que *"as*

---

[435] (FREITAS, 2018, p. 39).
[436] (AMARAL, 2015).
[437] (FREITAS, 2018).
[438] (INZUNZA, 2014, p. 10.).

consequências negativas são contundentes, representando um grande problema com relação a equidade e coesão social, agravando problemas de segregação socioeconômica", a privatização tende a desempenhar uma função de criar ambientes homogêneos, agrupando membros de mesma classe social, e segregando os diferentes, de modo que tem um caráter antidemocrático[439].

A primeira medida proposta é a *"Implementação do sistema de vouchers para ensino básico, fundamental, médio e superior, com valor igual para todos os alunos de cada nível. Complemento separado para alunos com deficiência"*. Ou seja, trata-se de criar um mecanismo para escoar o dinheiro público para a iniciativa privada, se olharmos a faceta pública da proposta, mas ao considerarmos seu histórico de implementação na Virgínia, onde foi adotado para perpetuar a segregação racial e, inevitavelmente, a segregação social no âmbito educacional e em todos os demais implicados no desempenho educativo ao longo da vida, a adoção de voucher serve à manutenção da desigualdade social e mesmo aumenta a desigualdade, porque vem associada a outras medidas de livre mercado, como no caso do Chile, bem como leva a cada vez mais precarização das escolas públicas restantes, retirando da população mais pobre o direito a uma educação de qualidade.

O argumento que embasa o sistema de voucher é o da "liberdade exercida pela escolha", entretanto, *"a escolha não é uma escolha livre, como queriam fazer crer os partidários do mercado escolar. É a criação de um mercado e de uma oferta desigual que forçam a escolher, que encorajam mesmo os mais reticentes, a comportamentos estratégicos"*, nas palavras de Laval[440]. Portanto, como observou Inzunza, o aspecto exitoso da implementação do voucher, como vimos, é a mercantilização da educação que, no caso do Chile, aconteceu de maneira acelerada, portanto, as medidas trouxeram benefícios apenas para a camada mais rica que de fato passaram a escolher, e para os empresários do setor educativo, indo na contramão de qualquer avanço democrático.

Outro argumento para embasar as propostas de voucher da educação é o de que o nível escolar seria elevado ao estimular o mercado educacional que se encarregaria de selecionar as melhores escolas pela

---

439 (NARODOWISKI, 2018, p. 41).

440 (LAVAL, 2004, p. 156).

concorrência, estimulando, desse modo, a inovação. Entretanto, de acordo com Lubienski, um *"estudo sobre inovação em programas de escolha da escola na Inglaterra, País de Gales, EUA e na Nova Zelândia concluiu que muitas vezes, intervenções por burocracias têm estimulado a inovação, enquanto mecanismos de mercado parecem contribuir para a padronização"*[441]. Klees e Edwards Jr., em 2015, concluíram que não há evidências de que as políticas de privatização melhoram o desempenho das escolas, mas que há evidencias de que elas aumentam as desigualdades, como resultado do estudo sobre a experiência dos EUA e demais países. O aumento da desigualdade tem sido uma constante em toda parte em que há implementação de voucher para a educação.

Considerando que a abertura de mercado é sempre estratégica e visa a obtenção de lucro, embora o MBL elenque mais à frente, distando da primeira na disposição da página, a proposta de *"Militarização das escolas em áreas de risco, ou seja, em locais onde a iniciativa privada não tenha a possibilidade de atuar"*, é uma medida que está imbricada na primeira, visto que apenas em áreas com os maiores índices de pobreza, passando por localização, saneamento básico, altos índices de violência, que não apresentarem perspectiva de lucro para a iniciativa privada, serão os locais em que restarão as escolas públicas totalmente subsidiadas pelo estado. E, de fato, tal medida complementaria os processos de privatização, *"pois as escolas públicas tenderiam a ser o destino dos estudantes considerados "mais difíceis de educar", dos mais pobres e daqueles com necessidades especiais"*[442], e complemento que seria esse grupo com o agravante de não conseguir coparticipar do valor do voucher, o que os privaria ainda mais aprofundando a marginalização desses alunos dos processos sociais

Tais escolas, para o MBL, deverão ser militarizadas. A proposta é apresentada de modo sintético, sem esclarecer de que maneira se dará essa "militarização", embora especifique em que circunstâncias ela será a alternativa, sempre que não interessar à iniciativa privada, ou seja, sempre que a população daquela escola estiver marginalizada do status de consumidor, desprovida das condições de participar do livre mercado para consumir os "produtos educacionais", tais populações deverão

---

[441] (apud KLEES e EDWARDS JR., 2015, p. 16).

[442] (KLEES e EDWARDS JR., 2015, p. 16).

ficar ao encargo do estado em sua expressão mais repressiva, ou seja, a expressão militar. Se a liberdade consiste em negociar no mercado, o próprio direito à liberdade fica ameaçado à população desprovida de condições de negociar nele.

Outro aspecto é, se por um lado os levantes contra as injustiças sociais são protagonizados pelas populações sistematicamente privadas dos bens produzidos pela sociedade, e se numa sociedade de livre mercado, em que tudo deve ser comprado, a população privada do poder de compra ficará sitiada desde o ambiente escolar, entende-se que a militarização das escolas de áreas "desinteressantes" para a iniciativa privada significa um mecanismo de repressão preventiva contra quaisquer tentativas de organização coletiva, de movimentos sociais de luta por direitos e, como diz Freitas, uma das formas de exercer a força para garantir a liberdade do mercado é *"impedir os processos de organização social dos mais desfavorecidos; não transferir impostos para os menos favorecidos e barrar os processos de redistribuição de renda"* numa forma de manifestação do capitalismo em que "os fins justificam os meios".[443]

De acordo com Laval[444] *"a escola neoliberal designa um certo modelo escolar que considera a educação como um bem essencialmente privado e cujo valor é, antes de tudo, econômico"*, portanto, uma vez que submetida a educação à lógica de mercado, movida pela lógica de que a inovação será gerada pela concorrência, tais escolas excluídas do processo de mercado estarão condenadas à defasagem, pois passarão a ser consideradas despesas; seus usuários, por sua vez, sem o status de consumidores, estão sujeitos a ficar marginalizados do acesso aos saberes e competências oferecidos pela escola, que passam a ser os produtos educacionais, num ciclo que reproduz a segregação, como bem sabia Buchanan.

Militarização de locais em que a população seja considerada uma ameaça ao funcionamento do mercado, esta é a face autoritária da manutenção de uma ordem que sabe estar implicada na produção da pobreza, e que defende o minimalismo de estado até um certo ponto, apelando para o autoritarismo de estado quando os resultados de

---

443 (FREITAS, 2018, p. 27).

444 (LAVAL, 2004, p. XI).

seu funcionamento produzirem sua própria ameaça. De acordo com Freitas[445], trata-se de *"uma nova direita que procura combinar o liberalismo econômico com autoritarismo social"*.

Considerando os artigos que vêm sendo produzidos pelos *think tanks* estudados, que sabemos serem as fontes das proposições de medidas concretas para os "movimentos da liberdade no Brasil", de onde vêm as orientações e ordens de ação, começam a circular argumentos favoráveis à "desescolarização" da infância, ou desobrigação da escolarização de crianças mais pobres, que poderiam trabalhar para "contribuir com o sustento da família" se não fosse o empecilho das leis contra o trabalho infantil e a obrigatoriedade da escolarização, e passam, inclusive, a ser defendidos entre políticos ocupantes de cargos desde o golpe de 2016[446].

Outro mecanismo que ataca a escolarização pública é a proposta de *"Legalização do homeschooling"*[447], que tem sua gênese na mesma profunda desconfiança com relação ao estado e ao convívio democrático proporcionado pela escola pública, é uma radicalização da liberdade de escolher, que em Friedman e Hayek é oferecida pelos vouchers, em Buchanan é possível a seleção social pelo mesmo caminho, em Mises e, de modo radicalizado, em Rothbard (fundador do Center for Libertarian Studies – 2.7 e do Journal of libertarian Studies – 1.1, cofundador do *Cato Institute*), enquanto *Mises* vê ganho na existência de escolas privadas totalmente desvinculadas do estado, Rothbard defende o Homeschooling e o Unschooling, como disseram Oliveira e Barbosa[448].

---

[445] (FREITAS, 2018, p. 13).

[446] O atual presidente Jair Bolsonaro tem dado voz a propostas fabricadas por *think tanks* estadunidenses, que foram bandeiras dos Koch quando se lançaram à candidatura. Juan Arias publicou um artigo sobre uma das falas de Bolsonaro nesse sentido no El País em julho de 2019. Disponível em: <https://brasil.elpais.com/brasil/2019/07/05/opinion/1562353579_181800.html>.

[447] Em 08 de outubro de 2015, o Deputado Eduardo Bolsonaro (PSC/SP) apresentou o projeto de lei para autorização do ensino domiciliar, apensado ao PL 3179/2012. O texto: Autoriza o ensino domiciliar na educação básica, formada pela educação infantil, ensino fundamental e ensino médio para os menores de 18 (dezoito) anos, altera dispositivos da Lei nº 9.394, de 20 de dezembro de 1996, que estabelece as diretrizes e bases da educação nacional, e da Lei nº 8.069, de 13 de julho de 1990, que dispõe sobre o Estatuto da Criança e do Adolescente e dá outras providências. Disponível em: < https://www.camara.leg.br/proposicoesWeb/fichadetramitacao?idProposicao=2017117>

[448] (OLIVEIRA e BARBOSA, 2017).

Rothbard, como discípulo de Mises, defende a retirada do estado do âmbito da educação, encontrando nessas modalidades um meio, enfatizando que a liberdade de escolha dos pais deve ter primazia, pois a determinação de padrões educacionais, ao invés de significar um modo de garantia de direitos, funciona impondo baixa qualidade. É o mesmo argumento que está na base de Hoiles e LeFevre, na circulação de ideias do Freedom Newspaper e da Freedom School (2.3).

Rothbard aponta a individualização na escolha dos conteúdos, métodos e modos de ensino, realizada pelos pais, pois eles agiriam de maneira afetiva, como ganho numa educação altamente especializada. Para além das questões socioeconômicas que possibilitam a educação domiciliar, pesquisas realizadas nos EUA, a capital do *homeschooling*, tem concluído que os fator predominante para a retirada dos filhos do ambiente escolar é religioso[449], o que indica que a retirada do estado abre caminho para que outras instituições sejam responsáveis por selecionar aquilo que será transmitido pela sociedade, de acordo com Vasconcelos[450] *"na desincumbência do Estado, se dá a ascensão de outros espaços de profusão ideológica, espaços esses, talvez, mais difíceis de serem dissecados e analisados em suas fragilidades, do que a escola"*.

Há outro aspecto nessas propostas de saída da escola para a educação individualizada que é a entrada das empresas de material online, como um dos exemplos o *Freedom Project Academy – The #1 Homeschooling Project* (FPA), linkada com o site da John Birch Society (JBS), que oferece o material necessário para uma educação baseada na religião judaico-cristã (1.4). Mas há também a dimensão da educação como mercadoria, que deve despertar o interesse em consumir, de acordo com Laval[451], há pressão por consumo e divertimentos audiovisuais que, na maioria das famílias, leva a uma "socialização-atomização", e a educação passa a ter mais relação com consumo que com transmissão"

"Desburocratização do processo de abertura de escolas, cursos e do número de vagas em instituições de ensino privadas", que é uma maneira de fragilizar o papel do estado nas determinações de critérios, atuando em direção à descentralização, deslocando para a iniciativa

---

449 (OLIVEIRA e BARBOSA, 2017, p. 206).

450 (VASCONCELOS, 2017, p. 137).

451 (LAVAL, 2004, p. XVI).

privada a determinação sobre o que será socialmente transmitido. Já a proposta de *"Expansão do Programa Universidade Para Todos"* (Prouni), é uma maneira já praticada e funciona também como meio de *"escoar dinheiro público para a iniciativa privada"* no âmbito do ensino superior, todavia, a proposta do MBL é espraiar para o ensino infantil, fundamental e médio. Outra medida de aceleração da Reforma Empresarial é a *Redução de impostos das escolas privadas.* Freitas explica que somente a adoção de voucher não desempenha sozinha a função de mercantilizar a educação, até mesmo porque ela engendra a necessidade de outras medidas que vêm atreladas e, sendo a "reforma empresarial da educação" a aplicação de um receituário padronizado, elas também constam na lista das propostas aprovadas pelo Congresso do MBL.

Uma delas é *"Promover a competição entre escolas públicas usando métricas como o exame PISA, fazendo parcerias com a iniciativa privada para premiações"*, ou seja, dado que é preciso transformar a educação em mercadoria que será consumida pela escolha "livre" do cliente, os pais terão como fatores de apreciação as informações concernentes ao desempenho da escola em avaliações padronizadas. Tais informações poderão servir como critério na escolha da escola, enquanto aquelas com menor desempenho ficarão cada vez mais distantes de melhorar a sua condição, não porque serão punidas, mas porque não serão premiadas, tendendo a ter menos clientes, ou ter rebaixados os valores de sua mensalidade, pois, de acordo com os arautos da liberdade econômica, o mercado se encarregará de selecionar os melhores estabelecimentos.

A regência pelo método concorrencial e de mensuração por testes padronizados, funcionam pelo *accountability,* que reforça o libertarianismo pela ética da responsabilização individual, justificando individualmente situações entendidas como fracasso, ou prosperidade pela meritocracia.

O que acontece é que as crianças mais pobres passam a acessar as escolas com custo mais baixo ou públicas, reforçando a desigualdade social pela desigualdade de acesso aos bens culturais. Algumas escolas de baixo desempenho sucumbirão à concorrência, mas outras serão a única opção de uma parcela desfavorecida. Considerando a experiência chilena, foram essas as escolas que entraram em deterioração, ficaram sem material didático, em que os professores enfrentavam graves dificuldades salariais[452].

Controversamente, uma série de pesquisas quantitativas tem apontado para a irrelevância dos efeitos do voucher e das escolas charter para melhorar a educação, enquanto aponta em números para os efeitos desastrosos da "reforma empresarial", com base nas experiências chilena e estadunidenses, de modo que os *think tanks* têm recorrido a promessas a longo prazo para tentar fazer passar propostas, pois a realidade tem evidenciado empiricamente que tais medidas não beneficiam a grande parte da população[453].

Mas há outro mecanismo para fortalecer a elite econômica, para além de abrir um nicho de mercado onde antes havia direito, que é a proposta de conceder *"benefícios fiscais para pessoas físicas e jurídicas que custeiem educação de crianças e jovens de famílias que não podem pagar. Os municípios e/ou estados fariam o cadastramento das crianças".* Apenas esboçada, sem esclarecer muito bem como seria esse custeio, aparentando uma recompensa pela caridade, pois para o libertarianismo, a ajuda ao próximo dever ser voluntária[454], enquanto o pagamento de impostos para custeio de serviços sociais, caracteriza o que Buchanan chamava de *gangsterismo* do estado, como disse MacLean[455].

Portanto, funciona como uma maneira de sujeitar a população desfavorecida aos favores de uma parcela que passa a "ajudar" quando quiser, o que é revestido de uma "aura de bondade", mas além disso, favorece o surgimento de *think tanks*, de fundações e fundos, fazendo o que documentou Jane Mayer, em 2016, transformando a força econômica dessas elites, em forças sociais que passam a desempenhar a difusão pela educação para estabelecer sua visão de mundo.

Privatizar a educação é a maneira de desorganizar a categoria dos trabalhadores da educação que, uma vez inseridos na lógica empresarial, passam a concorrer entre si por vagas e salários melhores, apenas na

---

452 (INZUNZA, 2000).

453 (FREITAS, 2018).

454 Se você for um libertário, jamais conceda a superioridade moral aos seus detratores, artigo de Laurence Vance, de 18 de janeiro de 2017. Publicado pelo Instituto Mises Brasil, disponível no seguinte endereço: <https://www.mises.org.br/article/2611/se-voce-for-um-libertario-jamais-conceda-a-superioridade-moral-aos-seus-detratores> Acesso em 04 de janeiro de 2020.

455 (MacLEAN, 2017, p. XXIX).

dimensão individual, não mais como categoria organizada em luta por melhorias para todos, de modo que cada um faz de si uma "empresa" que deverá se tornar mais atrativa para permanecer no mercado, o que remete ao *Market-Based-Management* (MBM) desenvolvido por Charles Koch, quando propõe a ideia do "potencial infinito", sendo um deles a autoatualização, ou seja, ou ela ou o fracasso, lançando a todos, adotando o termo usado por Freitas, em 2018, num "darwinismo social".

Enquanto Kataguiri põe em prática o treinamento que recebeu para vender voucher como se vendesse liberdade e igualdade, as pesquisas apontam para o crescimento da desigualdade e segregação, de modo que não há possibilidade de livre escolha para grande parte da população. Daí que outros efeitos da "reforma empresarial da educação", quando o MBL faz a proposta de *"Gestão privada de escolas públicas através de Organizações Sociais e Parcerias Público-Privadas"*, que passam a ser buscados, pois com essa medida a escola é introduzida na lógica empresarial, de modo que é a racionalidade da empresa que passa a moldar a visão de mundo de seus membros e isso cria, nas palavras de Freitas[456], *"um ambiente mais confiável do ponto de vista ideológico"*.

Ou seja, ou a escola passa a ser vendida pela iniciativa privada, que promoverá sua ideologia como hegemonia de modo a se conservar no poder, ou passa a ser administrada por empresas privadas, que se fortalecem política, social e economicamente, por meio do dinheiro público, ou transforma em lei projetos de censura a quaisquer críticas e alternativas à realidade posta, tais como a seguinte medida proposta pelo MBL, a *"Apresentação do Projeto de Lei "Escola sem Partido" em legislativos estaduais e municipais"*.

Na autoapresentação, *"o Escola Sem Partido (EsP) é uma iniciativa conjunta de estudantes e pais preocupados com o grau de "contaminação político-ideológica" das escolas brasileiras, em todos os níveis: do ensino básico ao superior"*, o EsP foi fundado pelo advogado Miguel Nagib, ex-procurador do Estado de SP, em 2004, um ano após o Partido dos Trabalhadores assumir o governo, iniciando uma movimentação em torno do que seria o uso da educação para doutrinação dos

---

[456] (FREITAS ,2018, p. 75).

alunos e, desde que surgiu *"não foi devidamente enfrentado, justamente por parecer absurdo e sem fundamentos legais"*, nas palavras de Penna[457].

O argumento é o seguinte, os "doutrinadores se disfarçam de professores", mas o argumento também é este, o de que os professores, estando em uma posição de autoridade diante de alunos "passivos" e resguardados pelo "segredo" do que se passa no interior da sala de aula, exercem assédio ideológico imiscuído nos conteúdos da disciplina". Ora abusam do poder, ora militantes disfarçados, todo assédio ideológico de que se tem notícias no site do programa é feito por professores esquerdistas, especialmente fazem denúncias ligadas ao PT, não há relatos de assédio ideológico por partidos à direita no espectro político.

O site do EsP é um canal de denúncia em que os acusados são expostos por quem quer que seja que alegue ter sofrido, ouvido falar, visto, algum caso de suposto "assédio ideológico", mas ao acusador é garantido total anonimato. Provas são bem-vindas, mas não indispensáveis, imagens, áudios, quaisquer provas podem ser expostas sem o consentimento do profissional da educação, enquanto o delator fica resguardado.

Em 2018, o EsP entrou com um processo contra o Estado de Santa Catarina por um caso que eles consideraram "assédio ideológico" por parte de uma professora, e a denúncia foi feita pela mãe da aluna que não optou pelo anonimato e apresentou um áudio divulgando o nome da professora e da escola. Nagib, que é advogado, tomou a causa e disponibilizou a petição como modelo para aqueles que queiram entrar com causas semelhantes, pois, como ele diz, é uma causa inédita e como reparação ele pede o valor de cem mil reais. Pois bem, o único lamento do advogado é que a indenização será paga com o dinheiro dos contribuintes.

O EsP é ardiloso de diversas maneiras. Ao processar o Estado por doutrinação, desfere mais uma forma de ataque à educação pública, de modo a reforçar o argumento de que a educação pública exerce doutrinação, bem como pode vir a movimentar manifestações anti-impostos, caso ganhe a causa, pois se ocorrer sairá dos cofres públicos e endossará argumentos pelo desmonte da educação pública e criminalização do professor.

---

457 (PENNA, 2017, p. 35).

Outro ardil é acusar o professor de prerrogativas de autoridade e privacidade, enquanto acata acusações e expõe professores, garantindo o sigilo total da outra parte, numa condição de assédio permanente contra os professores que podem ser vítimas de calúnia, de descontextualização de suas falas, de vingança pessoal, sem nenhuma privacidade, nem a da sala de aula, em que o professor atua diante de dezenas de alunos, e nem mesmo a garantia de que trechos de suas falas podem servir como armas contra eles. Trata-se de uma situação de permanente assédio contra o professor.

Freitas diz que após o golpe de 2016, não há mais garantias jurídicas, *"a insegurança jurídica torna-se mecanismo de censura e ameaça difusa, perpassando toda a sociedade, em um processo crescente de "judicialização" da vida social, em substituição à própria política"*[458], na sociedade libertariana em que a única esfera que deve ter garantias é a do mercado. O professor passa a ser um suspeito em quem "nenhum pai é obrigado a confiar", nas palavras de Nagib[459], que diz ter se inspirado no código de defesa do consumidor, reforçando aspectos da "reforma empresarial da educação" na alteração dela como produto de consumo que deve agradar ao cliente.

Pois bem, o outro ardil está na formulação do nome do Programa, pois enquanto afirma combater o partidarismo na escola, ou seja, combater a função política da escola, defende um tipo de educação entendida como mercadoria que se circunscreve numa tomada de posição política ora chamada de livre mercado, ora de neoliberalismo, de libertarianismo e todos as demais denominações permutáveis, pois como já dito anteriormente, a dificuldade de nomear é uma estratégia, como disse Monbiot, em 2016, para naturalizar o capitalismo numa tentativa de subsumir sua condição histórica, portanto, passível de transformação.

Surgir em 2004, foi uma necessidade histórica da elite, dados os avanços democráticos sob o governo progressista, que passou a organizar sua contraofensiva, conforme os documentos analisados. De acordo com Braghini (2010) é propício procurar perceber a ação de grupos conservadores, precisamente no momento em que há um movimento

---

458 (FREITAS, 2018, p. 27).

459 As falas de Nagib foram transcritas do vídeo em que acontece um debate entre ele e a pedagoga Silvia Moraes. O debate está disponível em: <https://www.youtube.com/watch?v=iNSC1rNOz74>.

de reação às forças políticas ditas "progressistas" e que tenham um governo que se dirija à base da sociedade. Movimentos conservadores são estacionários e surgem naquele momento em que se sentem atingidos nos seus pontos de reação.

"Portanto, a análise de registros teóricos e a atuação de grupos que se reconheçam como conservadores é mais bem interpretada a partir de sua reação a conjunturas históricas específicas e que tal "reação" depende da entrada de forças consideradas perturbadoras."[460]

E é exatamente isso, enquanto atua para consolidar o livre mercado, para retirar o estado da condição de garantir direitos, enquanto atua para desfazer a própria noção de direito, alia-se a movimentos conservadores para somar forças, mobilizando preconceitos contra avanços nos direitos de minorias. E como documentado, essa contraofensiva não é nacional, fato que também não se difere no EsP.

Nagib foi colaborador, por alguns anos, do *Instituto Millenium* (Imil)[461], um *think tank* pró-mercado fundado em 2005 e lançado em 2006, no Fórum da liberdade, cuja missão é *"promover a democracia, a economia de mercado, o Estado de Direito e a liberdade"*, um dos seus focos de atuação para promover valores como propriedade privada, meritocracia, eficiência, é o "Imil na sala de aula" que leva palestrantes para difundir gratuitamente os valores do *think tank*, listado como parceiro da *Atlas Network*, nas salas de aula". Compartilhando as conclusões de Ferreira[462], *"é possível sugerir um programa que carrega em si um viés tático de expansão ideológica"*, cuja ideologia tem sua gênese nos *think tanks* internacionais.

Ferreira ainda diz que os estudantes universitários formam o público alvo do "Imil na sala de aula", programa que existe desde 2011 e já realizou 120 edições até outubro de 2018, sendo 104 em Instituições de Ensino Superior públicas e privadas, e as demais em outros espaços educacionais como Business Schools, com grande concentração dos eventos a região sudeste, com destaque para São Paulo e Rio de Janeiro[463].

---

[460] (BRAGHINI, 2010, p. 20).

[461] Sobre o modo de atuação do Imil: Patschiki, Lucas. A classe dominante em organização: uma análise sobre a hierarquia do Instituto Millenium (2005 2013). XIV Encontro Regional de História. ANPUH, 2014.

[462] (FERREIRA, 2018, p. 38).

[463] (FERREIRA, 2018, p. 32).

Outro aspecto relevante da pesquisa de Ferreira é que a partir de 2013 o programa ganhou um impulso em sua frequência, devido à *"participação efetiva dele na mobilização de campanhas pela destituição de Rousseff, pois boa parte da preparação ideológica da crise política ficou a cargo dos think tanks"*[464].

De acordo com Aquino[465], Nagib aparecia entre os defensores da promoção dos valores do Imil na sala de aula, e talvez esse seja um motivo para combater com tanta veemência a "doutrinação esquerdista". Observar que um *think tank*, que conta com especialistas sobre os assuntos mais prementes para a sociedade, dispõe-se a palestrar gratuitamente em salas de aula, dá dimensão da potencialidade da educação e da disputa que se acirra para redefini-la.

Após a consumação da destituição de Dilma Rousseff, o MBL passou a divulgar o EsP como o próximo passo na missão, e convoca todos a se empenharem em seu favor. Em um vídeo que retrata a jornada de um jovem solitário que percorre as ruas da cidade de São Paulo lutando contra o "comunismo", o grupo convoca cada um, por meio de sua estratégia personalista, tática de comunicação do MBL que, como disseram Santos e Chagas[466] dá *"ênfase em modelos de ação conectiva e enquadramentos pessoais de ação e autoexpressão, a partir do compartilhamento de narrativas pessoais e personalizadas pelos seguidores. Dessa forma, o movimento parece estar mais interessado na construção de identidades do que propriamente na articulação de interesses coletivos"*, desse modo, a narrativa do individualismo empreendedor é reforçada, mesmo que na realidade configure uma rede de ações orientadas conjuntamente para o mesmo fim, ou seja, a construção coletiva de uma visão de mundo "libertariana", que é aceitável porque se autodefine individualista, enquanto qualquer organização da classe trabalhadora, de estudantes ou interesses manifestamente coletivos, deve ser entendida como intolerável.

---

464 (FERREIRA, 2018, p. 34).

465 Artigo "A ideologia do Escola sem Partido" de Renata Aquino: <https://liberdadeparaensinar.wordpress.com/tag/instituto-millenium/>

466 (SANTOS e CHAGAS, 2018, p. 199).

5.

CONSIDERAÇÕES FINAIS

As gerações Koch têm direcionado esforços no sentido de estabelecer sua visão de mundo, desde o avô Harry que encontrou um meio eficaz no jornalismo, passando a difundir promessas de prosperidade como consequência dos méritos decorrentes do esforço individual.

Os esforços tornaram-se mais sofisticados com Fred Koch que passou a difundir suspeitas sobre a educação pública, os professores e a fomentar um clima de desconfiança com relação ao exercício docente. Além disso, com ele teve início a atuação familiar por meio de *think tanks* empenhados em promover as teses da liberdade econômica, o que na prática se trata da liberdade para um grupo seleto de empresários abastados, implicando em limitações para grande parte da população. A jornada dos Koch pelos *think tanks* começou na Jonh Birch Society.

Observa-se estreita relação na atuação dos Koch, motivados pela constante preocupação com os potenciais formadores e transformadores da educação, em especial a educação da juventude. O interesse deles, na prática, é exercido em duas frentes concomitantes: pelo treinamento de uma juventude libertariana para propagar o ideal; permeando nas instituições de ensino para minar a educação pública. Entretanto, tais frentes são interligadas.

Contudo, é com David e Charles Koch que os esforços se tornam engenhosos, porque os intercâmbios culturais precedentes, como a Universidade de Chicago, o Congresso Walter Lippman e a Mont Pelerin Society, começam a tecer uma rede intelectual e financeira que, enquanto difunde as teses dos libertarianismo, tem a contrapartida do aumento de patrimônio, de modo que o investimento na difusão da rede educacional libertariana, para remodelar a educação, aumenta na mesma proporção, tornando-se milionário.

Os intelectuais orgânicos passam a ganhar credibilidade conforme a economia vai se constituindo como "ciência que trata de um objeto natural", na mentalidade social, impulsionada, indubitavelmente, pela criação do "Prêmio Nobel de Ciências Econômicas", de modo que os economistas alinhados às teses de livre mercado, alguns deles autodefinidos como libertarianos, passam a se tornar autoridades em tomadas de decisões políticas, condição facilitada pelo prestígio que vão ganhando os *think tanks*, autoafirmados apolíticos, quando, na realidade, resultam da decisão política de naturalizar o libertarianismo.

Tais *think tanks* determinam o curso global nos governos de Reagan e Thatcher, todavia, na experiência Chilena a realidade escancara que não há uma teoria, mas um conjunto de preceitos que visa à obtenção de determinados fins. Um dos exemplos emblemáticos é o fato de militar pelo estado mínimo para defender a liberdade, mas lançar mão do autoritarismo "sempre que necessário", promover golpes, aumentar a esfera de controle por meio do cerceamento dos processos científicos e educacionais, treinar uma juventude operacional e produzir discursos a maneira da pós-verdade.

O Chile é a afirmação de que a promessa de liberdade é, na verdade, liberdade para o mercado, e que ela pode ser alcançada por meio de uma ditadura; também é no Chile que o credo da privatização dos serviços, em especial da educação, minora as desigualdades e aumenta a qualidade, é contestado pelos resultados objetivos. Ainda assim, apesar da crescente concentração de renda, o grupo defende que é preciso difundir o libertarianismo, torná-lo hegemônico, e o melhor meio para isso é a educação.

Ao financiar Buchanan e a George Mason, Charles Koch agiu em consonância com Hayek, que fora transposto da teoria para a prática pelo diligente de Richard Fink, na concretização da linha de produção chamada de "estrutura da mudança social", permeando os departamentos, criando departamentos, financiando programas e intelectuais, de modo que cria uma relação de dependência financeira vantajosa para filantropo, que passa a determinar currículos, produção científica e perfil de formados, e assim que a educação vai se tornando treinamento.

Sempre seletivos com os termos, os Koch sabem que a clareza vocabular de suas práticas causá resistência e oposição, portanto, nomeiam com cuidado, de modo a vender "preocupação social, apreço pela educação, ciência e liberdade", nomes que evocam valores, valores que, por sua vez, estão descolados da práxis.

Se a educação privada é um território mais permissivo pela relação de dependência financeira, pela insegurança trabalhista dos docentes e pela penetração do ideário libertariano por meio dos processos empresariais, a educação pública é um território ameaçador, porque os profissionais se organizam em sindicatos, porque há grande diversidade sociocultural que pode proporcionar demandas democráticas organizadas coletivamente.

Por sua vez, é preciso disseminar a desconfiança com relação à educação pública, desconfiança em relação à base comum curricular, ao avanço do acesso à escolarização, é preciso segregar ao invés de promover a diversidade e, para isso, a implementação de voucher tem se mostrado eficaz. O desmonte da educação pública tem dois grandes vieses, o controle ideológico e a abertura de mercado.

Conforme cresce o poder econômico, expande-se a rede libertariana, que significa o crescimento do poder ideológico dos Koch, desse modo, embora a partir da década de 1970 a contraofensiva libertariana global tenha ganhado impulso, é no início do século XXI que a atuação se intensifica na América Latina, dado que a região experimentou uma guinada em direção aos governos progressistas a partir da redemocratização, e isso se tornou preocupante para esse grupo. Reordenar esses países, sob as diretrizes das medidas neoliberais, inclusive financiando movimentos que atuam para depor governos eleitos, passou a ser demanda de primeira ordem.

O *Students for Liberty* é especialmente significativo, porque é um *think tank* que se propõe homogeneizar a educação em qualquer parte do mundo, pretende e pratica uma espécie de educação global que treina certa juventude missionária, para replicar essa visão de mundo em seus locais de origem. Realiza o treinamento de braços locais e dá a isso o nome de educação, de modo que o interesse de seus doadores, entre eles os Koch, perpassa todas as suas atividades de maneira inidentificável diretamente.

Treinar a juventude torna o libertarianismo mais duradouro, assim como se reveste da aparência de modernidade e inovação. Essa juventude passa a ser atuante na propagação dos preceitos da "liberdade" e promovendo manifestações "populares". Como ela recebe treinamento de liderança, muitos de seus membros conseguem projeção na mídia hegemônica, mas também nas redes sociais, que passaram a ser determinantes em mudanças políticas da direita, pois favorecem o "fundamentalismo comunicacional", reforçando crenças pessoais, "viralizando" afirmações à maneira da "pós-verdade" que, mesmo quando desmentidas, não são descartadas, servindo ao aprazimento, numa situação em que a realidade passa a ser secundária, enquanto a narrativa ganha primazia.

No Brasil, é emblemático o caso do MBL, que atua em conjunção com o *Movimento Escola sem Partido*. Porta-vozes de propostas arcaicas defendidas por oligarquias, apresentam-se como "novidade", mas vêm servindo à construção de uma plutocracia, desconsiderando completamente os resultados das medidas neoliberais na realidade brasileira, apenas repetindo a cartilha dos treinamentos feitos com bolsas do Charles Koch Foundation, ou bolsas indiretas pela *Atlas, Students for Liberty* e o intercâmbio com *think tanks* como o *Foundation for Economic Education.*

Mais que importar o libertarianismo dos Koch, trata-se de tentar transpor um conjunto de preceitos elaborados em outro contexto, sem nenhuma conexão com a própria realidade em que esses jovens agentes operacionais retornam para atuar, sem nenhum compromisso em minorar as desigualdades sociais e melhorar as condições de vida em seus países. Um desses preceitos é a defesa inexorável da reforma empresarial da educação.

Em 23 de agosto de 2019, enquanto eu realizava a pesquisa, David Koch morreu.

REFERÊNCIAS

AFRO-MIDLE EAST CENTRE. *Connecting the Networks: Putting the Kochs into race relations.* 8 de abril de 2019. Disponível em: <https://www.amec.org.za/all-analyses-in- chronological-order/item/1585-connecting-the-networks--putting-the-kochs-into-race-relations.html%3E%20Acesso%20em%2024%20de%20janeiro%20de%202020>. Acesso em: 20 de dezembro de 2020.

ALBERTSON, Jeff. *Young Americans for Freedom (YAF) office: YAF member seated in front of poster of William F. Buckley, December 1969.* Boston: University of Massuchusetts Amherst be revolutionary. Disponível em: <https://credo.library.umass.edu/view/full/mupho57-b002-sl274-i016> Acesso em: 16 de dezembro de 2020.

ALLEN, Mike, VOGEL, Kenneth P. "Inside the Koch data mine – Meet the guys building the right's new machine". *Politico,* 12 de agosto de 2014, Disponível em: <https://www.politico.com/story/2014/12/koch-brothers--rnc-113359> Acesso em: 16 de dezembro de 2020.

ALMEIDA, Fábio Chang de. *O Historiador e as Fontes digitais: Uma visão acerca da Internet como primária para pesquisas históricas.* X Encontro Estadual de História, Santa Maria, 2011. Disponível em: <https://seer.ufrgs.br/aedos/article/view/16776> Acesso em: 16 de dezembro de 2020.

ÁLVAREZ, GLORIA. *Proposta para a educação. 2014.* Disponível em: <https://www.facebook.com/GloriaAlvarez/posts/967281826621308/>. Acesso em 16 de dezembro de 202.

AMARAL, Marina. "A nova roupa da direita". *A. Pública,* 23 de junho de 2015 Disponível em: <https://apublica.org/2015/06/a-nova-roupa-da-direita/> Acesso em: 16 de dezembro de 2020.

AMES, Mark. *Meet Charles Koch's Brain. Las Vegas:* Not Safe For Work Corporation, 2013.

ANGELI, Eduardo, JUNIOR, Henrique Nemeth. "Hayek, Campos e a defesa do autoritarismo" In *XXI Encontro de Economia da região Sul, ANPEC/SUL 2018.* Curitiba: Universidade Federal do Paraná, 2018.

APPELBAUM, Yoni. "Is Big Philanthropy Compatible With Democracy?". *The tlantic*. 28 de junho de 2017. Disponível em: <https://www.theatlantic.com/business/archive/2017/06/is-philanthrophy-compatible-democracy/531930/> Acesso em: 16 de dezembro de 2020.

ARIAS, Juan. "Defesa do trabalho infantil, a última loucura do presidente – É duro e frustrante, para não usar um adjetivo mais forte, ouvir o presidente da República defender o trabalho infantil em detrimento do estudo e do conhecimento". *ElPaís*. 5 de julho de 2019. Disponível em: <https://brasil.elpais.com/brasil/2019/07/05/opinion/1562353579_181800.html> Acesso em: 16 de dezembro de 2020.

ARALDI, Lucas. "O antipetismo no MBL – Um breve resumo". *Intercom – Sociedade Brasileira de Estudos Interdisciplinares da Comunicação*, Caxias do Sul, 2017. Disponível em: <http://portalintercom.org.br/anais/sul2017/resumos/R55-0466-1.pdf> Acesso em: 16 de dezembro de 2020.

ASSOCIETED PRESS. "The Latest: Koch's twin: He was my best friend, despite suit". *ABC News*, 24 de agosto de 2019. Disponível em: < https://abcnews.go.com/Politics/wireStory/latest-koch-remembers-brother-giant-personality-65147407> Acesso em: 16 de dezembro de 2020.

ATLAS NETWORK. *Students for Liberty Plays Strong Role In Free Brazil Movement*. Disponível em: <https://www.atlasnetwork.org/news/article/students-for-liberty-plays- strong-role-in-free-brazil-movement> Acesso em: 16 de dezembro de 2019.

AUSTRIAN ECONOMIC CENTER. *Their Case for Liberty – Gloria Alvarez and Richard Rahn at the Hayek Lifetime Achievement Awards*. Disponível em: <https://www.austriancenter.com/their-case-for-liberty-alvarez-rahn/> Acesso em:16 de dezembro de 2020.

AYAU, Pedro. intitulada *"Reflections on My Grandfather "Muso" – An Interview with Pedro Ayau"*. 28 de janeiro de 2013, FEE. em: < https://fee.org/articles/reflections-on- my-grandfather-muso-an-interview-with-pedro-ayau/> Acesso em 20 de janeiro de 2020.

AZEVEDO, Reinaldo. "MBL faz seu primeiro congresso nacional nos dias 28 e 29; veja como participar". *Veja*, 9 de fevereiro de 2017. Disponível em: <https://veja.abril.com.br/blog/reinaldo/mbl-faz-seu-primeiro-congresso-nacional-nos-dias-28-e-29-veja-como-participar/> Acesso em: 16 de dezembro de 2020.

AZEVEDO, Rita. "Organizadores lançam trilha sonora de protestos de domingo". *Exame*, 11 de agosto de 2015. Disponível em: https://exame.abril.com.br/brasil/organizadores-lancam-trilha-sonora-de-protestos-de-domingo/ Acesso em 19 de janeiro de 2020.

BAGGIO, Kátia Gerab. "Conexões ultraliberais nas Américas: o *think tank* norte- americano Atlas Network e suas vinculações com organizações latino-americanos". *Anais do XII Encontro Internacional da ANPHLAC*, Campo Grande, 2016. Disponível em: < http://antigo.anphlac.org/sites/default/files/Katia%20Gerab%20Baggio%20_Anais%20do%20XII%20Encontro%20Internacional%20da%20ANPHLAC.pdf> Acesso em: 16 de dezembro de 2020.

BAGGIO, Kátia Gerab. "Entre 2013 e 2016, das "jornadas de junho ao golpe"". In: MATTOS, Hebe, BESSONE, Tânia e MAMIGONIAN, Beatriz G. (Org.). _____. *Historiadores pela democracia – O golpe de 2016: A força do passado*. São Paulo: Alameda, 2016.

BARBOSA, Jefferson Rodrigues. ""Movimento Brasil Livre (MBL)" e "Estudantes pela Liberdade (EPL)": Ativismo político, *Think Tanks* e Protestos da Direita no Brasil Contemporâneo". *41º Encontro Anual da ANPOCS, GT 11 – Entre as Ruas e os Gabinetes: institucionalização e contestação nos movimentos sociais*, Caxambu, 2017. Disponível em: <http://anpocs.org/index.php/encontros/papers/41-encontro-anual-da-anpocs/gt-30/gt11-15/11078-movimento-brasil-livre-mbl-e-estudantes-pela-liberdade-epl-ativismo-politico--think- tanks-e-protestos-da-direita-no-brasil-contemporaneo> Acesso em: 16 de dezembro de 2020.

BENTES, Ivana. "A memética e a era da pós-verdade". *Revista Cult*, 2016. Disponível em: < https://revistacult.uol.com.br/home/a-memetica-e-a-era--da-pos-verdade/ > Acesso em: 16 de dezembro de 2020.

BLACK, Noel, BROWNELL, Jake. "Wish We Were Here Episode 16: Liberty's Pitchman – Robert LeFevre & The Freedom School". *Southern Colorado's NPR Station*, 17 de junho de 2016,. Disponível em: <https://www.krcc.org/post/wish-we-were-here-episode-16- libertys-pitchman-robert-lefevre--freedom-school> Acesso em: 16 de dezembro de 2019.

BRAGA, Políbio. "*La Banda Loka Liberal canta na frente da casa do ex-marido de Dilma: "Chora petista corrupto""*. *Blog do Políbio Braga*, 5 de fevereiro de 2015. Disponível em: https://polibiobraga.blogspot.com/2015/05/la-banda--loka-liberal-canta-na-frente.html. Acesso em 16 de dezembro de 2020.

BRAGHINI, Katya Mitsuko Zuquim. *A "Vanguarda Brasileira": A Juventude no Discurso da Revista Editora do Brasil S/A (1961-1980)*. Tese (Doutorado em Educação). São Paulo: Pontifícia Universidade Católica de São Paulo, 2010.

BRAGHINI, Katya Mitsuko Zuquim. *"Ensino Híbrido ou ensino franqueado?" Pensar a Educação em pauta. Anos III*, Edição 073, UFMG, 2015. Disponível em: <https://pensaraeducacao.com.br/pensaraeducacaoempauta/

ensino-hibrido-ou-ensino-franqueado-exclusivo/> Acesso em: 16 de dezembro de 2020.

BROSE, M. E. "Quando a participação no desenvolvimento regional não prioriza só empregos: reflexões sobre a Califórnia". *Revista Paranaense de Desenvolvimento*. Curitiba, v.34, n.125, p.237-258, jul./dez. 2013. Disponível em: < https://opac.elte.hu/PrimoRecord/dialnetART0000666077 > Acesso em: 16 de dezembro de 2020.

BUC, Hernán Büchi. "How Chile Successfully Transformed Its Economy". *Heritage Foundation,* 18 de setembro de 2006. Disponível em: <https://www.heritage.org/international-economies/report/how-chile-successfully-transformed-its-economy> Acesso em: 16 de dezembro de 2020.

BUCK, Daniel. "Fatalism Should Have No Place in Education". *FEE,* 17 de julho de 2019. Disponível em: <https://fee.org/articles/fatalism-should-have-no-place-in-education> Acesso em: 16 de dezembro de 2020.

BUTCHER, Jonathan. "Tired of the Teachers Strike? Remember That Charter Schools Are an Option". *Heritage Foundation* 30 de outubro de 2019. Disponível em: <https://www.heritage.org/education/commentary/tired-the-teachers-strike-remember-charter-schools-are-option > Acesso em: 16 de dezembro de 2019.

BUTT, Ronald. *"Sra. Thatcher: Os Primeiros dois anos"*. 3 de maio de 1981 Disponível em: <https://www.margaretthatcher.org/document/104475> Acesso em: 16 de dezembro de 2020.

CALABRESI, "Massimo. Bloomberg Investigates the Koch Brothers". *Time*. 3 de outubro de 2011. Disponível em: <https://swampland.time.com/2011/10/03/bloomberg- investigates-the-koch-brothers> Acesso em 18 de fevereiro de 2020.

CAMARGO, Cristina. "Constantino ganha Prêmio Libertas". *Exame,* 24 de fevereiro de 2017. Disponível em: < https://exame.com/blog/instituto-millenium/constantino-ganha-premio-libertas/> Acesso em: 16 de dezembro de 2020

CAMBOIM, Luiza Goés, BEZERRA, Emy Porto, GUIMARÃES, Ítalo José Bastos. *Pesquisando na Internet: uma análise sobre metodologias utilizadas em dissertações do PPGCI-UFPB*. UFPB. Biblionline, vol. 11, nº 2, 2015. Disponível em < https://periodicos.ufpb.br/ojs/index.php/biblio/article/view/25380> Acesso em 16 de dezembro de 2020.

CARREIRO, Marcos Nunes. "A crise do jornalismo na era da pós-verdade". *Jornal Opção*, 2017. Disponível em: <https://www.jornalopcao.com.br/reportagens/crise-jornalismo-na-era-da-pos-verdade-91479/>. Acesso: em 16 de dezembro de 2020.

CARTA CAPITAL. *MBL elegeu 8 de seus 45 candidatos.* 3 de outubro de 2016, Disponível em:<http://www.cartacapital.com.br/politica/mbl-elegeu-oito--de-seus-45-candidatos> Acesso em: 16 de dezembro de 2020.

CASTILHO, Denis. "Escola sem Partido: A farsa do absurdo". *Pragmatismo Político,* 12 de dezembro de 2018. Disponível em: <https://www.pragmatismopolitico.com.br/2018/12/escola-sem-partido-farsa.html>. Acesso em: 16 de dezembro de 2020.

CASTRO, Lorena Gomes Freitas de. *O meme digital: construção de objetos de discurso em textos multimodais.* Dissertação (Mestrado em Letras). São Cristóvão: Universidade Federal de Sergipe, 2017.

CHOMSKY, Noam, DIETERICH, Heinz. *A Sociedade Global – Educação, Mercado e Democracia.* Blumenau: Editora da FURB, 1999.

CONFESSORE, Nicholas. "Quixotic '80 Campaign Gave Birth to Kochs' Powerful Network". *The New York Times.* 17 de maio de 2014. Disponível em: < https://www.nytimes.com/2014/05/18/us/politics/quixotic-80--campaign-gave-birth-to-kochs-powerful-network.html> Acesso em: 16 de dezembro de 2019.

CORREIA, Lauro Chamma. *Impeachment Dilma. As melhores pérolas dos deputados para justificarem o voto.* Disponível em: <https://laurochammacorreia.jusbrasil.com.br/noticias/325696683/impeachment--dilma- as-melhores-perolas-dos-deputados-para-justificarem-o-voto> Acesso em: 16 de dezembro de 2019.

COSTA, Antonio Luiz M. C. "Quem são os irmãos Koch?" *Carta Capital,* 23 de março de 2015. Disponível em: <https://www.cartacapital.com.br/politica/quem-sao-os-irmaos- koch-2894/> Acesso em: 16 de dezembro de 2020.

D'ANCONA, Matthew. *Pós-Verdade A nova guerra contra os fatos em tempos de Fake News.* Barueri: Faro Editorial. 1ª ed., 2018.

DARDOT, Pierre, LAVAL, Christian. *A nova razão do mundo.* São Paulo: Boitempo. Editorial, 1ª ed., 2016.

DARDOT, Pierre, LAVAL, Christian. *Comum.* São Paulo: Boitempo. Editorial, 1ª ed., 2017.

DAUCHAS, Ivan. "Uma solução liberal para o problema da educação no Brasil", *Instituto Liberal,* 2016. Disponível em: <https://www.institutoliberal.org.br/blog/uma-solucao-liberal-para-o-problema-da- educacao-no-brasil/> Acesso em 16 de dezembro de 2020.

DENORD, François. *Aux origines du néo-libéralisme en France. Louis Rougier et le Colloque Walter Lippmann de 1938. Dans Le Mouvement Social.* Nº 195, p. 9-34, 2001/2. Disponível em <https://www.cairn.info/

revue-le-mouvement-social-2001-2-page-9.htm#> Acesso em: 16 de dezembro de 2020.

DOWNS, Rebecca. "After #Brexit, is #Amexit next?" *Washington Examiner*, 2016. Disponível em: <https://www.washingtonexaminer.com/red-alert-politics/brexit-amexit-next> Acesso em: 16 de dezembro de 2020.

DREIFUSS, René Armand. *A Internacional Capitalista. Estratégias e táticas do empresariado transnacional, 1918-1986.* Rio de Janeiro: Espaço e Tempo, 1987.

DUAYER, Mayer; MORAES, Maria Célia M. de. *Neopragmatismo: a história como contingência absoluta.* Rio de Janeiro, Vol. 4, p. 27-48, 1997. Disponível em: <http://www.scielo.br/scielo.php?script=sci_arttext&pid=S2175-62362013000100014> Acesso em: 16 de dezembro de 2020.

EAMONN, Butler. "A short history of the Mont Pelerin Society". *Mont Pelerin Society* Disponível em: <https://www.montpelerin.org/wp-content/uploads/2015/12/Short-History-of-MPS-2014.pdf> Acesso em: 16 de dezembro de 2019.

EAMONN, Butler. "Mudando o mundo mudando ideias". *Atlas Network*, 2016. Disponível em: <https://www.atlasnetwork.org/news/article/changing-the-world-by-changing-ideas> Acesso em: 16 de dezembro de 2020.

EL PAÍS. *"A solução mais fácil era botar o Michel". Os principais trechos do áudio de Romero Jucá.* Disponível em: <https://brasil.elpais.com/brasil/2016/05/24/politica/1464058275_603687.html> Acesso em: 16 de dezembro de 2019.

_____. *De liberais anticorrupção a guardiães da moral: a metamorfose do MBL.* Disponível em: < https://brasil.elpais.com/brasil/2017/09/26/politica/1506459691_598049.html> Acesso: 16 de dezembro de 2020.

_____. El País com O Globo. *Vitória do governador de Wisconsin complica Obama.* Disponível em: <https://oglobo.globo.com/mundo/vitoria-de-governador-de-wisconsin- complica-obama-5133170> Acesso em: 16 de dezembro de 2020.

FÁBIO, André Cabette. "O que é 'pós-verdade', a palavra do ano segundo a Universidade de Oxford". *Nexo Jornal, 2016.* Disponível em: <https://www.nexojornal.com.br/expresso/2016/11/16/O-que-é-'pós-verdade'-a-palavra-do-ano-segundo-a-Universidade-de-Oxford> Acesso em: 16 de dezembro de 2020.

FELBER, Christian. "The gold medal". *The Mint Magazine*, 2019. Disponível em: <https://www.themintmagazine.com/the-gold-medal> Acesso em: 16 de dezembro de 2020.

FELLET, João. "A vida dos estudantes americanos com dívidas acima dos R$ 500mil". *BBC News Brasil*, 2016. Disponível em: <https://www.bbc.com/portuguese/geral-37090687> Acesso em: 16 de dezembro de 2020.

FERNANDES, Leonardo. "Golpe". *Brasil de Fato*, 2019. Disponível em: <https://www.brasildefato.com.br/especiais/ha-tres-anos-eduardo-cunha--comandava-o-inicio-do-fim-do-governo-dilma>. Acesso em: 16 de dezembro de 2020.

FERREIRA, Eduardo Carvalho. "*Think tanks* da nova direita e suas estratégias de cooptação: o caso do programa Imil (Instituto Millenium) na sala de aula". *Crítica Educativa*. Sorocaba, vol. 4, nº 2, p.24-40, jul/dez. 2018. Disponível em: <http://www.criticaeducativa.ufscar.br/index.php/criticaeducativa/article/view/338>. Acesso em: 16 de dezembro de 2020.

FERREIRA, Isabelle Azevedo. "Movimento Brasil Livre (MBL): Dinâmicas e repertório de ação coletiva na disputa por hegemonia". In: *Las Incrucijadas abiertas de América Latina – la sociología em tiempos de cambio.* XXXI Congreso ALAS Uruguay, Universidade Federal do Rio Grande do Norte, 2017. Disponível em: http://alas2017.easyplanners.info/opc/tl/2347_isabelle_azevedo_ferreira.pdf Acesso em 18 de fevereiro de 2020.

FIESP, Agência Indusnet. "FIESP e Centenas de Entidades Publicam anúncio pelo impeachment já", 2016. Disponível em: <http://www.fiesp.com.br/noticias/fiesp-e-centenas-de-entidades-publicam-anuncio-pelo-impeachment-ja/> Acesso em: 16 de dezembro de 2020.

FIESP. *O que é isso, ministro? Mais Imposto?* Disponível em: <http://www.naovoupagaropato.com.br/> Acesso em: 16 de dezembro de 2020.

FIGUEROA, Luis. "Joviel, el malentendido". *CEES*, 2019. Disponível em: <https://cees.org.gt/blogs/joviel-el-malentendido> Acesso em: 16 de dezembro de 2020.

_____. "el engano de la educacion". *CEES*, 2019. Disponível em: <https://cees.org.gt/articulos/el-engano-de-la-educacion> Acesso em 16 de dezembro de 2020.

_____. *"ninos que abandonan la escuela" CEES*, 2020. Disponível em: <https://cees.org.gt/blogs/ninos-que-abandonan-la-escuela> Acesso em: 16 de dezembro de 2020.

FLORIANI, Adriano Warken. *O discurso do impeachment de Dilma na Folha de S. Paulo.* Tese (Doutorado em Comunicação). Brasília: Universidade de Brasília, 2017.

FRASER, Nancy. "Do neoliberalismo progressista a Trump – e além". *Política & Sociedade*, Florianópolis, Vol. 17, nº 40, p. 43-64, set./dez. de 2018. Disponível em: <https://periodicos.ufsc.br/index.php/politica/article/view/2175-7984.2018v17n40p43> Acesso em: 16 de dezembro de 2020.

FREITAS, Luiz Carlos de. *A reforma empresarial da educação – Nova direita, velhas ideias.* São Paulo: Expressão Popular, 1ª ed., 2018.

FRIGOTTO, Gaudêncio (org.). *Escola sem partido: esfinge que ameaça a educação e a sociedade brasileira.* Rio de Janeiro: UERJ, LPP, 2017.

FOLHA ILUSTRÍSSIMA. *A favor ou contra o impeachment? Intelectuais respondem enquete.* 10 de abril de 2016. Disponível em: <https://www1.folha.uol.com.br/ilustrissima/2016/04/1758968-a-favor-ou-contra-o-impeachment-intelectuais-respondem-enquete.shtml> Acesso em: 16 de dezembro de 2020.

FORBES. Richard Scaife. *#1203 Richard Scaife,* 2014. Disponível em: <https://www.forbes.com/profile/richard-scaife/#69a238b1f773> Acesso em: 16 de dezembro de2020.

FREITAS, Ana. "Qual é o papel dos memes na discussão política". Nexo Jornal, 2016. Disponível em: <https://www.nexojornal.com.br/expresso/2016/05/14/Qual-o-papel-dos-memes-na-discussaopolitica> Acesso em: 16 de dezembro de 2020.

GENARO, Ednei de, GABIONETA, Robson. "A velha mídia, o golpe e o fla flu que não houve". *Outras Palavras, 2016* Disponível em: https://outraspalavras.net/sem-categoria/a-velha-midia-o-golpe-e- o-fla-flu-que-nao-houve/ Acesso em: 16 de dezembro de 2020.

GENZLINGER, Neil. "Park Avenue's Well to do: How they stay that way". *The New York Times,* 2012. Disponível em: <https://www.nytimes.com/2012/11/12/arts/television/park-avenue-money-power-the-american-dream-on-pbs.html> Acesso em: 16 de dezembro de 2020.

GEOFF, Nunberg. "Opinion: Why The Term "Deep State" Speaks To Conspiracy Theorists". *NPR News,* 2016. Disponível em: <https://www.npr.org/2018/08/09/633019635/opinion-why-the-term-deep-state-speaks- to-conspiracy-theorists> Acesso em: 16 de dezembro de 2019.

GIROUX, Henry. "A crise da escola é a crise da democracia". 14 de maio de 2019. *El País.* Disponível em: < https://brasil.elpais.com/brasil/2019/05/09/internacional/1557407024_184967.html> Acesso em: 16 de dezembro de 2020.

GHOSH, Jayati. "The Nobel prize for economics may need its own bailout". *The Guardian.* Disponível em: <https://www.theguardian.com/commentisfree/2009/oct/08/economics-nobel-women- bailout-stockmarket> Acesso em: 16 de dezembro de 2020.

GONZALBO, Fernando Escalante. *História mínima del neoliberalismo – Una historia económica, cultural e intelectual de nuestro mundo, de 1975 a hoy.* Madrid: Turner Publicaciones, 2016.

GOPNIK, Adam. "The John Bichers' Tea Party". *The New Yorker, 2013.* Disponível em: <https://www.newyorker.com/news/daily-comment/the-john-birchers-tea-party> Acesso em: 16 de dezembro de 2020.

GUIMARÃES, Frederico. "Pesquisador chileno critica sistema de vouchers escolares: tende a aumentar desigualdades e segregação". Revista Educação, 2019. Disponível em: <https://revistaeducacao.com.br/2019/10/08/vouchers-escolares/> Acesso em: 16 de dezembro de 2020.

GUTIERREZ, Felipe. "Livro mostra como bilionários influenciam a política nos EUA". *Folha de S. Paulo*, 24 de dezembro de 2016. Disponível em: <https://www1.folha.uol.com.br/mercado/2016/12/1843881-livro-mostra-como-bilionarios-influenciam-politica-nos-eua.shtml> Acesso em: 16 de dezembro de 2020.

HALTON, Clay. "Plutocracy". *Investopedia*, 25 de junho de 2019. Disponível em: <https://www.investopedia.com/terms/p/plutocracy.asp> Acesso em: 16 de dezembro de 2020.

HAN, Byung-Chul. *Hiperculturalidad*. Buenos Aires: Herder Editorial, 1ª ed., 2018.

_____. *Psicopolítica: Neoliberalismo y Nuevas Técnicas de Poder*. Buenos Aires: Herder Editorial, 1ª ed., 2018.

HAYEK, F. A. *O caminho da servidão*. São Paulo: Instituto Ludwig von Mises Brasil, 2010.

HAYEK, F. A. "Discurso no Banquete de Gala" In *Revista Interdisciplinar de Filosofia, Direito e Economia*, vol. II, nº 2, jul-dez de 2014, Mises Journal. Disponível em: <https://www.revistamises.org.br/misesjournal/article/view/689/383> Acesso em: 16 de dezembro de 2020.

HAZLITT, Henry. "The Mont Pelerin Society – How Hayek. Formed a Group of 36 Political Scientists, Journalists, and Observers". *FEE*, 1 de novembro de 2004. Disponível em: <https://fee.org/articles/the-mont-pelerin-society/> Acesso em: 16 de dezembro de 2020.

HEADCOUNT. *Entrevista: Alexander McCobin, da Students for Liberty*. Disponível em: <https://www.headcount.org/politics-and-elections/interview-alexander-mccobin-of- students-for-liberty/> Acesso em 16 de dezembro de 2020.

HERRMANN, Ulrike. "Ein Preis, der nicht nobel ist". *Taz*, 22 de agosto de 2017. Disponível em: <http://www.demokratisch-links.de/ausgezeichnete-banalitaeten> Acesso em: 16 de dezembro de 2020.

HISTORY. *Brown vs. Board of Education*. 27 de outubro de 2009. Disponível em: <https://www.history.com/topics/black-history/brown-v-board-of-education-of-topeka> Acesso em: 16 de dezembro de 2020.

HISTORY COLORADO. *Freedom School – Rampart College-Frontier Village Foundation – Emily Griffith Center (Falconwood Lodge) Douglas County.*

Disponível em: <https://www.historycolorado.org/location/freedom-school--rampart-college-frontier- village-foundation-emily-griffith-center> Acesso em: 16 de dezembro de 2020.

IG São Paulo. *MPL encerra protestos, reforça origem de esquerda e diz que não é antipartidário.* 21 de junho de 2013. Disponível em: <https://ultimosegundo.ig.com.br/brasil/2013-06-21/mpl-encerra-protestos-reforca--origem-de-esquerda-e-diz-que-nao-e-antipartidario.html> Acesso em: 16 de dezembro de 2020.

INDEPENDENT. *Lord Harris Of High Cross – Founding father of the Institute of Economic Affairs.* 21 de outubro de 2006. Disponível em: <https://www.independent.co.uk/news/obituaries/lord-harris-of-high-cross-6230528.html> Acesso em: 16 de dezembro de 2020.

INZUNZA H, Jorge Luis. "O Neoliberalismo nas Políticas Educativas no Chile: Da Imposição ao Consenso". *FOCO,* ano 4, nº 5, jul/dez 2013, p.61-76. Disponível em: < http://www.revistafoco.inf.br/index.php/FocoFimi/article/view/35> Acesso em: 16 de dezembro de 2020.

INZUNZA H, Jorge Luis. *A Reforma Educacional Chilena na América Latina (1990- 2000): Circulação e Regulação de Políticas Através do Conhecimento.* Tese (Doutorado em Educação) Campinas: UNICAMP, 2014.

JIMENEZ, Carla. "Empresários pedem "impeachment já" em dia de alta recorde da Bolsa". *El País* Disponível em: <https://brasil.elpais.com/brasil/2016/03/18/politica/1458258396_570381.html> Acesso em: 16 de dezembro de 2019.

KLEES, Steven J., EDWARDS JR., D. Brent. "Privatização da educação – experiencias dos Estados Unidos e outros países". *Revista Brasileira de Educação,* vol. 20, nº 60, jan./mar. 2015. Disponível em: <http://www.scielo.br/pdf/rbedu/v20n60/1413-2478-rbedu-20-60-0011.pdf> Acesso em: 16 de dezembro de 2020.

KOCH, Fred. *A Business Man Looks At Communism. Pasadena:* Fred C. Koch Editor, 4ª ed., 1961.

KREITNER, Richard. "Post-Truth and Its Consequences: What a 25-Year-Old Essay Tells Us About the Current Moment". *The Nation,* 2016. Disponível em: <https://www.thenation.com/article/post- truth-and-its-consequences--what-a-25-year-old-essay-tells-us-about-the-current- moment/> Acesso em: 16 de dezembro de 2020.

KROLL, Luisa, DOLAN, Kerry A. FORBES. "20 maiores bilionários do mundo em 2019". *Forbes,* 5 de março de 2019. Disponível em: <https://forbes.com.br/listas/2019/03/20-maiores-bilionarios-do-mundo-em-2019/> Acesso em: 16 de dezembro de 2020.

LAVAL, Christian. *A escola não é uma empresa.* São Paulo: Boitempo editorial, 1ª ed., 2019.

LEFEVRE, Robert. *Autarchy versus anarchy.* Rampart Journal of Individualist Thought, vol. 1, nº 4, inverno de 1965, p.30-49. Disponível em: http://fair-use.org/rampart- journal/1965/12/autarchy-versus-anarchy Acesso em 16 de dezembro de 2020.

LEVINE, Yasha. *The birth of the Koch clan: it all started in a little Texas town called Quanah.* 2011. Disponível em: <http://exiledonline.com/the-birth-of-the-koch-clan-it-all-started-in-a-little-texas-town-called-quanah/> Acesso em: 16 de dezembro de 2020.

LEVINE, Yasha. *Sponge off a rich woman: the koch family's "leechertarian" secret to success.* 2012. Disponível em: <https://exiledonline.com/tag/harry-koch/> Acesso em: 16 de dezembro de 2020.

LEVINE, Yasha. "The Trouble With Harry Koch.7", *NSFW Corp.*,2013. Disponível em: <https://www.nsfwcorp.com/dispatch/trouble-with-harry>. Acesso em: 16 de dezembro de 2020.

LIBIT, Daniel "For the Tea Party Movement, Sturdy Roots in the Chicago Area". *New York Times,* 18 de fevereiro de 2010. Disponível Em: https://www.nytimes.com/2010/02/19/us/19cncodom.html> Acesso em: 16 de dezembro de 2020.

LIGGIO, Leonard. P. "Mont Pelerin: 1947-1978, The Road to Libertarianism". *Libertarianism,* 1 de dezembro de 1979. Disponível em: <https://www.libertarianism.org/publications/essays/mont-pelerin-1947-1978-road- libertarianism> Acesso em: 16 de dezembro de 2020.

LINS, Rico. *A favor ou contra o impeachment?* Intelectuais respondem enquete. Folha Ilustríssima. 10 de abr. de 2016. Disponível em: https://www1.folha.uol.com.br/ilustrissima/2016/04/1758968-a-favor-ou-contra-o-impeachment-intelectuais-respondem-enquete.shtml. Acesso em 29 de jan. de 2021.

LONDON, Jay. *Which Alumni Were Named to the Time 100 in 2014?* Massachusetts Institute Technology. Disponível em: <https://alum.mit.edu/slice/which-alumni-were- named-time-100-2014> Acesso em: 16 de dezembro de 2019.

MACHADO, Luana Barbosa. *Nacionalismo, Não-violência e os novos atores engajados na política contenciosa brasileira: o caso do Movimento Brasil Livre (MBL).* Dissertação (Mestrado em Ciências Sociais), Porto Alegre: Pontifícia Universidade Católica do Rio Grande do Sul, 2017.

MADRIGAL, Alexis C. "Against Big Philanthropy – Philanthropy sounds nice, but it's still a tax-sheltered way that plutocrats exercise power, says

Stanford's Rob Reich". *The Atlantic, 27 de junho de 2018*. Disponível em: <https://www.theatlantic.com/technology/archive/2018/06/against-pilanthropy/563834/> Acesso em: 16 de dezembro de 2020.

MARTIN, Douglas. "Arthur Seldon, Economist, Is Dead at 89". *The New York Times*, 15 de outubro de 2005. Disponível em: <https://www.nytimes.com/2005/10/15/obituaries/arthur-seldon-economist-is-dead-at-89.html> Acesso em: 16 de dezembro de 2020.

MARTINS, Antonio. "Primavera Brasileira ou golpe de direita? Perguntas e respostas sobre um movimento que está mudando a cena do país – e cujo futuro, aberto, será decidido também por você". *Outras Palavras, Online*, 2013. Disponível em: <https://outraspalavras.net/sem-categoria/primavera-ou-golpe-tudo/> Acesso em: 16 de dezembro de 2020.

MARTY, Belén. "Dilma Rousseff Prevails in Campaign Marred by Violence". *PananPost*. 28 de outubro de 2014. Disponível em: < https://en.panampost.com/belen-marty/2014/10/28/dilma-rousseff-prevails-in-campaign-marred-by-violence/> Acesso em: 16 de dezembro de 2020.

MAYER, Jane. *Dinero Oscuro*. Penguim Random House Editorial. E-book Amazon, 2016.

MORAES, Maria Célia Marcondes de. "Os "pós-ismos" e outras querelas ideológicas".

_____. *Perspectiva*, Florianópolis, v. 14, n. 25, p. 45-60, jan./jun. 1996.

_____. "Recuo da Teoria: dilemas da pesquisa em educação".

Revista Portuguesa de Educação, Lisboa, v. 14, n. 1, p. 7-25, 2001.

_____. "O renovado conservadorismo da agenda pós-moderna". *Cadernos de Pesquisa*, v. 34, n. 122, p. 337-357, maio/ago. 2004.

_____. ""A teoria tem consequências": Indagações sobre o conhecimento no campo da educação". In: *Educação e Sociologia*, vol.30, nº 107, p.585- 607, Campinas, mai/ago. 2009.

MOURA, Isabella Mayer de. *Quem é Gloria Álvarez, uma das principais vozes libertárias na América Latina*. Gazeta do Povo, 26 de abril de 2018. Disponível em: https://www.gazetadopovo.com.br/ideias/quem-e-gloria-alvarez-uma-das-principais-vozes-libertarias-na-america-latina-01xjpkb-7tv1b6g8el309ihvpt/ Acesso em 29 de junho de 2020.

MacLEAN, Nancy. *Democracy in chains*. Melbourne: Scribe Publications, 1ª ed., 2017.

MARTELETO, R.M. "Redes sociais, mediação e apropriação de informações: situando campos, objetos e conceitos na pesquisa em Ciência da

Informação". *Pesquisa Brasileira em Ciência da Informação*, Brasília, DF, v. 3, n. 1, p.27-46, jan./dez. 2010. Disponível em:https://www.arca.fiocruz.br/handle/icict/2247 Acesso em: 16 de dezembro de 2020.

MCDONALD, Kerry. "Why Milton Friedman Saw School Choice as a First Step, Not a Final One". *FEE*, 31 de julho de 2019. Disponível em: <https://fee.org/articles/why-milton- friedman-saw-school-choice-as-a-first-step-not--a-final-one/> Acesso em: 16 de dezembro de 2020.

_____. "Unschooling: Shifting from Forceto Freedom in Education". *Cato Unbound*, 8 de julho de 2019. Disponível em: <https://www.cato- unbound.org/2019/07/08/kerry-mcdonald/unschooling-shifting-force-freedom--education> Acesso em: 16 de dezembro de 2019.

_____. "Homeschooling and Educational Freedom: Why School Choice Is Good for Homeschoolers". *Cato Institute*, 4 de setembro de 2019. Disponível em: <https://www.cato.org/publications/briefing-paper/homeschooling--educational-freedom-why-school-choice-good-homeschoolers> Acesso em: 16 de dezembro de 2020.

MENDES, Helen. Entrevista com Gloria Álvarez, '"O problema é que muita gente tem pavor da liberdade", diz a antipopulista Gloria Álvarez'. *Gazeta do Povo*, 12 de abril de 2019. Disponível em: <https://www.gazetadopovo.com.br/mundo/o-problema-e-que-muita-gente-tem-pavor-da--liberdade-diz-a-antipopulista-gloria-alvarez/> Acesso em: 16 de dezembro de 2020.

MISES, Ludwig Von. *As seis lições*. São Paulo: Instituto Ludwig Von Mises Brasil, 7ª ed., 2009.

MONBIOT, George. "Neoliberalism – the ideology at the root of all our problems". *The Guardian*, 2016. Disponível em: <https://www.theguardian.com/books/2016/apr/15/neoliberalism-ideology-problem- george-monbiot> Acesso em: 16 de dezembro de 2020.

MONBIOT, George."O programa secreto do capitalism totalitário – Como os bilionários financiaram, nas sombras, um projeto que implica devastar o serviço público e o bem comum, para estabelecer a "liberdade total" do 1% mais rico". *Outras Palavras*, 2017. Disponível em: <https://outraspalavras.net/desigualdades-mundo/o-programa-secreto-do-capitalismo-totalitario/> Acesso em: 16 de dezembro de 2020.

MONBIOT, George. "A ascensão do neoliberalismo foi a causa principal da extrema pobreza?" *Impromptu, Sul 21*, 17 de outubro de 2017. Disponível em: < http://impromptu.sul21.com.br/tag/george-monbiot/> Acesso em: 18 de fevereiro de 2020.

MONTHLY REVIEW. *Nota dos editores.* 1 de dezembro de 2016. Disponível em: <https://monthlyreview.org/2016/12/01/mr-068-07-2016-11_0/> Acesso em: 16 de dezembro de 2020.

MOREHOUSE, Isaac M. "Work Can Be Better for Kids Than School". *FEE*, 7 de agosto de 2019. Disponível em: <https://fee.org/articles/work-can-be-better-for-kids-than-school/> Acesso em: 16 de dezembro de 2019.

MÜLLER, Bruno Raphael. "Estudantes Pela Liberdade desafia hegemonia da esquerda". *Gazeta do Povo,* 22 de junho de 2017 . Disponível em: <https://www.gazetadopovo.com.br/educacao/estudantes-pela-liberdade-desafia-hegemonia-da-esquerda-9qk7kw1vsghnu6ulrnup1s6kq/> Acesso em 16 de dezembro de 2020.

NARODOWISKI, Mariano. *El Colapso de la educación.* Buenos Aires: Paidós, 1ª ed., 2018.

OLIVEIRA, Fátima Modesto. "Escola sem partido: Juventude, medo, violência e vulnerabilidades". *Revista Juventude e Políticas Públicas,* Brasília, v.2, Edição Especial, p.14-24, abr. 2018. Disponível em: <https://revistasnj.mdh.gov.br/index.php/snj/article/view/94> Acesso: em: 16 de dezembro 2020.

OLIVEIRA, Romualdo Luiz Portela de, BARBOSA, Luciane Muniz Robeiro. "O neoliberalismo como um dos fundamentos da educação domiciliar". In: *Pro-posições,* vol. 28, nº 2, p. 193-212, mai./ago. 2017. Disponível em: <http://www.scielo.br/scielo.php?script=sci_arttext&pid=S0103-73072017000200193&lng=en&nrm=iso> Acesso em: 16 de dezembro de 2020.

PEREIRA, Paulo Trigo. "A teoria da escolha pública (public choice): uma abordagem neoliberal" *Análise Social,* Revista do Instituto Superior de Economia e Gestão (Universidade Técnica de Lisboa), v. XXXII, nº 2, p. 419-442, 1997. Disponível em: <http://analisesocial.ics.ul.pt/documentos/1221841484T5sAW2pw7Dh1oFX8.pdf> Acesso em: 16 de dezembro de 2020.

OUTRAS PALAVRAS. *Quem está por trás do protesto no dia 15.* 11 de março de 2015. Disponível em: <https://outraspalavras.net/geopoliticaeguerra/quem-esta-por-tras-do- protesto-no-dia-15/> Acesso em 16 de dezembro de 2020.

PANAM POST. *Lula's Prison Release Weakens Institutions in Brazil.* 20 de novembro de 2019. Disponível em: < https://en.panampost.com/editor/2019/11/19/lulas-prison-release-weakens-institutions-in-brazil/ > Acesso em: 16 de dezembro de 2020.

PAVÓN-CUELLAR, David. "Los más jóvenes líderes de la derecha latinoamericana: libertarismo, neofascismo e injerencia estadounidense". *Rebelión*, em 11 de outubro de 2017, no Disponível no seguinte endereço: < https://www.rebelion.org/noticia.php?id=232614> Acesso em: 18 de dezembro de 2020.

_____. *Gloria Álvarez Cross y la quiebra intelectual de la Universidad Michoacana* Disponível em: <https://davidpavoncuellar.wordpress.com/2017/10/08/gloria-alvarez-cross-y-la- quiebra-intelectual-de-la-universidad-michoacana/> Acesso em 18 de dezembro de 2020.

PERONI, V M V. "Múltiplas formas de materialização do privado na educação básica pública no Brasil". *Currículo sem fronteiras*, vol. 18, n. 1, p. 212-238, jan./abr. 2018. Disponível em: <http://www.curriculosemfronteiras.org/vol18iss1articles/peroni.html> 16 de dezembro de 2020.

PIÑERA, José. "Milton Friedman y sus recomendaciones a Chile", *El Cato*, 17 de novembro de 2006. Disponível em: <https://www.elcato.org/milton--friedman-y-sus- recomendaciones-chile> Acesso em: 18 de dezembro de 2020.

PRANDI, Reginaldo, CARNEIRO, João Luiz. "Em nome do pai – Justificativas do voto dos deputados federais evangélicos e não evangélicos na abertura do impeachment de Dilma Rousseff". *Revista Brasileira de Ciências Sociais*, vol. 33, nº 96, p.1-22. 2018. Disponível em: <http://www.scielo.br/pdf/rbcsoc/v33n96/1806-9053-rbcsoc- 3396032018.pdf> Acesso em 18 de fevereiro de 2020.

RACHEWSKY, Roberto. *"O governo não deveria se envolver com a educação". Instituto Liberal*, 25 de março de 2019. Disponível em: <https://www.institutoliberal.org.br/blog/politica/o-governo-nao-deveria-se-envolver-com-a-educacao/> Acesso em 14 de fevereiro de 2020.

RAUCH, Jonathan. "Crisis on the right". *The New York Times*, 7 de outubro de 2007. Disponível em: <https://www.nytimes.com/2007/10/07/books/review/Rauch- t.html?searchResultPosition> Acesso em: 18 de dezembro de 2020.

READFEARN, Graham. "Mont Pelerin Society, A Window Into Ideological Heart Of Kochtopus Climate Denial". *Desmogblog*, 27 de janeiro de 2014. Disponível em: <https://www.desmogblog.com/2014/01/27/mont-pelerin--society-window-ideological- heart-kochtopus-climate-denial> Acesso em: 18 de dezembro de 2020

REICH, Robert. "What are foundations for?". *Boston Review*, 1 de março de 2013. Disponível em: <http://bostonreview.net/forum/foundations-philanthropy-democracy> Acesso em: 18 de dezembro de 2020.

REICH, Robert. Disponível em: <https://robertreich.org> Acesso em: 18 de dezembro de 2020.

_____. *Repugnant to the Very Idea of Democracy? On the Role of Foundations.* 3 de julho de 2016. Disponível em: <https://www.law.berkeley.edu/wp- content/uploads/2016/01/Repugnant-to-the-Whole-Idea-of-Democracy_On-the-Role-of- Foundations-in-Democratic-Societies.pdf>. Acesso em: 18 de dezembro de 2020.

RIGOLIN, C C D e HAYASHI, M C P I. "Expertise e formulação de políticas: proposta de marco analítico e metodológico para a investigação de *think tanks* brasileiros". In *Anais do I Circuito de Debates Acadêmicos.* Brasília: IPEA, 2011. Disponível em: http://www.ipea.gov.br/code2011/chamada2011/pdf/area5/area5-artigo20.pdf Acesso em 16 de dezembro de 2020.

RÍOS, Carroll. "Fortalecer a la família. Las familias integradas contribuyen al bienestar socioeconómico". *CEES*, 6 de janeiro de 2020. Disponível em: <https://www.cees.org.gt/articulos/fortalecer-a-la-familia-las-familias--integradas- contribuyen-al-bienestar-socioeconomico> Acesso em 18 de dezembro de 2020.

ROBINSON, Natham. "The Koch brothers tried to build a plutocracy in the name of Liberty". The Guardian, 28 de agosto de 2019, Disponível em: <https://www.theguardian.com/commentisfree/2019/aug/28/the-koch--brothers-tried-to- build-a-plutocracy-in-the-name-of-freedom> Acesso em: 18 de dezembro de 2020.

ROCHA, Camila. "O papel dos *think tanks* pró-mercado na difusão do neoliberalismono Brasil". *Revista Digital de Ciencias Sociales,* São Paulo, vol. iv, n° 7, 2017. Disponível em: http://revistas.uncu.edu.ar/ojs/index.php/millca-digital/article/view/1020> Acesso em 16 de dezembro de 2020.

ROSÁRIO, Miguel do. *Carta Capital publica entrevista antológica com Glenn Greenwald sobre o golpe.* Disponível em: <https://cpers.com.br/carta-capital--publica- entrevista-antologica-com-glenn-greenwald-sobre-o-golpe> Acesso em: 18 de dezembro de 2020.

ROSSI, Marina. "Movimento Brasil Livre: 'Dilma deve cair até o fim do ano'". *El País – Brasil,* 16 de agosto de 2015. Disponível em: <http://brasil.elpais.com/brasil/2015/08/14/politica/1439580832_993126.html> Acesso em: 18 de dezembro de 2020.

SALGADO, Maria das Graças. *A justiça e a liberdade segundo F. von Hayek.* Dissertação (mestrado em Direito e Economia). Rio de Janeiro, Universidade Gama Filho, 2007.

SANTO, Maíra Ourívеis do Espírito. "Movimento Passe Livre e as manifestações de 2013

_____. A internet nas jornadas de junho". In PINHO, J.A.G., *Artefatos digitais para a mobilização da sociedade civil: perspectivas para o avanço da democracia.* Salvador: EDFBA, p. 140-167, 2016. Disponível em: <http://books.scielo.org/id/hk62f/pdf/pinho-9788523218775-08.pdf> Acesso em: 16 de dezembro de 2020.

SANTOS, João Guilherme Bastos do, CHAGAS, Viktor. "Direita transante: enquadramentos pessoais e agenda ultraliberal do MBL Fucking right-wing: MBL's personal frames and ultraliberal agenda". *Matrizes*, vol. 12, nº 3, set/dez 2018, p.189-214, São Paulo. Disponível em: <https://www.revistas.usp.br/matrizes/article/download/147928/149832/327491> Acesso em: 18 de dezembro de 2020.

SAVAGE, Jon. *A criação da juventude – Como o conceito de teenage revolucionou o século XX.* Rio de Janeiro: Rocco, 2009.

SAXON, Wolfgang. *"Joseph Coors Sr., Beer Maker And Conservative Patron, 85". New York Times,* 18 de março de 2003. Disponível em: < https://www.nytimes.com/2003/03/18/us/joseph-coors-sr-beer-maker-and-conservative-patron-85.html> Acesso em: 18 de dezembro de 2020.

SCHEPERS, Emile. "The Koch Brothers' Latin America "libertarian" roadshow". *People's World,* 6 de fevereiro de 2018. Disponível em: <https://www.peoplesworld.org/article/the-koch-brothers-latin-america-libertarian-roadshow/> Acesso em 8 de fevereiro de 2020.

SCHWALBACH, Jude. "Combating Value-Neutrality and Creating Classrooms of Character". *People's World,* 13 de dezembro de 2019. Disponível em: <https://www.heritage.org/education/commentary/combating-value-neutrality-and- creating-classrooms-character> Acesso em: 18 de dezembro de 2019.

SEHVILLA, Mann. *WMU recebe subsídio da Fundação Charles Koch.* Disponível em: <https://www.wmuk.org/post/wmu-receives-charles-koch-foundation-grant> Acesso em: 18 de dezembro de 2020

SERRANO, Paulo Henrique. *Discurso opositivo e ironia na página "Humans of Protesto".* Belo Horizonte, vol. 10, nº 1, p.16-30, jan./jun. 2017. Disponível em: <http://www.periodicos.letras.ufmg.br/index.php/textolivre/article/view/11027> Acesso em: 16 de dezembro de 2020.

SILVA, Caio Ferrolla da. *"Desigualdade econômica é ruim?"* 29 de janeiro de 2020. Disponível em: <https://blogs.gazetaonline.com.br/lideres/2020/01/29/desigualdade- economica-e-ruim>. Acesso em: 18 de dezembro de 2020.

SNOW, Nicholas. "Leonard Read and The Ideal of Freedom". *Foundation for Economic Education,* 9 de julho de 2010. Disponível em: <https://fee.org/resources/leonard-read- and-the-ideal-of-freedom> Acesso em: 18 de dezembro de 2020.

STREECK, Wolfgang. "As crises do capitalismo democrático". *Novos Estudos – CEBRAP,* São Paulo, 92, mar. 2012. Disponível em: < https://doi.org/10.1590/S0101-33002012000100004> Acesso em 16 de dezembri de 2020.

STREECK, Wolfgang. "O retorno do recalcado: O começo do fim do capitalismo neoliberal". *Piauí,* dezembro de 2017. Disponível em: <https://piaui.folha.uol.com.br/materia/o-retorno-do-recalcado/> Acesso em: 16 de dezembro de 2020.

TABUCHI, Hiroko. "How the Koch brothers are killing public transit projects around the country". *New York Times,* 19 de julho de 2018. Disponível em: <https://www.nytimes.com/2018/06/19/climate/koch-brothers-public-transit.html> Acesso em: 18 de dezembro de 2020.

TAYLOR, A. "Brexit and the long, wistful dream of a 'North American Union'", *Washington Post,* 2016. Disponível em:<https://www.washingtonpost.com/news/worldviews/wp/2016/06/22/brexit-and-the-long-wistful-dream-of-a-north-american-union/> Acesso em: 18 de dezembro de 2020

TAVARES, Viviane. "Escola sem Partido volta à discussão na Câmara Federal em 2020. Ao apagar das luzes de 2019, Rodrigo Maia anuncia criação de Comissão Especial para discutir pauta polêmica". *EPSJV Fiocruz,* 13 de dezembro de 2019. Disponível em: <http://www.epsjv.fiocruz.br/noticias/reportagem/escola-sem-partido-volta-a-discussao-na-camara-federal-em-2020> Acesso em: 18 de dezembro de 2020.

TEO, Dawn. "Anatomy of the Tea Party Movement: Sam Adams Alliance". *Huffpost,* 18 de março de 2010. Disponível em: < https://www.huffpost.com/entry/anatomy-of-the- tea-party_b_380662> Acesso em: 18 de dezembro de 2020

TEXAS PRESS ASSOCIATION. *Past Presidentes: Harry Koch.* Disponível em: <https://www.texaspress.com/1918-19-harry-koch-01> Acesso em: 18 de dezembro de 2020.

THE ECONOMIST. *Post-truth politicsArt of the lie.* Disponível em: <https://www.economist.com/leaders/2016/09/10/art-of-the-lie> Acesso em: 18 de dezembro de 2019.

THOMPSON, Eduard Palmer. *A miséria da teoria: Ou um planetário de erros.* Rio de Janeiro: Zahar Editores, 1978.

TOWLER, Christopher. "The John Birch Society is still influencing American politics, 60 years after its founding". *The Conversation,* 6 de dezembro de 2018. Disponível em: <http://theconversation.com/the-john-birch-society-is-still-influencing-american-politics- 60-years-after-its-founding-107925> Acesso em: 18 de dezembro de 2020.

TRACTO. *Quantas pessoas têm acesso à internet no mundo.* Disponível em: <https://www.tracto.com.br/quantas-pessoas-tem-acesso-a-internet-no-mundo> Acesso em: 18 de dezembro de 2019.

UNKOCH MY CAMPUS. *Koch Family – An Unbroken Lineage of White Supremacy.* Disponível em: <http://www.unkochmycampus.org/los-ch3-part-1-nazi-sympathies-of- the-koch-family> Acesso em: 18 de dezembro de 2020.

UNKOCH MY CAMPUS. *Executive Summary.* Disponível em: http://www.unkochmycampus.org/executive-summary Acesso em 24 de janeiro de 2020.

UNKOCH MY CAMPUS. *Doação de valores para acadêmicos. Benjamin Powell.* Disponível em: <http://www.unkochmycampus.org/los-ch2-part-2-the-people> Acesso em: 18 de dezembro de 2020.

UOL. *Em dia de maior repressão da PM, ato em SP termina com jornalistas feridos e mais de 240 detidos.* 13 de junho de 2013. Disponível em: <https://noticias.uol.com.br/cotidiano/ultimas-noticias/2013/06/13/em-dia-de-maior-repressao-da-pm-ato-em-sp-termina-com-jornalistas-feridos-e-mais-de-60-detidos.htm> Acesso em: 18 de dezembro de 2020.

VASQUÉZ, Ian. "The Spirit and Influence of Manuel Ayau (1925-2010)". *Cato Institute,* 4 de agosto de 2010. Disponível em: <https://www.cato.org/blog/spirit-influence- manuel-ayau-1925-2010> Acesso em: 18 de dezembro de 2020.

WATNER, Carl. "To Thine Own Self Be True: The Story of Raymond Cyrus Hoiles and His Freedom Newspapers". In *I Must Speak Out The Best of The Voluntaryist 1982-1999,* San Francisco: Fox & Wilkes, editor Watner, Carl., p.147-159, 1999.

WORLD CAT. *Journal of Libertarian Studies.* Disponível em: <http://worldcat.org/identities/lccn-n79145104/> Acesso em: 18 de dezembro de 2020.

WILSON, Jason. ""Senseless hate": the far right's deep roots in southern California". *The Guardian.* 5 de maio de 2019, Disponível em: <https://www.theguardian.com/world/2019/may/05/far-right-southern-california-history> Acesso em: 18 de dezembro de 2020.

Filmes e Vídeos

REASON TV, How Brazil's Libertarian Movement Helped Bring Down a President (15:27) Disponível em: <https://www.youtube.com/watch?v=eaRyvgbHCV4> Acesso em 18 de dezembro de 2020.

VOTAÇÃO NA CÂMARA, Disponível em <https://www.youtube.com/watch?v=wcxN2WZRcEU> Acesso em: 18 de dezembro de 2020

MILTON FRIEDMAN INTERRUPTED BY LEFT-WING ACTIVIST AT THE NOBEL PRIZE CEREMONY. Disponível em: <https://www.youtube.com/watch?v=QwQioAwm-FI>. Acesso em: 18 de dezembro de 2020.

NAGIB DEBATE, Disponível em: <https://www.youtube.com/watch?v=iNSC1rNOz74> Acesso em: 18 de dezembro de 2020.

SANTELLI. A fala de Santelli, Disponível em: <https://www.youtube.com/watch?v=zp- Jw-5Kx8k> Acesso em: 18 de dezembro de 2020.

GLORIA ALVAREZ, 280 Fórum da Liberdade. Disponível em: <https://www.youtube.com/watch?v=HcSyxskkrEM> Acesso em: 18 dezembro de 2020

BENJAMIN POWELL, *inauguração do Centro Mackenzie de Liberdade Econômica*. Disponível em: <https://www.mackenzie.br/liberdade-economica/artigos-e- videos/arquivo/n/a/i/inauguracao-cmle/> Acesso em: 18 de dezembro de 2020

PARK AVENUE: Dinheiro, Poder e o Sonho Americano – POR QUE POBREZA? Direção: Alexy Gibney. Mundial, 2012 (70 min.) Disponível em: <https://www.youtube.com/watch?v=Zzjdwi1dG_w> Acesso em: 18 de dezembro de 2020

KOCH Brothers EXPOSED. Direção: Robert Greenwald Produção: Robert Greenwald EUA: Brave New Films, 2012 (55 min.) Disponível em: <https://www.youtube.com/watch?v=2N8y2SVerW8> Acesso em: 18 de dezembro de 2020

THE SCHOCK doctrine. Direção: Michael Winterbottom, Mat Whitecross. Produção: Andrew Eaton, Avi Lewis, Alex Cooke. 2009 (82 min.) Disponível em <https://www.filmsforaction.org/watch/the-shock-doctrine-2009/> Acesso em: 16 de dezembro de 2020.

O CERCO: A Democracia nas Malhas do Neoliberalismo, de Richard Brouillette. Canadá, 2005 (160 min.). Disponível em: <https://www.youtube.com/watch?v=RsMKSM49-Do> Acesso em: 16 de dezembro de 2020.

Sites das Instituições

ADUNICAMP. *"Sistema universitário norte-americano: um modelo a ser seguido? A questão do crédito educativo"* Disponível em: <http://adunicamp.org.br/novosite/sistema-universitario- norte-americano-um-modelo-a-ser--seguido-a-questao-do-credito-educativo/> Acesso em: 18 de dezembro de 2020.

ATLAS NETWORK. Disponível em: <https://www.atlasnetwork.org/> Acesso em: :18 de outubro de 2019.

_____. Disponível em: <https://www.atlasnetwork.org/partners/global-directory/latin-america-and-caribbean/brazil> Acesso em: 18 de dezembro de 2020.

_____. *Mackenzie center for economic freedom* Disponível em: <https://www.atlasnetwork.org/partners/global-directory/mackenzie-center-for-economic-freedom> Acesso em 18 de dezembro de 2020.

_____. *The life and legacy of our founder: sir Antony Fisher.* Disponível em: <https://www.atlasnetwork.org/page/the-life-and-legacy-of-our-founder-sir--antony-fisher> Acesso em: 18 de dezembro de 2020.

_____. *Atlas Network Academy.* Disponível em: <https://www.atlasnetwork.org/academy/courses>. Acesso em: 18 de dezembro de 2020.

_____. *Centro Internacional de Reforma de Pensões* Disponível em: <https://www.atlasnetwork.org/assets/uploads/misc/Roadmaps-Tax-Reform.pdf> Acesso em: 18 de dezembro de 2020.

_____. *Liberty Forum Freedom Dinner.* Disponível em: <https://www.atlasnetwork.org/events/liberty-forum-freedom-dinner/2020> Acesso em: 18 de dezembro de 2020.

_____. *Instituto Atlantos na Atlas.* Disponível em: <https://www.atlasnetwork.org/news/article/brazils-instituto-atlantos-wins-atlas-networks-2017-smith--student-outreach> Acesso em: 22 de janeiro de 2020.

_____. *O Instituto de Estudos Empresariais recebeu o Templeton Freedom Award Grant* Disponível em: <https://www.atlasnetwork.org/news/article/instituto-de-estudos-empresariais-iee-
named-finalist-for-2017-templeton-fre> Acesso em: 18 de dezembro de 2020.

_____. *Relatórios anuais da Atlas. Relatório de atividades do ano de 2006.* Disponível em: <https://www.atlasnetwork.org/assets/uploads/annual--reports/2006_fall_yir.pdf> Acesso em 18 de dezembro de 2020.

_____. *Relatórios anuais da Atlas. Relatório de atividades do ano de 2007.* Disponível em: <https://www.atlasnetwork.org/assets/uploads/

annual-reports/22210101-Atlas-Year-in-Review-2007_%281%29.pdf> Acesso em 18 de dezembro de 2020.

BILL OF RIGHTS INSTITUTE. Disponível em: <https://billofrightsinstitute.org> Acesso em: 18 de dezembro de 2020.

BRITANNICA. Disponível em:< www.britannica.com/biography/Paul-Weyrich>. Acesso em: 18 de dezembro de 2020.

BUSINESS MANAGED DEMOCRACY. Disponível em: <http://www.herinst.org/BusinessManagedDemocracy/> Acesso em: 18 de dezembro de 2020.

CARTHAGE FOUNDATION. Disponível em: <http//:www.scaife.com/carthage.html> Acesso em: 18 de dezembro de 2020

CATO INSTITUTE. Disponível em: <https://www.cato.org/> Acesso em: 18 de dezembro de 2020.

_____. *Education child policy*. Disponível em: <https://www.cato.org/research/education-child-policy> Acesso em: 18 de dezembro de 2020.

_____. *Liberty and Justice: Foundations for a Free Society*. Disponível em: <https://www.cato.org/events/oct-fall-liberty-seminar-speaker> Acesso em: 18 de dezembro de 2020.

_____. *About Cato*. Disponível em: <https://www.cato.org/about> Acesso em: 18 de dezembro de 2020.

_____. *Catto's Mission*. Disponível em: <https://www.cato.org/mission> Acesso em: 18 de dezembro de 2020.

_____. *Formulação de propostas para políticas públicas*. Disponíveis em: <https://www.downsizinggovernment.org> Acesso em: 18 de dezembro de 2020.

_____. *Fotografia de Charles Koch e Ed Crane*. Disponível em: <https://www.cato.org/sites/cato.org/files/pubs/pdf/25th_annual_report.pdf> Acesso em: 18 de dezembro de 2020.

_____. *Impeachment Brazil*. Disponível em: <https://www.cato.org/blog/impeachment-brazil-myths-facts> Acesso em: 18 de dezembro de 2020.

_____. *Tom G. Palmer*. Disponível em:<https://www.cato.org/people/tom--palmer> Acesso em: 18 de dezembro de 2020.

CATO'S LETTERS. Disponível em: <http://classicliberal.tripod.com/cato> Acesso em: 18 de dezembro de 2020.

CHARLES KOCH FOUNDATION. Disponível em: <https://www.charleskochfoundation.org/> Acesso em: 18 de dezembro de 2020.

_____. *Harvard Kennedy School Launches Fellowships in Education Entrepreneurship*. Disponível em: <https://www.charleskochfoundation.

org/news/harvard-kennedy-school-launches-fellowships-education-entrepreneurship/> Acesso em: 18 de dezembro de 2020.

CENTRO DE ESTUDIOS PÚBLICOS. Disponível em: <https://www.cepchile.cl/cep/que-es-el-cep> Acesso em: 18 de dezembro de 2020.

CENTRO DE ESTUDIOS ECONOMICOS Y SOCIALES. Disponível em: <https://www.cees.org.gt/> Acesso em: 18 de dezembro de 2020.

CENTER FOR LATIN AMERICA. *Parceiros*. Disponível em: <https://www.atlasnetwork.org/center-for-latin-america#partners>. Acesso em: 18 de dezembro de 2020.

_____. *Parceiros no Brasil*. Disponível em: <https://www.atlasnetwork.org/partners/global-directory/latin-america-and-caribbean/brazil>. Acesso em: 18 de dezembro de 2020.

CENTRO MACKENZIE DE LIBERDADE ECONÔMICA. Disponível em: <https://www.mackenzie.br/liberdade-economica/> Acesso em: 18 de dezembro de 2020.

_____. *Inauguração do Centro Mackenzie de Liberdade Econômica*. Disponível em: <https://www.mackenzie.br/noticias/artigo/n/a/i/mackenzie-inaugura--centro-de-estudos- em-liberdade-economica/> Acesso em: 18 de dezembro de 2020.

_____. *Gloria Álvarez debate populismo na América Latina*. Disponível em: <https://www.mackenzie.br/noticias/artigo/n/a/i/gloria-alvarez-debate-populismo-na-america-latina/>

_____. Professores do CLME são admitidos na Sociedade Mont Pèlerin. Disponível em: <https://www.mackenzie.br/en/noticias/artigo/n/a/i/professores-do-clme-sao-admitidos-na-mont-pelerin-society/> Acesso em: 18 de dezembro de 2020.

CONSERVATIVE TRANSPARENCY. Disponível em: <http://conservative-transparency.org/about/> Acesso em 18 de dezembro de 2020.

_____. *Heritage Foundation*. Disponível em: <http://conservativetransparency.org/recipient/the-heritage- foundation/> Acesso em 14 de fevereiro de 2020.

DESMOGBLOG. *Autoapresentação*. Disponível em: <httos://www.desmogblog.com/about> Acesso em 09 de janeiro de 2020.

_____. *Mont Pelerin Society Directory 2010*. Disponível em: <https://www.desmogblog.com/sites/beta.desmogblog.com/files/Mont%20Pelerin%20Society%20Directory%202010.pdf> Acesso em 18 de dezembro de 2020.

_____. *Cato Institute*. Disponível em: <https://www.desmogblog.com/cato--institute>. Acesso em 18 de dezembro de 2020.

_____. *Elo entre Studants for Liberty e Institute for Humane Studies por meio de Alexander McCobin*. Disponívle em: <https://www.desmogblog.com/reason-foundation>. Acesso em: 18 de dezembro de 2020

DORNORS TRUST. Disponível em: <https://www.donorstrust.org> Acesso em: 18 de dezembro de 2020.

EDCHOICE. Disponível em: <https://www.edchoice.org> Acesso em 18 de dezembro de 2020.

EL CATO. Disponível em: <https://www.elcato.org/> Acesso em: 18 de dezembro de 2020.

EMPORIA STATE UNIVERSITY. Disponível em: <https://www.emporia.edu/> Acesso em: 18 de dezembro de 2020.

ESCOLA SEM PARTIDO. Disponível em: <http://www.escolasempartido.org/> Acesso em: 18 de dezembro de 2020.

ESTUDANTES PELA LIBERDADE. Disponível em: <https://epl.thinkific.com/> Acesso em: 18 de dezembro de 2020.

FOUNDATION FOR ECONOMIC EDUCATION. Disponível em: <https://fee.org/donate> Acesso em: 18 de dezembro de 2019.

_____. *FEE's Vision*. Disponível em: <https://fee.org/about> Acesso em: 18 de dezembro de 2020.

_____. *Hitory*. Disponível em: <https://fee.org/about#history> Acesso em: 18 de dezembro de 2020.

_____. *The Freeman*. Disponível em: <https://fee.org/the-freeman> Acesso em: 18 de dezembro de 2020.

_____. *The Freeman* – 1958. Disponível em: <https://fee.org/the-freeman/?year=1958> Acesso em: 18 de dezembro de 2020.

_____. *June 1979 Issue*. Disponível em: <https://fee.org/the-freeman/june-1979> Acesso em: 18 de dezembro de 2020.

_____. *F. A. Harper*. Disponível em: <https://fee.org/people/f-a-harper> Acesso em: 18 de dezembro de 2020.

_____. *The Essence of the Road to Serfdom (in Cartoons!)*, 2015. Disponível em: <https://fee.org/articles/the-essence-of-the-road-to-serfdom-in-cartoons/> Acesso em: 18 de dezembro de 2020.

Fred and Mary Koch Foundation. Disponível em: http://fmkfoundation.org/newsarticles/koch-center-for-leadership-and-ethics-named-at- emporia-state-university Acesso em 18 de fevereiro de 2020.

FREE KEENE. *Convocação aos libertarianos do mundo*. Disponível em: <https://freekeene.com/about/> Acesso em: 18 de dezembro de 2020.

FREEDOM PROJECT ACADEMY. Disponível em: <https://www.fpeusa.org/about/who-we-are> Acesso em: 18 de dezembro de 2019.

FÓRUM DA LIBERDADE. *28º Fórum da Liberdade*. Disponível em: <http://forumdaliberdade.com.br/eventos_anteriores/28o-forum-da--liberdade-caminhos- para-a-liberdade/> Acesso em 18 de dezembro de 2020.

GEORGE MASON UNIVERSITY. Disponível em: <https://www2.gmu.edu/> Acesso em 18 de dezembro de 2020.

_____. Disponível em: https://www2.gwu.edu/~erpapers/teachinger/glossary/willkie- wendell.cfm Acesso em 18 de dezembro de 2020.

GEORGETOWN UNIVERSITY. Disponível em: <https://www.georgetown.edu/> Acesso em 18 de dezembro de 2020.

GREENPEACE. *The Lewis Powell Memo: A Corporate Blueprint to Dominate Democracy*. Disponível em: <https://www.greenpeace.org/usa/democracy/the-lewis- powell-memo-a-corporate-blueprint-to-dominate-democracy/> Acesso em 18 de dezembro de 2020.

_____. *Sobre a fundação do UnKoch my campus e sua independência, posterior, do Greenpeace que, não obstante, o apoia*. <https://www.greenpeace.org/usa/unkoch-my- campus-internship-dc/> Acesso em 18 de dezembro de 2020.

_____. *Citizens for a Sound Economy*. Disponível em: < https://www.greenpeace.org/usa/global-warming/climate-deniers/front-groups/citizens-for-a-sound--economy-now-freedomworks/> Acesso em 18 de dezembro de 2020.

HAYEK INSTITUTE. Disponível em: < https://www.hayek-institut.at/impressum/> Acesso em 18 de dezembro de 2020.

HERITAGE FOUNDATION. Disponível em: <https://www.heritage.org/staff/edwin-feulner> Acesso em 18 de dezembro de 2020.

HOILES, R. C. Disponível em: <https://www.rchoiles.com/> Acesso em 18 de dezembro de 2020.

HOLOCAUST ENCYCLOPEDIA. Disponível em: <https://encyclopedia.ushmm.org/> Acesso em 18 de dezembro de 2020.

INSTITUTE FOR ECONOMIC STUDIES EUROPE. Disponível em: < https://ies-europe.org/about/> Acesso em 18 de dezembro de 2020.

INSTITUTE FOR HUMANE STUDIES. Disponível em: <https://theihs.org/> Acesso em 18 de dezembro de 2020.

_____. *Scholarships and Grants for Graduate Students*. Disponível em: <https://theihs.org/graduate-students/scholarships-and-grants-graduate-students/> Acesso em 18 de dezembro de 2020.

_____. *Who we are*. Disponível em: <https://theihs.org/who-we-are/> Acesso em 18 de dezembro de 2020.

_____. *IHS announces 2017 Outstanding Alum Award Winner.* Disponível em: <https://theihs.org/blog/ihs-announces-2017-outstanding-alum-award--winner/> Acesso em 18 de dezembro de 2020.

INSTITUTO ATLANTOS. Disponível em: <http://atlantos.com.br/>. Acesso em 18 de dezembro de 2020.

_____. *João Pedro Bastos.* <https://atlantos.com.br/author/jpbastos/> Acesso em 18 de dezembro de 2020.

INSTITUTO DE ESTUDOS EMPRESARIAIS. Disponível em: <https://iee.com.br/> Acesso em 18 de dezembro de 2020.

_____. *Quem somos.* Disponóvel em: <https://iee.com.br/quem-somos/>. Acesso em 18 de dezembro de 2020.

INSTITUTO DE FORMAÇÃO DE LÍDERES DE SANTA CATARINA. Disponível em: <https://iflsc.org.br/> Acesso em 18 de dezembro de 2020.

_____. *O que fazemos.* Disponível em: <https://iflsc.org.br/o-que-fazemos/> Acesso em 18 de dezembro de 2020.

_____. *Fórum liberdade e democracia.* Disponível em: <https://iflsc.org.br/forum/> Acesso em 18 de dezembro de 2020.

_____. *Instituto de formação de líderes de BH.* Disponível em: <https://www.iflbh.com.br/>. Acesso em 18 de dezembro de 2020.

_____. *Hexágono da formação.* Disponível:<https://www.iflbh.com.br/formao> Acesso em 18 de dezembro de 2020.

INSTITUTO LIBERAL. *História.* Disponível em: < <https://www.institutoliberal.org.br/historia/> Acesso em 18 de dezembro de 2020.

_____. *Conheça nossa história.* Disponível em: <https://www.institutoliberal.org.br/quem-somos/> Acesso em 18 de dezembro de 2020.

_____. *Curso de Escola Austríaca.* Disponível em: <https://www.institutoliberal.org.br/curso-de-escola-austriaca/>. Acesso em 18 de dezembro de 2020.

INSTITUTO LIBERAL DE SÃO PAULO. *Perfil Facebook.* Disponível em: <https://pt-br.facebook.com/ilisp.org/> Acesso em 18 de dezembro de 2020.

INSTITUTO LIBERAL DE SÃO PAULO. Disponível em: <http://www.ilisp.org/quem-somos/> Acesso em 18 de dezembro de 2020.

INSTITUTO LIBERDADE. Disponível em: <http://institutoliberdade.com.br/> Acesso em 18 de dezembro de 2020.

_____. *Lancamento desbravando o mundo livre.* Disponível em: <http://institutoliberdade.com.br/ideias/lancamento-desbravando-o-mundo-livre/> Acesso em 18 de dezembro de 2020.

INSTITUTO MILLENIUM. Disponível em: <https://www.institutomillenium.org.br/> Acesso em 18 de dezembro de 2020.

_____. *Publicação Norte-Americana cita instituto Millenium como um dos mais relevantes think tanks da América Latina.* Disponível em: <https://www.institutomillenium.org.br/blog/forbes-menciona-millenium-como-um-dos-melhores-think-tanks-da-america-latina/> Acesso em 18 de dezembro de 2020.

_____. *Rodrigo Constantino.* Disponível em: <https://www.institutomillenium.org.br/author/rodrigo-constantino/> Acesso em 18 de dezembro de 2020.

INTERCOLLEGIATE SOCIETY OF INDIVIDUALISTS. Disponível em: <https://isi.org/> Acesso em 18 de dezembro de 2020.

ISAAC M. MOREHOUSE. Disponível em: <https://isaacmorehouse.com/> Acesso em 18 de dezembro de 2020.

JBS. *Membros Ilustres, Fred Chase Koch.* Disponível em: <https://www.jbs.org/significant-figures/>. Acesso em 18 de dezembro de 2020.

_____. *História da JBS.* Disponível em: <https://www.jbs.org/history/> Acesso em 18 de dezembro de 2020.

_____. *Sobre a Instituição.* Disponível em: <https://www.jbs.org/about-jbs/> Acesso em 18 de dezembro de 2020.

_____. *Sobre John Birch.* Disponível em: <https://www.jbs.org/john-birch/> Acesso em 18 de dezembro de 2020.

_____. *Sobre Fred Koch.* Disponível em: <https://www.jbs.org/fred-koch/> Acesso em 18 de dezembro de 2020.

_____. *Página inicial.* Disponível em:< https://www.jbs.org/> Acesso em 18 de dezembro de 2020.

JOURNAL FOR LIBERTARIAN STUDIES. Disponível em: <https://mises.org/library/journal-libertarian-studies> Acesso em 18 de dezembro de 2020.

KOCH INDUSTRIES. Disponível em: <https://www.kochind.com/> Acesso em 18 de dezembro de 2020.

_____. Disponível em: <https://www.kochind.com/careers> Acesso em 18 de dezembro de 2020.

KOCH COLLEGE RECRUITING. Disponível em: <https://kochcollegerecruiting.com/> Acesso em 18 de dezembro de 2020.

KOCHDOCS. *Campanha.* Disponível em: https://kochdocs.org/2019/06/06/libertarian- party-vote-clark-for-president/ Acesso em 18 de dezembro de 2020.

_____. *The structure of social chande by Koch industries executive for Richard Fink.* Disponível em: < https://kochdocs.org/2019/08/19/1996-structure-of--social-change-by-koch-industries-executive-vp-richard-fink/>. Acesso em 18 de dezembro de 2020.

KOCH INSTITUTE FOR INTEGRATIVE CANCER RESEARCH AT MIT. Disponível em: <https://ki.mit.edu/> Acesso em 18 de dezembro de 2020.

KOCH PHILOSOPHY. *Market-Based Management. At the heart of how we work.* Disponível em: <https://www.kochind.com/about/business-philosophy> Acesso em 18 de dezembro de 2020.

LIBERT FUND. Disponível em: <https://www.libertyfund.org/> Acesso em 18 de dezembro de 2020.

LIBERTARIANISM.ORG. Disponível em: <https://www.libertarianism.org/>Acesso em 18 dezembro de 2020.

_____. *Chodorov Frank 1887-1966.* Disponível em: <https://www.libertarianism.org/encyclopedia/chodorov-frank-1887-1966> Acesso em 23 de setembro de 2019.

LÍDERES DO AMANHÃ. Disponível em: <https://www.lideresdoamanha.org.br/> Acesso em 18 de dezembro de 2020.

_____. *Perfil do Facebook.* Disponível em: <https://pt-br.facebook.com/lideres-doamanha Acesso em 18 de dezembro de 2020>.

LIBERTARIAN PARTY. Disponível em: <https://www.lp.org/david-koch-we--owe-you-signed-liberty/> Acesso em 18 de dezembro de 2020.

_____. *Propostas da candidatura.* Disponível em: <https://www.lp.org/about/> Acesso em 18 de dezembro de 2020.

_____. Disponível em: <https://www.lp.org/david-koch-we-owe-you-signed--liberty>. Acesso em 18 de dezembro de 2020.

_____. Disponível em: <https://www.lp.org/about> Acesso em 18 de dezembro de 2020.

MCKINAC CENTER FOR PUBLIC POLICY. Disponível em: <https://www.mackinac.org/bio.aspx?ID=94> Acesso em 18 de dezembro de 2020.

_____. *Isaac M. Morehouse.* Disponível em: <https://www.mackinac.org/bio.aspx?ID=496> Acesso em 18 de dezembro de 2020.

MAIL ONLINE. *Foto da família Koch.* Disponível em <https://www.dailymail.co.uk/news/article-7389159/Twitter-users-including-Bette- Midler-post-cruel-messages-celebrating-death-David-Koch.html> Acesso em 18 de dezembro de 2020.

MBL. Disponível em: <https://mbl.org.br/> Acesso em 18 de dezembro de 2020.

_____. *Proposta.* Disponível em: <https://mbl.org.br/propostas/> Acesso em 18 de dezembro de 2020.

_____. *Perfil no facebook.* Disponível em:<https://www.facebook.com/mblivre/posts/primeiro-congresso-nacional-do-movimento-brasil-livrenos-

-dias-28-e-29-de-novembr/3165899084651 59/> Acesso em 18 de dezembro de 2020.

MERCATUS. *Autoapresentação*. Disponível em: <https://www.mercatus.org/about> Acesso em 18 de dezembro de 2020.

MISES INSTITUTE. Disponível em: <https://www.mises.org.br/> Acesso em 18 de dezembro de 2020.

_____. *Journal Libertarian Studies*. Disponível em: <https://mises.org/library/journal-libertarian-studies> Acesso em 18 de dezembro de 2020.

_____. *John Chamberlian*. Disponível em: <https://mises.org/profile/john-chamberlain> Acesso em 18 de dezembro de 2020.

MIT WEB MUSEUM. *Fotografia da família Koch*. Disponível em: <https://webmuseum.mit.edu/media.php?module=subjects&type=popular&kv=88&medi a=92> Acesso em 18 de dezembro de 2020.

MIT INSTITUTE. *Sobre programas apoiados*. Disponível em: <https://ssp.mit.edu/about/statecraft-fellows-program> Acesso em 18 de dezembro de 2020.

MONT PELERIN SOCIETY. *Fotografia da reunião*. Disponível em <https://www.montpelerin.org/wp-content/uploads/2015/12/friedrichVonHayek1.jpg> Acesso em 18 de dezembro de 2020.

_____. *Membros notáveis*. Disponível em: <https://www.montpelerin.org/notable-members/> Acesso em 18 de dezembro de 2020.

MONT PELERIN SOCIETY 2020. Disponível em: <https://www.mpshoover.org/> Acesso em 18 de dezembro de 2020.

MOVIMENTO BRASIL LIVRE. Disponível em: <http://mbl.org.br/> Acesso em 18 de dezembro de 2020.

NATIONAL REVIEW. <https://www.nationalreview.com/about/>. Acesso em 18 de dezembro de 2020.

NOBEL PRIZE. Disponível em: <https://www.nobelprize.org/alfred-nobel/alfred-nobels-will/> Acesso em 18 de dezembro de 2020.

_____. Disponível: <https://www.nobelprize.org/nomination/peace/> Acesso em 18 de dezembro de 2020.

_____. *Discurso de Hayek*. Disponível em: <https://www.nobelprize.org/prizes/economic-sciences/1974/hayek/speech/> Acesso em 18 de dezembro de 2020.

Online Archive of Califórnia. Disponível em: <https://oac.cdlib.org/findaid/ark:/13030/kt4290334k/entire_text/> Acesso em 18 de dezembro de 2020.

PL 3179/2012: Em 08 de outubro de 2015, o Deputado Eduardo Bolsonaro (PSC/SP) apresentou o projeto de lei para autorização do ensino domiciliar, apensado ao PL 3179/2012. O texto: Autoriza o ensino domiciliar na educação básica, formada pela educação infantil, ensino fundamental e ensino médio para os menores de 18 (dezoito) anos, altera dispositivos da Lei nº 9.394, de 20 de dezembro de 1996, que estabelece as diretrizes e bases da educação nacional, e da Lei nº 8.069, de 13 de julho de 1990, que dispõe sobre o Estatuto da Criança e do Adolescente e dá outras providências. Disponível em: <https://www.camara.leg.br/proposicoesWeb/fichadetramitacao?idProposicao=2017117> Acesso em 18 de dezembro de 2020.

REAL KOCH FACTS. Disponível em: <http://realkochfacts.com/video/new-web-ad-a-30-year-agenda/> Acesso em 18 de dezembro de 2020.

REASON FOUNDATION. Disponível em: <https://reason.org/about-reason-foundation/> Acesso em 18 de dezembro de 2020.

SOUTHERN POVERTY LAW CENTER. *Institute for Historical Review.* Disponível em: <https://www.splcenter.org/fighting-hate/extremist-files/group/institute-historical-review> Acesso em 18 de dezembro de 2020.

SCAIFE FOUNDATION. Disponível em: <http://www.scaife.com/sarah.html> Acesso em 18 de dezembro de 2020.

STUDENTE DEBT CRISIS. Disponível: <https://studentdebtcrisis.org> Acesso em 18 de dezembro de 2020.

STUDENTS FOR LIBERTY. Disponível em: <https://www.studentsforliberty.org/brasil/> Acesso em 18 de dezembro de 2020.

_____. *Alexander McCobin.* Disponível em: <https://studentsforliberty.org/north-america/blog/staff/alexander-mccobin/> Acesso em 18 de dezembro de 2020.

_____. *Abrangência do programa.* <https://studentsforliberty.org/brazil/sobre-nos/> Acesso em 18 de dezembro de 2020.

_____. *Ostermann e McCobin. Informações sobre Ostermann no site do SFL.* Disponível em: <https://studentsforliberty.org/north-america/blog/success-stories/fabio-ostermann> Acesso em 18 de dezembro de 2020.

SVERIGES RIKSBANK. *Economics prize.* Disponível em: <https://www.riksbank.se/en-gb/about-the-riksbank/the-tasks-of-the-riksbank/research/economics-prize>. Acesso em 18 de dezembro de 2020.

TEA PARTY. Disponível em: <https://www.taxdayteaparty.com/> Acesso em 18 de dezembro de 2020.

THE KOCH CENTER FOR LEADERSHIP AND ETHICS. Disponível em: <httos://www.emporia.edu/news/06/18/2014/koch-center-for-leadership-

-and-ethics- named-at-emporia-state-university Acesso em 18 de dezembro de 2020.

THE SEARLE FREEDOM TRUST. Disponível em: <https://searlefreedomtrust.org/about> Acesso em 18 de dezembro de 2020.

_____. *Autoapresentação* Disponível em:<https://searlefreedomtrust.org/daniel-c-searle- 1926-2007/> Acesso em 18 de dezembro de 2020.

UNITED NATIONS ARCHIVES. *League of Nations: Intellectual Cooperation.* Disponível em: <https://libraryresources.unog.ch/lonintellectualcooperation/IIIC> Acesso em 18 de dezembro de 2020.

US DEPARTAMENT OF THE TREASURY. Disponível em: <https://www.treasury.gov/press-center/press-releases/Pages/tg33.aspx> Acesso em 18 de dezembro de 2020.

UNIVERSIDAD FRANCISCO MARROQUÍM. Disponível em: <https://www.ufm.edu/Portal> Acesso em 18 de dezembro de 2020.

_____. Disponível em: <https://newmedia.ufm.edu/autor/armando-de-la-torre/> Acesso em 18 de dezembro de 2020.

UNIVERSITY OF CHICAGO PRESS. Disponível em:<https://www.press.uchicago.edu/index.html> Acesso em 18 de dezembro de 2020.

UNKOCH MY CAMPUS. Disponível em: <http://www.unkochmycampus.org/los-ch3-part-5- center-for-libertarian-studies> Acesso em 18 de dezembro de 2020.

VEM PRA RUA. Disponível em: <https://www.vemprarua.net/> Acesso em 18 de dezembro de 2020.

VEM PRA RUA. *Perfil do Facebook.* Disponível em: <https://www.facebook.com/vemprarua.net/> Acesso em 18 de dezembro de 2020.

VOYAGER. *Freidman e Pinochet.* Disponível em: <https://voyager1.net/wp- content/uploads/2017/08/pinochet-friedman.jpg> Acesso em 18 de dezembro de 2020.

WILLIS CARTO. Disponível em: <https://williscarto.org/about>. Acesso em 18 de dezembro de 2020.

WISCONSIN DEMOCRACY CAMPAIGN. *Koch Support to Wisconsin Higher Ed Tops $1 Million.* Disponíveis em: <https://www.wisdc.org/news/press-releases/78-press- release-2017/5813-koch-support-to-wisconsin-higher-ed-tops-1--million> Acesso em 18 de dezembro de 2020.

WOODFORD FOUNDATION. Disponível em: <https://www.woodfordfoundation.org/> Acesso em 18 de dezembro de 2020.

_____. Disponível em: <https://www.woodfordfoundation.org/bastiat-society> Acesso em 18 de dezembro de 2020.

WMU. Rádio pública da Western Michigan University.

YOUNG AMERICAN FOUNDATION. Disponível em: <http://www.yaf.org/the-new-guard>. Acesso em 18 de dezembro de 2020.

_____. Disponível em: <http://www.yaf.org/news/the-sharon-statement/> Acesso em 18 de dezembro de 2020